WILEY

★ ★ ★ ★ ★
大数据行业实践与应用译丛

大数据
改变保险业

实用的商业分析

[英] 托尼·布比亚（Tony Boobier）◎著

宫 鑫 刘婷婷 刘 畅◎译

ANALYTICS FOR
INSURANCE

THE REAL BUSINESS OF BIG DATA

人民邮电出版社

北 京

图书在版编目（ＣＩＰ）数据

大数据改变保险业：实用的商业分析 ／（英）托尼
· 布比亚（Tony Boobier）著；宫鑫，刘婷婷，刘畅译
. —— 北京：人民邮电出版社，2018.4
（大数据行业实践与应用译丛）
ISBN 978-7-115-48074-3

Ⅰ．①大… Ⅱ．①托… ②宫… ③刘… ④刘… Ⅲ.
①保险业－商业信息学－研究 Ⅳ．①F840.4

中国版本图书馆CIP数据核字(2018)第050189号

版权声明

◆ 著　　　　[英]托尼·布比亚（Tony Boobier）
　　译　　　　宫 鑫 刘婷婷 刘 畅
　　责任编辑　李 强
　　责任印制　彭志环

◆ 人民邮电出版社出版发行　　北京市丰台区成寿寺路 11 号
　　邮编　100164　电子邮件　315@ptpress.com.cn
　　网址　http://www.ptpress.com.cn
　　大厂聚鑫印刷有限责任公司印刷

◆ 开本：700×1000　1/16
　　印张：22.5　　　　　　　　2018 年 4 月第 1 版
　　字数：346 千字　　　　　　2018 年 4 月河北第 1 次印刷
　　著作权合同登记号　图字：01-2016-10068 号

定价：108.00 元
读者服务热线：(010)81055488　印装质量热线：(010)81055316
反盗版热线：(010)81055315

精彩推荐

保险行业是最早利用数据分析的行业之一，但现在情况发生了变化。新类型的数据分析、新的数据形式以及基于它们的新商业模式出现了。如果保险公司希望继续经营下去，那么保险公司从业人员需要阅读本书。

——麻省理工学院研究员；巴布森学院杰出教授；Thomas H. Davenport
Competing on Analytics、*Big Data at Work* 及 *Only Humans Need Apply* 的作者

如果你想了解数据分析如何应用于保险，那么你需要阅读本书。Tony 成功的写作不仅仅在于对保险业和数据分析权威性和全面性的评估，而且他的书读起来也十分有趣。他在书中谈及一系列问题，包括承保核心区域之外的方式、风险模型及行业众所周知但深入营销、人才和实施的保险统计计算科学。本书汇集了作者对保险和技术的广泛见解，并以易于阅读的形式呈现给市场从业者和技术专家。

——商业智能领导人，Gart Nuttall（2012—2016），Chaucer Syndicates

Tony Boobier 在本书中为我们提供了探索和反思保险业未来的基础。同时将未来愿景、关键流程审查和实施理念全部结合起来，为您带领企业进入下一十年提供指南。

——顾问，Robert W Davies；*The Era of Global Transition* 的作者
伦敦卡斯商学院高级客座研究员

这本书对于希望了解空间信息和 GIS 如何适用于保险领域的任何专业人士都有价值。它介绍了位置埋论的第一原则，并继续说明如何进行实际应用。我强烈推荐本书。

——环境系统研究所所长（ESRI），Jack Dangermond

对买家和客户的调查研究发现，如今的销售人员必须能够向客户表述新的想法和观点，并深入了解客户的燃眉之急。Tony Boobier 解读了保险公司的这些关键问题。他进一步解释了保险公司本身是如何充分利用数据分析和新技术获得巨大进展的。对于那些要利用数据分析的力量来优化自身销售流程和销售业绩，以成功瞄准和利用客户的关键问题的保险公司，本书值得一读。对于保险业的销售人员而言，这本书确实为他们提供了重要的见解和新观点，从而使他们能够深入了解当今时代影响保险行业的问题。

——SalesTechnique Limited 创始人兼常务董事，Tom Cairns

这本书非常富有洞察力，表明作者先于其他人的思考。数据分析在供应链中扮演重要角色。保险公司在损失的第一时间（FNOL）收到的更多信息将有助于为问题提供正确的解决方案，并加快解决进程。

——Service Solutions 集团首席执行官，Greg Beech

本书中广泛且全面的内容借鉴了作者多年来担任各种职务和从事各层级保险业工作的丰富经验，同时借鉴了他在其他领域和学科领域所获取的独特见解，在大数据的背景下，本书为目前及未来的保险分析的应用提供了极富洞察力的见解。本书涉及保险行业内的各种应用，包括财务风险、金融、承保、索赔、营销、财产保险和洪水风险、责任保险、人寿和养老金、人员和人才管理。本书进一步大胆地提供了关于数据分析实施方法的实用解释和指导。

对于涉及保险以及更广泛地使用和应用大数据的从业人员而言，Tony Boobier 采用了极为务实且自信的见解。对于研究金融、投资和数据分析领域的人员而言，本书从经验丰富的实践人员的角度提供了详尽的叙述，这也极为实用。我毫不犹豫地向保险大数据的从业人员和学生推荐本书，我相信它将成为保险行业颇有价值的读物。

——伯明翰城市大学教授，David Proverbs

本书包含大量基础内容。"大数据、数据分析和新方法不仅仅一套工具，还是一种全新的思维方式"，作者总结了这本书的方法和价值，为近几年的行业发展提供了具有吸引力的见解，并提出我们应如何应对未来的重要问题。"索赔"

章节充分说明了参与过程中所有各方的作用和方法——保险公司、供应链和专家的角色和态度，这些使本书成为更有趣的读物——把保险行业引进未来是技术性的、富有洞察力、挑战且充满幻想的。关于"领导力和才能"的章节能引起从事保险行业的人员的共鸣。

——Echelon 索赔顾问总经理，Candy Holland；特许理算师协会前总裁

我认为本书以一种易于阅读／理解且专业的研究方式将保险业务和数据分析全面地结合在一起。本书毫无疑问地表明 Tony 在保险和数据分析方面的知识的广度和深度。我也认为本书对于保险管理层、信息技术供应商、涉及保险市场的其他行业以及学生而言，是一本有用的综述和参考书。

对于勤奋工作了 35 年，并且试图在战略层面上缩小保险与信息技术之间的鸿沟的人而言，书中的大部分内容就像我耳边美妙的音乐，并希望作者与我一样，尽情享受这"美妙的音乐"——从广泛的意义而言，数据分析确实是实现这一目标的理想催化剂。

——*Insurance Newslink/Only Strategic*，Doug Shillito 编辑

业务驱动的数据分析计划已经证明，多年来它们在保险行业中带来了实质性的收益。市场面临的重要的数据分析挑战之一就是在更多的专业领域（如伦敦市场）中建立类似的路线。本书为那些渴望接受这一挑战并获得竞争优势的人提供了宝贵的思想。

——MI，数据分析专家，Glen Browse（在银行和保险行业拥有20多年的经验）

致 谢

本书的许多想法在保险和技术行业已经发挥 30 多年的作用了。因此，我衷心感谢所有直接或间接，有时甚至是无意识地为本书提供帮助的人，在他们的帮助下，本书最终得以完成。

特别感谢为我提供保险基础知识的罗宾斯的 Terry Clark 和 Stuart Hodgson，Garry Stone 和 Stuart Murray 让我踏上了数据分析的征程，而 Francesca Breeze 给了我写本书的自信。

此外，我要感谢在我的技术之旅中对我施以援手，并提供重要的帮助、分享自己对行业趋势的见解的人，包括 IBM 公司的 Craig Bedell、Owen Kimber 和 Vivian Braun，同时，还有更多人都为我提供了帮助，我对他们非常感激。

在我的职业生涯中，我依靠专业机构为自己进入他们的行业和职业提供了出口。就这方面而言，我要感谢土木工程师协会、特许市场营销协会、特许损失理算协会（这 3 个机构授予我研究员职位资格）、特许供应和采购协会，最后，也要感谢英国特许保险协会。

非常感谢 Wiley 为我提供意见、建议和指导的所有人，特别是 Thomas Hykiel。在阿姆斯特丹的一次会议上我第一次遇到了 Thomas，我非常感谢他帮助我把这种想法变成现实。

最重要的是，我要感谢我在英国、智利和中国的家人。感谢 Michelle 的支持、耐心以及对我能完成本书的能力的信任。感谢 Chris 不懈地支持并引导我进入新的市场和文化中。感谢 Tim 在我筋疲力尽时提出的重要建议。感谢 Ginette 始终与我保持联系，并让我脚踏实地。

关于作者

Tony Boobier 在保险行业拥有 40 多年的丰富经验，拥有工程、保险、营销和供应链管理方面的专业资格。

在漫长而多样的职业生涯中，他在公共和私人部门都担任过高级职务，涉及的领域包括工程、建筑、金融以及最近的技术。他对商业智能和数据分析的应用有着深刻的理解，并在服务和交付机构的运作和管理方面取得了成功。

他在英国工作多年，有着丰富的国际经验。他是一名国际评论员，经常写作、演讲，也是一个未来主义者。

前　言

我以前从未打算从事保险、技术或数据分析工作，然而是这 3 件事找到了我。像许多人一样，我通往保险分析的旅程开始于其他领域，对我而言，那就是工程制图员的表格。就在那时，我用数学设计新的结构，但我本意并非创造新的结构，而是去了解结构为何出错以及谁可能对这种错误负责。

当结构出错时，所有错误都与保险行业相关。由于设计、做工或材料不合格而使结构出错，而所有这些都涉及保险。随着时间的推移，我了解到，在某些情况下，甚至在使用数据进行物理测试之前，有可能会预见出错的原因。一路走来，我也发现了营销和供应链管理专业的相关内容，并将这些内容全部收入囊中。

每次我从一个行业转到另一行业，就像站在跳水板上跳水。向下看的时候，我可以看到水，但不能感觉水有多深甚至有多么温暖。我发现专业之间的主要屏障不仅是能力，还有语言，每个行业都有自己的术语。除此之外，作为一个门外汉，我看到了保险界所有这些项目之间的相互依存关系。

10 年前，技术的诱惑让我无法抗拒，北美市场上有些事物让我觉得非常有吸引力。当时它们还领先于英国市场好几年，但从那时起，差距就大大缩小了。它们似乎认识到技术是伟大的推动者，而不是一种威胁。我不仅想了解原因，还想了解技术如何发挥作用。

我从众所周知的跳水板顶部一跃而下，从相对安全的保险界进入陌生的技术领域，但这次更加困难。快速发展的世界使转型更加艰难，我意识到保险的未来不仅仅关乎技术，也不仅仅关乎保险，而是在两者之间。很快，保险和技术将不可逆转地交织在一起，因此，保险业将会发生变革。保险和技术之间的“真空地带”将不可避免地出现新的职业，处于这一地带的人将可能成为未来保险行业的关键。

所以我面临的挑战是了解什么人最有可能处于那个“真空地带”？是否需要了解保险以鉴别保险合同的细微差别？因为如果没有它，我将得不到应用数据分析的机遇；或者在那个并非称为"真空地带"但可称之为"高地"的领域即将出现新职业？这是否允许他们从两个方向看待问题，既面向业务线，又涉及技术部门？

这些人如何应对这些问题？他们有什么能力和特点？他们将如何得到似乎落伍（至少在当下）的专业机构的支持？这些人如何学习？本书旨在为那些想要占领"真空地带"或"高地"的人提供一些指导，但是他们已经领会这一点。本书既不是保险汇编，也不是技术汇编。我拒绝对任何特定的保险公司或供应商发表评论。其他一些有更独立观点的人可以做到这一点，并提供"实时"评估。对于像我这样"年迈的"读者而言，还面临一个不同的，也许更难的挑战，那就是学习在新的动态世界中忘记旧方法。

最后，我试图提出一些关于具体实施的想法。许多保险公司有这样一种想法，它们想成为"数据分析型公司"，但它们面临的挑战似乎是实施问题。它们考虑"什么"是"数据分析型公司"，但又挣扎于"如何"成为"数据分析型公司"。当许多公司（如果并非所有的保险公司）都想要跳过数据分析领域时，哪些是付诸实践的问题，它们又将如何克服这些问题？当"敏捷"成为一种趋势的时候，如何将其容纳至我们相当保守的行业呢？

总之，本书反映了我在自身旅途中学到的东西：情绪起伏、洪水和干旱、风险和现实、诚信和欺诈、供应商和供应、检查员和检查以及其他内容。这真是一次奇妙之旅。

Tony Boobier

2016 年 2 月

目 录

第1章 介绍——新的"真正业务" 1

1.1 正在转型之际 3

1.1.1 大数据由其特征定义 5

1.1.2 数据分析的层次结构以及如何从数据中获取价值 8

1.1.3 下一代数据分析 10

1.1.4 数据与分析 11

1.2 所有保险公司的大数据分析 12

1.2.1 3个关键要求 12

1.2.2 中介机构的角色 15

1.2.3 地理空间角度 16

1.2.4 数据分析与物联网 17

1.2.5 规模效益或劣势 18

1.3 数据分析到底是如何运行的 20

1.3.1 商业智能 21

1.3.2 预测分析 24

1.3.3 规范分析 26

1.3.4 认知计算 27

注释 28

第2章 数据分析与财务部门 29

2.1 财务的挑战 31

2.2 绩效管理和综合决策 32

2.3 财务与保险 33

2.4 报告与监管信息披露 35

2.5　公认会计原则和国际财务报告准则　35

2.6　合并、收购与撤资　37

2.7　透明度、虚假陈述、证券立法以及《萨班斯法案》　38

2.8　社交媒体与财务分析　39

2.9　销售管理和销售渠道　40

　　2.9.1　代理商和"生产商"　41

　　2.9.2　销售管理　42

注释　43

第3章　管理保险企业的财务风险　45

3.1　《偿付能力监管标准 II》　46

3.2　《偿付能力监管标准 II》、云计算和共享服务　49

3.3　资产利润最大化　50

3.4　《偿付能力监管标准 II》和国际财务报告准则　51

3.5　首席风险官的角色转变　52

3.6　首席风险官作为客户需求向导　55

3.7　数据分析与不可预见性的挑战　55

3.8　再保险的重要性　56

3.9　风险调整决策　57

注释　60

第4章　承保　61

4.1　承保和大数据　63

4.2　特殊险种的承保　65

4.3　远程信息处理和 UBI 作为一种承保工具　66

4.4　为避免欺诈行为进行承保　68

4.5　数据分析与建筑信息管理　69

注释　71

第5章　索赔与"关键时刻"　73

5.1　"赔偿"和合同权利　74

5.2　索赔欺诈　75

　　5.2.1　机会主义欺诈　76

　　5.2.2　有组织的欺诈　77

5.3　房产维修和供应链管理　80

5.4　汽车维修　86

5.5　复杂的国内索赔处理的转变　88

　　5.5.1　"数字调查员"　88

　　5.5.2　索赔过程中的潜在变化　90

　　5.5.3　供应商生态系统的重塑　92

5.6　检查的级别　93

　　5.6.1　储备金　94

　　5.6.2　营业中断　95

　　5.6.3　代位追偿原则　97

5.7　汽车评估和损失理算　98

　　5.7.1　汽车评估　98

　　5.7.2　损失理算　100

　　5.7.3　房产索赔网络　101

　　5.7.4　网络安全索赔的理算　104

　　5.7.5　理算时的人口定时炸弹　105

注释　106

第6章　数据分析和营销　107

6.1　客户获取和保留　110

6.2　社交媒体分析（SMA）　113

6.3　人口统计学和人口为何重要　115

6.4　细分　116

6.5　推广策略　118

6.6　品牌与定价　119

6.7　价格优化　120

6.8　服务交付对成功营销的影响　121

6.9   快速开发新产品   121

6.10   "敏捷性"的挑战   122

6.11   "敏捷性"与更大的风险   124

6.12   数字客户、多向和全渠道   124

6.13   索赔服务在营销中的重要性   125

注释   127

第7章   财产保险   129

7.1   洪水   131

　　7.1.1   预测洪水损害的成本和可能性   131

　　7.1.2   数据分析和干燥过程   133

7.2   火灾   134

7.3   地面下沉   137

7.4   冰雹   141

7.5   飓风   143

7.6   恐怖主义   145

7.7   索赔程序和"数字客户"   146

注释   148

第8章   责任保险与数据分析   151

8.1   雇主的责任和"劳工赔偿"   152

　　8.1.1   "劳工赔偿"索赔中的欺诈   153

　　8.1.2   雇主的责任险   155

　　8.1.3   预期损失索赔的有效分类   156

8.2   公众责任   157

8.3   产品责任   158

8.4   董事及高级管理人员责任   159

注释   160

第9章   人寿保险与养老保险   161

9.1   人寿保险与普通保险的差异   163

9.2　人寿保险的基础　165

9.3　死亡问题　165

9.4　大数据在死亡率中的作用　167

9.5　在不稳定的经济中购买人寿保险　168

9.6　人寿保险公司如何与年轻人交流　169

9.7　老年人的人寿和养老金　170

9.8　数字时代的人寿和养老金福利　172

9.9　人寿保险和银行保险业　175

注释　177

第 10 章　位置的重要性　179

10.1　位置分析　180

10.1.1　地理定位专家的新角色　181

10.1.2　共享位置信息　181

10.1.3　地理编码　182

10.1.4　欺诈调查中的位置分析　183

10.1.5　恐怖主义风险的位置分析　183

10.1.6　位置分析和洪水　184

10.1.7　位置分析、货物和盗窃　186

10.2　远程信息处理和 UBI　187

10.2.1　远程信息处理的历史　188

10.2.2　欺诈检测的远程信息处理　189

10.2.3　对汽车保险公司的影响如何　190

10.2.4　远程信息处理和车辆仪表盘设计　191

10.2.5　远程信息处理与监管　192

10.2.6　远程信息处理——不仅仅是技术　194

10.2.7　其他领域的 UBI　195

10.2.8　商业保险中的远程信息处理　196

注释　198

第11章 数据分析和保险人 201

11.1 人才管理 202

11.1.1 新能力的需求 203

11.1.2 基本素质和能力 205

11.2 人才、就业和未来的保险 208

11.3 学习和知识转移 209

11.3.1 阅读材料 211

11.3.2 正式资格和结构化学习 211

11.3.3 面对面培训 212

11.3.4 社交媒体与技术 213

11.4 领导力和保险分析 215

11.4.1 知识与力量 215

11.4.2 领导力和影响 216

11.4.3 数据分析和其对员工的影响 218

11.4.4 了解员工抵制的情况 219

注释 221

第12章 实施 223

12.1 文化和企业 227

12.1.1 传播与宣传 232

12.1.2 利益相关者对未来的愿景 233

12.2 制定策略 234

12.2.1 项目赞助 234

12.2.2 建立项目计划 236

12.2.3 利益相关者管理 237

12.2.4 将数据分析视为授权工具 239

12.2.5 建立开放和信任的关系 240

12.2.6 制定路线图 242

12.2.7 实施流程图 243

12.3　管理数据　243

　　12.3.1　主数据管理　244

　　12.3.2　数据管控　245

　　12.3.3　数据质量　245

　　12.3.4　数据标准化　246

　　12.3.5　存储和管理数据　247

　　12.3.6　安全　249

12.4　工具和技能　250

　　12.4.1　认证与资格　250

　　12.4.2　能力　251

注释　251

第 13 章　未来愿景　253

13.1　汽车 2025　255

13.2　2025 年的数字家庭——"房产远程信息处理"　258

13.3　商业保险——数据分析转型　262

13.4　专业风险和更深入的洞察力　264

13.5　2025 年：人寿和养老行业的转型　266

13.6　外包和远离非核心活动　268

13.7　超级供应商的兴起　269

注释　271

第 14 章　中国的保险分析　273

14.1　介绍　274

　　14.1.1　背景　274

　　14.1.2　"同床异梦"　275

　　14.1.3　4 个关键领域　276

14.2　中国的保险市场　278

14.3　数据海洋　281

14.4　人才管理与创新　282

14.5　中国保险的创业　283

14.6　中国保险业的"金融科技"和"保险科技"　286

14.7　中国目前使用的保险分析　289

14.7.1　中国的远程信息处理　291

14.7.2　联网家庭　292

14.7.3　数据分析与医疗　293

14.7.4　认知分析与人工智能的发展　294

14.8　中国未来的愿景　297

14.8.1　中国保险公司的持续增长创造了新的观念　297

14.8.2　中国医疗的追根溯源以及展望未来　298

14.8.3　联网汽车解决了交通堵塞的问题　299

14.8.4　微信作为主要分销商进入保险市场　299

注释　300

第 15 章　结论与思考　303

15.1　挑战的广度　306

15.2　结语　307

注释　309

附录 A　推荐阅读　311

附录 B　预期寿命达到 100 岁的数据摘要　315

附录 C　实施流程图　321

附录 D　推荐的保险媒体　337

附录 E　专业保险机构　339

CHAPTER 1

第1章

介绍——新的"真正业务"

"保险真正的业务是减少无数的不幸。"

——Joseph George Robins（1856—1927）

撰写本书的目的不在于创造一本保险或技术的教科书，因此，那些想要在本书中获得大量信息的读者可能会感到失望。同样其他想要了解法律判案（例如赖兰兹诉弗莱彻案）来龙去脉的读者，或者是想要了解 Hadoop 网络详细的工作内容的读者可能也要失望了。事实上，关于这些内容的书籍已经有很多。附录 A 中列出了一些推荐的读物，可能对读者有所帮助。众所周知，保险和技术是大数据分析的主题，而本书与众不同的地方在于，它寻求存在于保险和技术之间的接口。

读者最有可能来源于这两大阵营中的一方。对于那些一开始就从事保险行业的人来说，他们可能已经把技术当作理所当然，或因为技术行业中的术语而对它们视而不见或心怀不满。毕竟，技术难道不是一种由"他人"完成且"就在那儿"发生的事物吗？

技术专家可能会用不同的方式看待事物。他们的方式面临关于数据管理、治理、清理、加工和培养适当的企业和个人能力方面的挑战。"应用程序"和"微件"这样的术语对保险从业者来说是不相干的，就像"赔偿"和"不予披露"这样的术语对技术专家来说是陌生的一样。

保险的实践与技术的实施不应该——并且也不可能——变得相互排斥。技术已经成为保险业变革的巨大推动力，并将在这一行业持续下去，在大数据分析领域尤为如此，这是金融服务部门最热门的话题之一。

因此存在着重要的危机：21 世纪的技术如何影响一个拥有 300 年历史的保

险行业。为了理解未来，我们有必要思考一下过去，以便将当前的思维融入环境中。

1.1 正在转型之际

这次旅程开始于 350 多年前的 1666 年，克里斯托弗·雷恩爵士（Sir Christopher Wren）为了重建伦敦而实施"保险事务所"计划，从而保证城市领导者的利益，这些人的生活都因为家业、生意和生计的毁灭而被毁。有些人甚至认为，在中国、古巴比伦或者古罗马可能早就存在了某些形式的保险。在 17 世纪末之前，几家保险协会就已经开始为财产和海洋污染损害提供保险，18 世纪初出现了"人寿"保险。可能有人认为，互助组织和合作社出现的时间更早，但这一辩论可以暂时放一放。

保险原则建立在具有可保利益的判例法基础上，18 世纪初，绝对信任与赔偿受到保护，并基本保持不变。尽管后来名称上发生了变化，但是一些全球最大的保险公司仍然保留着过去的足迹。皇家太阳联合保险集团的历史可以追溯到 1710 年，安盛集团可以追溯到 1720 年。走在英国伦敦的街头，一些名字和地方我们耳熟能详，它们都是今天知名的保险公司的遗产。

在这种传统的背景下，保险业处于一个转型期，或许是转型，甚至可能是激进化的。传统的保险产品销售和分销方法被废除了，取而代之的是更为便宜、直接的渠道。该行业处于自动化索赔过程的最初阶段，只有极少的人为干预，或没有人为干预。保险行业一直存在诈骗者，现在更为普遍，而以前几乎看不到手法专业的诈骗者。保险公司逐步能公开发行针对某些特定用户的专人产品，而非针对大众的产品。简单来说，就是重新使用旧的交易规则。

此外，行业、公司，甚至部门也带来了不同层次的数据分析成熟度的挑战。图 1.1 展示了保险行业的结构。

但这不只是一本介绍行业、保险公司或部门的书，而是一本讲述关于个人在这个行业如何进行转变的书。

即使没有新的技术驱动解决方案，传统技能也会被逐步取代，新的工作也将会出现。无法学习行业新工具的老活动家们，他们会发现自己很难去应对这些变革。专业机构在其培训和测试中需要逐步考虑这种新的工作环境。作为一个整体，保险行业也包含多种关系（如图 1.2 所示），部分关系在本质上是复杂的。

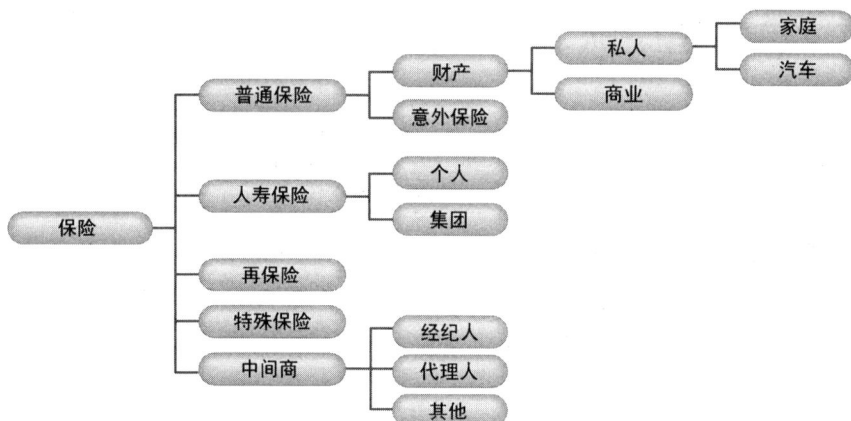

图 1.1　保险行业的结构

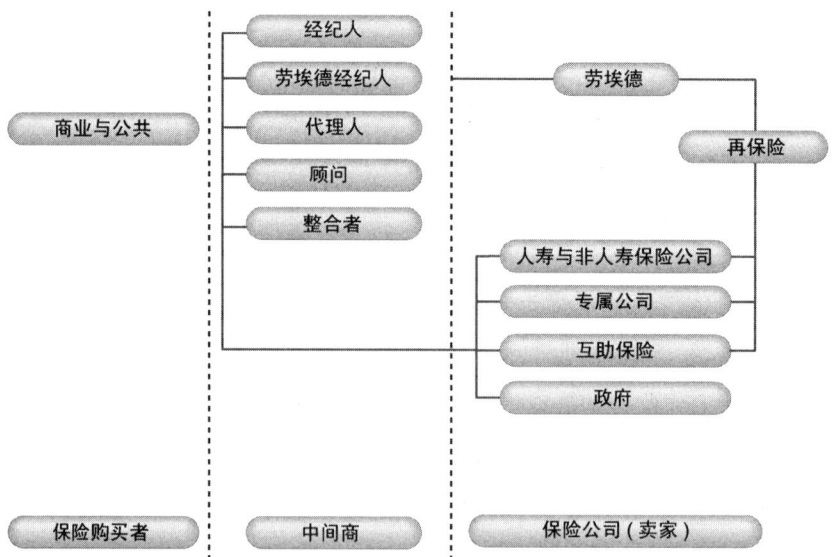

图 1.2　保险行业各方之间的关系

即使在单一的保险公司内部，也包含多种职能部门。一些职能部门相对独立，对其他内部同事很少或几乎没有干扰。像人力资源这样的全面的职能部门，跨越了整个业务（如图 1.3 所示）。所有这些职能都有变革的倾向，而所有这些变革的核心都是大数据分析。

图 1.3　保险的职能

1.1.1　大数据由其特征定义

大数据可能是"大新闻"，但它不完全是"新消息"。尽管吉尔（Gil）出版社在《福布斯》杂志[1]上写过关于大数据的历史，它在 2008 年出版的白皮书中第一次使用了"大数据"这样的表达，但早在 50 多年前，人们就已经感知到信息的快速发展。

大数据有多个定义，由以下 5 个关键特征描述（如图 1.4 所示）。

大量——大量可用的结构化和非结构化数据。关于每天创造多少数据，人们有着不同的观点，数据通常以拍字节或吉字节来衡量，是每天创造 25 亿吉字节的信息[2]。（"字节"是计算机内存的计量单位，其表示单个字母或数字。一个拍字节是 10^{15} 字节。一个吉字节是 10^9 字节）。但这是什么意思呢？ 2010 年，即将离职的谷歌首席执行官艾瑞克 · 施密特（Eric Schmidt）表示，"从人类文明产生到 2003 年，全人类共创造了 5000 'p' 的信息，而现在创建同样大小的信息只需要 48 小时"。对许多人来说，考虑文件柜的数量相比他们是否可能到达月球或更远的地方这样的问题更容易，但是这种比较是多余的。其他人则认为，这些信息的数量相当于大英图书馆每天创造的全部文档。

如果尝试并将这种比较放入保险行业中，结果也是很吸引人的。2012 年，

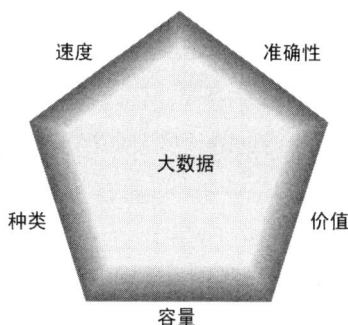

图 1.4　大数据由其特征定义

英国保险业制定了近 9000 万项政策，保守估计相当于约有 9 亿页的政策文件。英国图书馆的 1400 万本书（每本约 300 页）约 42 亿页，或约等于 5 年的英国年度政策文件。换句话说，保险公司需要用 5 年的时间（假设他们愿意），用政策文件来填补英国图书馆同等量的书籍数量。坦白来说，我们现在可用的数据和信息的数量处于前所未有的水平。

也许正是因为规模的巨大，我们寻求的不仅是从数量来定义大数据，更要通过它的特征来定义。

高速——数据传送的速度，特别是在实况流数据方面。与存储在数据库中稳定且结构化的数据相反，我们将其描述为"动态数据"（这并不是有些人认为的那样，是一个物理建筑，它是一个资料库，设计用于查询和分析而不是用于交易处理）。

"数据流"是动态数据的一个很好的例子，它以电影和电视的形式，通过互联网传递给我们。速度不是以线性方式测量得出的，而是以每秒字节数为单位。它不仅受数据源传送信息能力的约束，还受接收机"吸收"信息能力的约束。技术挑战越来越多，这些挑战不是来自于创建适当的带宽来支持高速传输，而是来自于系统管理信息安全的能力。

在保险方面，也许最明显的例子是整个远程信息处理的问题，信息流不仅来自于传输的速度，还涉及车辆（和驾驶员）的速度。

多样——大数据有多个来源，并以多种形式传递到用户——包括结构化、半结构化和非结构化的组合。由于半结构化的数据很难兼容，因此，它存在问题。非结构化数据（例如纯文本或语音）没有任何结构。

近年来，越来越多的非结构化数据所占比例可能达到 80%。有人提议，未来的赢家最好是那些洞察秋毫的企业，并且那些企业能够从非结构化信息中获取价值。

在保险环境中，信息包含的数据可能是基于天气、位置以及保险公司内部的结构化数据——所有这些信息"捣碎"在一起，从而提供新的令人信服的洞察力。其中一个更清晰的例子是，在灾难建模的情况下，保险公司能够将促成方程的政策数据、保险客户投入（从社交网络）、天气、联络中心的语音分析及其他关键数据进行整合。

真实性——通常是指数据的可靠性。由于数据的来源不同，并不是所有数据都是可靠的。"信噪比"是衡量数据准确性的一种方法，相较于虚假或不相关的数据，它是信息有效性的一种表达（与背景噪声相比，这种表达的起源是以无线电信号的形式）。

在保险环境中，这种表达可能与"垃圾邮件"或社交网站上八卦帖子的数量有关，保险公司从中寻找客户对一种新媒体活动的反应。

随着企业逐渐迷恋数据管理和完整性，存在这样一种风险：任何不完美的数据都是不可靠的。这句话不一定正确。例如，一家大型的英国银行加权了数据的精确性或"真实性"，在决策中可以用不完美的信息。现实是，即使在日常生活中，根据我们现有的最佳信息做出决策，即便它们不完美，我们后续的行为也会受其影响。

价值——数据的最后一个特点，也是不给予广泛评论的一点。价值可以以不同的方式衡量：更深入地了解某个问题时，对数据用户有价值；或者是获取关键数据以获取信息的成本，例如客户的信用度。

如果我们认为所有的基本信息都在"以太网"中，那么这是存在风险的想法，而且找到信息然后为获取信息创造出一个机制是很麻烦的。很可能某些类型的数据对特定的见解至关重要，并且积极寻求这种数据也是有成本效益的。

在保险环境中，有个例子，从卫星或无人驾驶装置（无人机）获得的远程航空信息有助于确定重大损失的规模，并且帮助保险公司更准确地设置财务储备。2011 年，新西兰地震中使用了无人机，目前，美国的保险公司已经开始调查这项技术的使用情况。

除了数据的这几个特点之外，还可能会出现其他形式的数据和信息。也许未来数据分析甚至会考虑使用"笔迹学"——对人的笔迹塑造性格的研究——作为一种有用的信息来源。对此略持怀疑态度的人可能会思考孔子说过的话，孔子曾告诫过"不得中行而与之，必也狂狷乎！狂者进取，狷者有所不为也。"

这种关于"笔迹学"的思考，在欧洲许多国家都已经成为一种公认的主题，甚至今天还用于一些招聘中。也许有一天，使用数据分析能够更清楚地展现笔迹、性格、言语和行为之间的相关性。在保险环境中，在线应用程序盛行，笔迹的使用会逐渐成为一种例外，而非规范。因此，在短期内，手写笔迹与行为洞察之间相关性的需求对保险公司而言并没有太多用处。

1.1.2 数据分析的层次结构以及如何从数据中获取价值

分析，或数据分析，通常被认为是获得数据洞察力的关键。换句话说，数据分析揭开了数据的"价值"。图 1.5 是数据分析的层次结构。

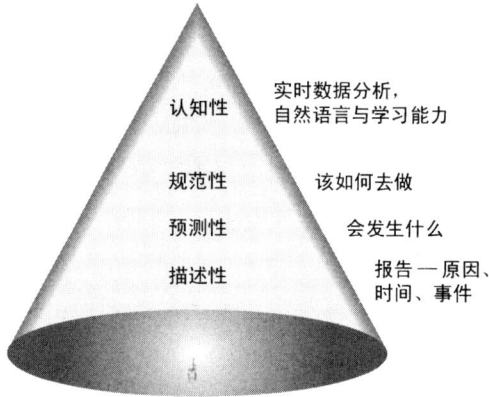

图 1.5 数据分析的层次结构

■ 数据分析只是简单地报告发生了什么或是正在发生什么，也就是"描述性分析"。例如，在保险业中，这可能涉及一个特定日期的索赔报告。

■ 试图预测盖然性权衡的分析——接下来可能发生什么，我们称之为"预测性分析"。例如，对保险销售和保费收入的预测，保险公司通过预测来考虑可能需要采取的正确措施。

■ 分析学不仅要预测将会发生什么，还要预测应对措施。这种分析称为"规范性分析"，它建立在"规定"（或建议）一系列行动的基础上。有一个关于在一所联络中心内发生的事件的例子。通常也称之为"下一步最佳行动"，还可以将其更好地表达为"最佳下一步行动"，因为它帮助联络中心代理定位了最佳的下一个建议产品，从而促使客户完成交易。

不需要我们过度关注，规范性分析和预测性分析本质上是盖然性的。保险行业的基础是概率，而非确定性，保险公司应该完全适应这种方法。有一个论点是，预测是一种只对大量数字做出反应的统计方法。因此，这可能表明这些方法更适合零售保险（其中较大的数字占优势），而不是专业或商业保险，因为专业或商业保险更具有利基性。越来越多的数据可用于为利基领域提供洞察力，从而有助于消除怀疑者的疑心。

在上述情况中，仪表盘、高级图形或某种类型的图形映射形式中的可视化质量逐步提升。这种可视化逐渐成为一种重要的工具，帮助用户理解数据，但基于仪表盘外观的判断不能取代控制面板"背后"的数据分析解决方案的威力。如果将其比喻成冰山，那么 80% 的冰山都隐藏在水线之下。这与数据分析非常相似：有 80% 或者更多真正的分析价值超出用户的视线。

地理空间分析可能也是一样的——地点的分析——将地理编码结合到分析数据中，从而在任何决策中能够给出位置感。地理空间分析（双向 GIS 和数据分析的技术融合）能够促使数据的地理编码从一套独立的技术工具或能力逐渐演变成多行业数据分析和管理的重要贡献者，并且演变成社会的一部分。

总而言之，数据分析并非最终目的，重要的是利用数据分析做什么。数据分析提供了达到目的的手段和方法，有助于提供一段从"数据"到"客户满意度"的旅程（如图 1.6 所示）。最终目的地可能同样是运营效率或更好的风险管理。数据分析提供的见解应适用于最佳实践、人工和自动决策以及战略和操作判断。就此程度而言，数据分析过程不应孤立于更广泛的业务，而要作为业务中不可分割的组成部分，我们称之为"分析企业"。

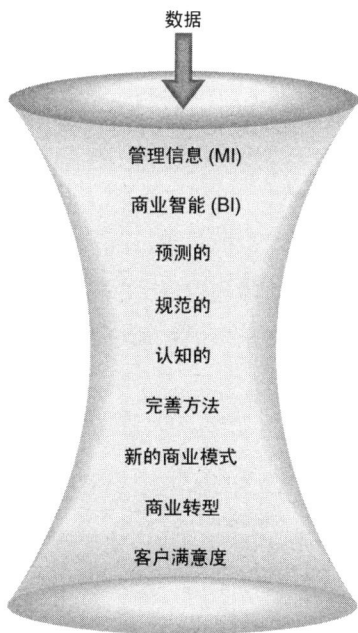

数据

管理信息 (MI)

商业智能 (BI)

预测的

规范的

认知的

完善方法

新的商业模式

商业转型

客户满意度

图 1.6　从"数据"到"客户满意度"

1.1.3　下一代数据分析

下一代数据分析从本质上来说可能是"认知的"，基于某种程度的机器学习，不仅提供盖然性见解，还具备更自然的人工界面（与机器编码相反）。认知分析并不是人工智能（AI）或库布里克的电影《2001 太空漫游》中的人工智能，而是代表了计算机与用户之间一种不同的关系。我们已经在 Siri、Cortana 和 Watson 这类人工智能上验证了。投机者已经开始将"认知"分析描述为"软 AI"。这是一种趋势，而这种趋势似乎会持续作为大量数据的解决良方，而这些数据呈指数性增长，需要增强计算机辅助以帮助进行排序。认知分析也可能在技能短缺和所谓的人口爆炸的保险挑战中发挥作用。

认知运算的形式已经在医疗保健和资产管理中应用，进入主流的保险行业只是时间问题。

与此同时，语境分析也有可能出现。保险公司会变得越来越了解并优化自己的表现。除非考虑到在它们自己的公司之外发生的事情，例如它们的竞争对手，否则这些观点就是不成立的。美国科学家 Alan Kay 说过"语境值 80 个 IQ 点。"

冷静之后，保险公司需要制定两个主要目标：第一，超越直接竞争对手；第二，实现战略目标。两者缺一不可。这两个主要目标通常都是并存的，但也不全是如此。

保险公司通过以下几种形式来衡量竞争对手的出色业绩。

- 财务绩效——利润、收入、利润增长。

- 客户——自留额、情绪、购买更多产品的倾向。

- 服务——直接服务或通过第三方的服务，例如，将相关的损险估价人看作是保险公司的一部分。

- 员工——自留额、情绪。

这些问题需要放在一个更宽泛的环境中思考，例如，在宏观经济或风险环境中。在开支出现紧缩或是生活费用急剧增长的时候，相比保险产品，个人（家庭）会在食物上支出更多。当保险公司的议程被风险、资金和偿付能力主导时，也许会暂时忽视其他风险，例如承保风险、信誉风险以及政治风险，但是这种立场也相对容易并能快速地被纠正。

1.1.4　数据与分析

大数据不会以结构化或非结构化的形式自然归入分析结果，分析结果通常采取报告、预测或建议的措施的形式，但是分析结果依赖于存在"数据和分析之间"的中间过程。

在实践中如何完成这一步是技术专家需要思考的问题，简言之就是需要捕捉原始的数据，然后放入系统中进行过滤、净化，最后存储起来。大量的数据适用于复杂的分拣系统或"定位区"，其中大部分数据都有自己的语言和术语。通常，创建数据集和分层可以确保相对较快地创建数据分析结果。数据通过系统传送的过程称为 ETL(提取—转换—加载)。

还有其他选择，例如"数据库设备"，它提供了并行处理的方法，并且创建了一套模块化、可扩展且易于管理的数据库系统。这些快速的解决方案通过向传统的线性处理提供一种备选方案，从而提供一种快速的计算能力，并且通常带有预捆绑的数据分析和地理空间能力。实际上，这是大数据和分析的"即插即用"方法，它提醒着人们，正如在早期互联网上所经历的那样，企业和个人逐渐变得迫切要求以数据分析的形式"迅速"提供计算能力。似乎很久以前，在国内，拨号上网总是带有电话线里的某些口哨音或其他杂音。现在，即时 4G 连接则是随时随地———在合理的范围内。也许在这种情况下，如果技术供应商之间的其中一种层次差异是数据分析能力的宽度和深度，那么另一种差异因素则可能是数据分析洞察力的完成速度。对速度的需求潜在地为竞争企业创造了有趣的联盟机会。

这里还需要考虑云计算。云计算有一种优美简洁的描述，通常简称为"云端"，它是一种按需计算资源的交付模式。云计算包含了从应用到数据中心的一切———在付费使用的基础上，通过无线进行访问。就数据记录而言（以防万一所有人都在担心），云计算是一种反映能力的表达方式。用户不应被误导，事实上计算过程中通常不包含电线或物理连接。与上述其他过程一样，仔细研究这种技术太过于复杂，事实上，云计算作为一种主题，已经可以单独出书（已经有很多相关书籍了）。云计算也提供了另一个例子，就是保险行业该如何进行范式转变的思考。整个概念打开了新思维的大门，而思维不开放的人则处于不利地位。2014 年高德纳公司（Gartner）的《2015 年预测：云计算将超越 IT 进入数字业务》表明，企业领导者需要"不断调整自己的策略来增强利用云的能力"。

越来越重要的是，商业用户不仅需要了解现有的 IT 能力，还需要对未来的 IT 能力有一定了解，以便有效地管理他们的业务，并制定新的令人信服的战略。

阅读本书时读者很容易陷入术语中。如果不熟悉这些术语，他们应当尽量使自己不因这些术语的多种表达方式而分心或混淆。对于个人而言，也许单纯了解一些他们不知道的术语就足够对技术和变革拥有开放性思维。有些人可能将其看作是一种催化剂，一次个人挑战，或者是一个行动号召，为的是找出自己行业或其他相关行业的新元素。管理者也许希望鼓励他们的下属更熟悉这些技术，作为其年度个人发展规划的一部分。

1.2　所有保险公司的大数据分析

根据价值，大数据分析被用于具有规模经济的大型保险公司，它们用内部信息的坚实基础来补充企业外部的数据。许多行业证实了这个观点，例如，欺诈分析和远程信息处理都只针对财产和意外市场，特别是在 B2C 部门。但是保险行业涉及多个部分，整个行业都会从数据分析中受益。

1.2.1　3 个关键要求

在最高级别中，所有保险公司都对以下 3 种要素感兴趣。

■ 经营效率——通过降低成本、索赔管理和生产力战略交付。

■ 利润增长——通过互惠客户的获取和保留、交叉销售和追加销售交付。

■ 风险管理——通过资本效益和运营风险管理交付。

支撑这 3 个要素的是财务绩效管理的"单一业务"。之所以称为"单一"是由于在金融行业中使用的数据分析方法通常可以从一个行业转移到另一个行业。所有首席财务官都对其公司的财务业绩感兴趣，他们需要使用标准化技术向股东报告。对保险公司的首席财务官而言，数据中的确定性往往较低，而这些数据总是在为 IBNR（已发生未报案责任准备金）做预测，保险公司需要对客户所承担的金额进行考虑,这些客户已经提出索赔但尚未进行上报,例如,在一起天灾事故中。长期保险的作用(例如长期持续的索赔)也是保险公司首席财务官及其团队重点考虑的部分。

保险公司逐渐开始对风险、合规以及财务绩效管理的趋同深入了解。这种数据被重复利用以及报告软件被重新改造的方法有助于保险公司从合规流程中获取额外的价值。它还创造了一种软福利,就是打破许多企业中存在的风险与财务孤岛,并逐渐将风险文化嵌入到经营决策中。

很吸引人的是,什么才是保险业特定部门的典型趋势,然而行业内、不同行业在不同时间和不同地区会出现不同的趋势。最典型的例子大概是欧洲自发的《偿付能力监管标准 II》,它某种程度上在许多其他地方重复执行着,例如南非以及拉丁美洲部分地区。虽然《偿付能力监管标准 II》一直是一个重要(并且不可谈判)的平台,但保险公司别无选择,只能投入资金和资源,即使这会损害到其他计划。对于部分保险公司来说,这代表了他们 80% 的 IT 发展预算。在这种程度上,尽管欧洲的风险和合规性逐渐成为"正常"的状态,风险和监管在优先次序方面一直处于榜首。虽然这种优先次序可能会发生部分微调,特别是在风险报告方面,但目前该主题似乎不太重要。即便如此,有一种思想表明,现在保险公司已经跨越了 2016 年 1 月《偿付能力监管标准 II》合规的"最后期限",风险和合规性将作为保险公司提高运营效率和降低成本的主题被重新审视。

我们仍然可以使用诸如 PEST 和 SWOT 分析等标准技术,让它们识别关键问题。尽管越来越多的人开始担心,由于变革的性质、影响和速度,一些传统的管理思维方式可能会慢慢变得过时,但这种方法论仍然有效。在这种正式的技术中,诸如破坏性技术既是机遇又是威胁。除此之外,破坏性技术的影响以及"灵活"的变化也迫使企业重新评估它们对风险管理的看法。

即便每个业务的驱动因素的优先级在各个地方可能有所不同,但确认每个行业部门的关键业务驱动因素仍有可能,如下所述。

人身和养老保险 它是占比最大的部门,占全球业务的 60%,这 60% 的比重通常也是地域级别的数字(虽然由于当地经济因素和市场成熟度的影响,也有一些例外)。人身和养老保险公司有一些相似的关键驱动因素(如表 1.1 所示)。

表 1.1　　人身和养老保险公司的关键驱动因素

业务驱动	额外影响	分析回应
利润增长	市场条件和波幅	资产负债管理
风险管理	政治、技术和经济不确定性	经营风险管理
顾客行为	竞争环境、个人和公司不确定性，倾向于提款	预测行为分析

医疗保健　在地理位置上需求不同。许多保险公司提供医疗保险和旅游意外险。保险行业的这一部分通常包括具有相似业务驱动的以下两个要素（如表1.2所示）。

- 医疗保健（社会福利）。
- 旅游和意外。

表 1.2　　医疗保健保险公司的关键驱动因素

业务驱动	额外影响	分析回应
医疗保健必需品成本上涨	生活方式和行为，国家条款的生效及适用性	有效的承保
增长的索赔费用	治疗成本增加	有效分类、索赔管理、欺诈分析
监管改革	从公共到个人的财力转移	客户分析、风险和经营管理

财产和事故　它们通常被称为普通保险——占市场份额的40%，已经被分解成多个子集，例如小额保险（或个人保险）、商业保险以及专业保险（如恐怖袭击保险、海洋险、艺术险等）。

关键业务驱动因素（如表1.3所示）在某种程度上是一致的，但始终取决于运营中不同的保险业务类型。

- 小额险。
- 商业险。
- 特别险。

再保险公司和专属公司　除这些以外，还有再保险公司，这些公司承保主要的承保公司或再保险分出人以及附属保险公司，附属保险公司只为其商业所有者行事。它们主要的业务驱动因素不是与客户有关的问题（如表1.4所示），而是更多地涉及财务绩效和风险的管理。

- 再保险。
- 专属公司。

表 1.3　一般保险公司的关键驱动因素

业务驱动	额外影响	分析回应
成本抑制	因天气波动造成索赔、过多的摩擦生产成本	有效的索赔管理、有效的客户登记、有效的供应链管理
欺诈管理	经济环境、消费者行为	索赔和承销时的欺诈管理
顾客维系与增长	当地保险市场产能过剩、小额保险作为一种商品、低消费者信任 / 忠诚度	通过客户分析来理解并避免客户流失的倾向
法规遵循	偿付能力与其他地方政权	资本和风险管理

表 1.4　再保险公司和专属公司的关键驱动因素

业务驱动	额外影响	分析回应
重大事故的有效理解	气候变化、政治动荡	预测建模、"what if"假设性建模、通过空间分析对风险累积的理解
经济风险管理	经济和政治动荡、风险累积	资本和风险管理

1.2.2　中介机构的角色

保险公司并非脱离现实运营，而是依靠第三方帮助它们履行义务或优化业务。如果保险公司对大数据分析感兴趣，那么它们的中介机构也必须如此。这类"中介机构"包括以下几类。

- **固定代理人**——该公司的销售人员只能宣传其雇主的产品。根据《2000年金融服务市场法案》（FSMA）第 39 条，他们必须尽早向申请人 / 购买者表明他们的身份。

- **独立代理人**——通常称为保险销售代理或"生产者"，独立代理人通常销售各种保险产品，并支付佣金或报酬。通常，独立代理人是独立的承包商，具有单独的业务。国家联盟研究表明，平均来说，一个独立的（美国）代理人通常同时与 13 家财产保险公司和 6 家寿险公司合作。

- **理赔人**——独立或固定索赔专家的职责就是在政策的条款和条件内管理

提交的索赔。很多人相信"理赔人"的作用是调整或"减少"索赔。这种职业可以追溯到 17 世纪末，从那时起就有"估价师""测量师""评估者"以及现在提到的"理赔人"——这个称呼似乎在 20 世纪 50 年代中期变得更加普遍。

■ **修理者、车体修理厂以及修复承包人**——这是由保险公司，或者在发生索赔的情况下，由保单持有人直接或间接指定的一个广泛的群体。他们的责任是按照规定的标准，对房产或车辆进行维修。维修必须符合当地建筑或施工规范的标准，或达到电动机制造商的要求。就修复承包商而言，它们的职责最早是在永久性工程发生之前，在火灾或洪水之后"巩固"建筑。在某些情况下，修复承包人有能力承担永久性修复工程。

保险公司通常希望在维修过程中获得更多控制权，受索赔成本的增加以及保单持有人欺诈行为的影响，这些独立的第三方直接参与到维修/履行过程就显得尤为突出。以往保险公司要求保单持有人为维修提供 3 种预算，尽管使用了不同的信头，但是它们偶尔会发现这些预算是由同一个修理者提供的。（精明的索赔处理员通常能够识别出拼写错误，而这种错误在 3 种预算中是一致的。）

而近期，保险公司不仅对维修过程有了更好的控制，并且能够根据数量和期限协议（例如两年合同或更长时间）确保这些中介机构的成本折扣。此外，作为一项"附加值"属性提交给投保人客户，在危难时刻消除客户的担忧。

与所有保险一致，中介机构的特定业务驱动因素很复杂（如表 1.5 所示），并将在很大程度上取决于所涉及的中介机构的性质。

表 1.5　中介机构的关键驱动因素

业务驱动	额外影响	分析回应
客户维系	生活方式和行为，国家条款的生效及适用性	更好地了解渠道的有效性
持续盈利性	佣金压力	代理优化和管理
索赔管理	获得"最佳交易"的客户压力	代理控制、管理和审查管理制度

1.2.3　地理空间角度

并不是所有的保险市场都以相同的速度发展，也不是都具有相同水平的成熟度。保险渗透和市场成熟度往往并存。也许可以通过保险类型和地理空间来分析，并且微分段有助于人群进行分析。

一般来说，保险渗透与银行部门的成熟度水平直接关联。尽管如此，小额保险的出现（这类保险产品存在的目的在于，既能使低收入人群（每天靠 1 ~ 4 美元生活的人）负担得起，又能为其提供保护）有可能抵制了渗透水平低的趋势。同时，这也是一种历史性的角度——非洲电信行业的增长率可能为移动技术和金融服务的融合打开新思路。另一种新出现的模型是保险与其他行业（例如零售）的融合，这可能导致保险市场渗透和增长的加速。

本书仅考虑部分地区。

- 北美地区及加拿大。
- 西欧。
- 中国。
- 拉丁美洲。

正如我们目前所知，这 4 个地区占据了约 90% 的保险市场。在这些区域之间确认一些相关性是有可能的，例如，成长市场与成熟市场的对比，但由于不能充分反映广大区域中的文化和经济的差异，因此，这些概括也可能具有误导性。

1.2.4 数据分析与物联网

据一位管理分析师表示，到 2020 年，每个人都将拥有 5.1 台互联设备，高德纳公司则表示今后将会出现 150 亿台网络设备，其中许多设备之间能够相互通信。

"智能设备"这一概念并不新奇，事实上早在 20 年前就有了。像 LG 和三星公司这样的高科技生产商已经提供"互联网驱动的制冷设备"。远程控制中央供暖系统已经可以通过使用安卓手机来开关灯（或只是调暗灯光）。移动设备越来越受欢迎，例如，Fitbit 和 Jawbone 这样的公司，正在引领潮流公司和手表制造商考虑将设备嵌入到引人注目的珠宝和钟表里。我们正在迅速进入物联网（IoT）时代，物联网对保险行业的未来有重要的影响。

在保险行业中使用互联设备并不新奇。互联设备最初主要被用在个人保险上，下一步是否会在商业领域掀起创新热潮呢？虽然大部分的重点都是个人车载信息技术，但它们很容易被扩展到车辆保险业务中。部分保险公司已经间接从广泛的技术中获利，包括从集装箱运输的 RFID（射频识别）标签到确保生鲜食品供应链条件的监管。

物联网在保险中的能力将会在以后考虑，但物联网已经从此开启了有趣的新领域。安全性、标准化和隐私问题也会理所当然地出现，但这些话题已经超越了保险业的范畴，它们也影响着我们（现有）所知的"新"现代世界。如果将来保险业逐渐依赖于数据和设备，那么这些设备遗留下的维护和升级的负担该置于何处？保险业会考虑引入新的条件和保证吗，而这些条件和保证直接受到新的大数据环境影响？

1.2.5　规模效益或劣势

保险公司逐渐开始意识到数据中的价值，但是它们往往也面临着各种挑战，例如如何开始、如何寻找并获取它们所需的数据，然后将它们转换成可用的形式。甚至在它们开始数据分析之前，在建立企业、系统以及软件方面已经存在重大问题。部分复杂性在于技能需要贯穿整个过程，包括系统管理、数据管理、数据分析能力、翻译数据的能力以及最终熟悉可供终端用户使用的解决方案。

更加"敏捷"的企业通过一系列"Sprint"进行变革，而不是间接的"瀑布型方法"。随着这些企业的态度逐步改变，这可能会导致大型的保险公司与较小的公司一样，通过相同的动态方法变革。另外，也许较小的公司希望采用更"规避风险"的方法，直到技术被证明有效。损失较多的小型保险公司或许更倾向带着一种"后发优势"的世界观慢慢变革，它们采取一种安全的渐进式变革方法，这样能够为它们带来更多的确定性。

保险公司及中介机构的数据分析的有效实施与采用，最终必然导致整个行业的转型。第一个问题并非是提出"如果"的假设，而是"有多快"。第二个问题则是"怎么做"。变革从哪里开始呢？

目前的想法是，变革最初会发生在比较大的企业内部，这些企业凭借资金和野心进行变革。但是，大企业的性质是复杂的，它们有遗留的问题需要处理，尽管这些企业希望进行变革，但可能无法迅速实行。

小企业更加灵活，拥有较简单的行政管理系统，它们可能会感觉变革的前景并不十分清楚，因此可能不太愿意承担支出，或仅仅只是不知道该从哪开始。这些相对较小的保险公司，包括专业保险公司，也可能很难看到变革的价值。然而，有迹象表明，拥有一种数据分析方法，即便是小型保险公司也能迅速发展。专业保险公司可以更好地了解它们现有的业务，并且在获利的同时变得不易受动荡的市场所影响。

欧洲保险公司已经开始了它们的数据分析历程，由监管机构强制采取第一步，监管机构要求保险公司改善偿付能力的管理。《偿付能力监管标准 II》计划或当地同等规定的有效管理，导致保险公司需要解决它们控制范围内的大部分结构化数据，尤其是财务数据。为《偿付能力监管标准 II》执行安排的时间表可能有所差错，但是"一级"大型保险公司早已开始着手管理更广泛的数据程序，也许它们还有时间、技能，甚至也有信心更有目的性地着手研究其他数据领域。

另一个有趣的问题是，数据的有效管理和数据分析开始产生均衡效应，它减少了"一级"公司与其他保险公司之间的差异。大型公司变得更加"敏捷"并且开始模仿小公司。小公司变得谨慎，并且逐渐热衷于只采用成熟的技术，而随着时间的推移，成熟的技术随时可能变得更廉价。虚拟企业的数据分析还可能使保险公司（无论大公司还是小公司）对其外包业务安排更有信心。

究其根本，一家保险公司只包含以下 3 个要素。

1. 保险产品的制造——承保、资本配置以及监管报告。

2. 分配——产品上市的方式，可以直接或是通过第三方上市。

3. 服务——例如，索赔管理以及预收保费。

这 3 个要素中的后两个并不需要保险公司亲自执行，可以通过第三方或合作伙伴来履行，保险公司只需承担产品的"制造"。由于保险公司逐渐认识到将自身的数据与供应链数据相结合的价值，因此，外包和第三方活动将有机会更充分地整合，我们将进入虚拟保险公司的时代。

由于这种新的"虚拟企业"完全由充足的数据安全和隐私所支持，因此，"二级"公司和其他保险公司完全有可能与更大的公司竞争，甚至可能超越它们强大的竞争者，这不仅是因为"二级"公司更有效地使用了数据分析，还因为它们利用了它们强大的灵活性和敏捷性。

中介机构在其中也发挥了作用。它们还需要开发数据分析能力，以便继续留在"游戏"中。供应链专家要求他们的供应链具备这些能力，只是为了让自己继续留在采购流程中。尽管这种变革似乎是采购流程自身驱动的，保险行业还是希望逐渐看到"超级供应商"的出现。

由于采购专员将会参与到供应商对数据分析需求的环境中，因此，他们还要具备现有分析技术的知识和洞察力。供应管理专员似乎已经具备了一名数据分析专家的许多特点，特别是在"品类管理"这个行业。这些特殊的专家在电子表格或专业表格中使用数据分析，从而了解供应商的能力、处理与反馈时间、成本和定价以及应急处理。这些似乎都是宝贵的数据分析能力，随着企业的数据分析成熟度的提高，这些能力可能为下游保险业带来更广泛的利益。数据分析人员的技能短缺情况不仅存在于保险业，也存在于更宽泛的商业世界，供应链专业人员是否还有机会发挥作用？

考虑到所有这些因素，保险行业的情况开始转变，现有的商业模式开始延伸到 10 年前难以想象的领域。传统的价值链开始崩溃，取而代之的是其他可能松散耦合的合同安排，并且由新的数据分析技术所支持。

未来的保险业也有可能改变。个人保险和商业保险公司都将拥有更多的数据和信息，从而做出更准确的决策，并制定出更具代表性的定价。更好的统计模型也有可能会出现。此外，还会出现更完善的数据分析、GIS（地理位置）和其他传感器的一体化使用。"语义万维网"的发展——"万维网"是由万维网之父蒂姆·伯纳斯·李创作的一种表达方式，通过通用数据格式和协议提供一种更加标准化的方式来操作——万维网将为保险业提供一种通用的框架，通过"应用程序"可以进行数据共享和重复使用。这样做可能会逐渐打破企业和社会之间的界限。所有的后果必然会导致保险人的角色转变，包括他们的工作环境、技能组合以及他们的整个职业生涯。

1.3　数据分析到底是如何运行的

保险人理所当然地想了解他们该如何做。他们想了解从技术的角度出发，商业智能（BI）是如何发生的，预测性和规范性智能是如何运行的，以及认知分析的下面到底是什么。但这并不意味着他们希望自己有能力去了解这些，他们希望在了解基本架构之后，能够认识到关键问题以及技术的局限性。同时，商业智能在应用对话方面也能够帮助他们。

首先，这不是一个简单的问题，大数据分析的概念也不是一夜之间就形成了，保险业发现自身正处于数据分析的环境下，是变革的结果，也是突变的一个因素，有时也是不同的思维方式产生的结果。保险业已经存在数据分析思维所遗留下来的问题，作为保险精算过程的一个必然结果，新思路逐渐从其他部门（例如零售和电信）找到进入保险行业的方法。"智能仪表"的使用和机械的预见性维护已经存在了——但是这种思维将如何适应并扩展到保险业中？对于其他行业而言，保险业的创新构成方式可能相对比较"老式"。对于保险从业者而言，重要的是要保持一种 360° 全面的视角来看待数据分析世界中所发生的一切，从而能够充分利用眼前的机会，采纳新的想法并将其运用到自己的行业中。

1.3.1 商业智能

所有关于商业智能的讨论都可以追溯到测量与控制的概念。没有测量就没有控制，没有控制就没有改善。19 世纪 20 年代，在汽车和其他生产线的工业生产率挑战中出现了这种直接的想法，随后它在过程和方法论两个方面都得到了持续的改善。由于企业开始力求提升盈利水准，活动管理及其转换成的作业成本（在过程中识别活动并为每个活动分配成本）开始处于优势地位，并且直到现在仍然严重影响着我们的思维。怀疑者认为衡量的是成本，而非价值，这种衡量过程驱动了一种定量议题，而非定性议题。

但不管怎样本质上以绩效指标的形式衡量操作活动变得流行，并且在很大程度上会持续下去。企业开始意识到，驱动性能改善的参数，同样也驱动着行为的改变，并且这些改变并非总是有益的。受绩效指标衡量的个体通常会寻求操作数据的方法，以一种最积极可行的状态展示，例如，在销售有进展的情况下。我们不能也不应该低估绩效管理和个人行为之间的联系。为了应对这种情况，一些企业也在评估过程中加入了行为特性，尽管像"软福利"这样的行为特性可能会难以避免带有一定程度的主观性。

"行为风险"，即我们如何管理销售人员的业绩和行为的话题变得越来越重要，尤其是在多德•弗兰克以及其他消费者导向的法律控制下。数据分析能力不仅在销售绩效管理方面，还在销售方式方面支持着销售流程。如果绩效指标驱动行为（例如销售人员的薪酬待遇），那么数据分析可以作为解决方案的一部分，以确保行为的合理性。

实质上，收集的信息通过合成和结构化，可以用来创建管理信息。以往都是通过表格来完成的，但是现在逐渐通过电子数据表进行管理。来自企业外部的信息（例如，要获取来自供应链的信息）可以通过作为供应商合同的一部分内容，"强制"供应商以规定的格式提供信息，这样，来源于多个供应商的信息可以被合并整合用于更广泛的环境。换言之，采购流程可以形成一种工具，供应商以一致的方式提供信息，帮助保险公司更好地了解多种因素，例如成本、价值以及客户满意度驱动因素。

通过整理供应商提供的信息，作为 RFI（信息请求）的一部分或进程，保险公司和其他企业可能会比一些专业供应商自身更能以一种清晰的角度看待行业的特定部分。这类保险公司所面临的挑战是，要意识到在这类环境中知识就是力量，特别是在供应商协商的过程中。采购专业人员已经意识到了这一点，并且在协商过程中毫无保留地使用了它。

对于许多保险公司而言，即便电子表格已经发展，使用电子表格的方法管理信息依然是一种关键能力。曾经熟练创建数据透视表的专家们，现在发现自己需要具备更好的可视化和数据分析能力，并需要精通电子表格的高级功能。正如数据分析一样，电子表格不断变化着，并帮助用户拥有更好的洞察力和完善的可视化。电子表格用户最有可能面临的挑战不仅来自于信息的容量，还有业务运营及其相互依赖的复杂性。如果我们认为保险业务太过复杂，无法通过直觉或经验（或两者结合）进行管理，那么我们会逐渐到达一个临界点（如果还没有到达这一点），然而它也过于复杂，无法用电子表格进行管理，尤其是在大型企业中。

商业智能不仅仅是一种增强的管理信息的形式，它也是一种基础工具，帮助保险公司理解它们是否正在实现其战略目标，并在需要采取纠正措施时发出预警信号。如果管理者的唯一目标就是确保实现企业的战略目标，那么以不可争辩的方式获取信息，告知他们企业是否需要执行或采取纠正措施是至关重要的。因此，商业智能的指标应该与保险公司的战略目标保持一致。衡量与保险公司的战略无关的事物是毫无意义的。

相关的信息逐渐从公共源流入决策者手中，因此，不论个人如何理解这些信息，关于信息的来源及其真实性都毋庸置疑，通常将其描述为"真相的单一版本"。要做到这一点，需要一种信息基础架构，将数据放置在企业的核心部分，可集中存储并访问，但是这需要提供适当的需求和许可。并非所有商业智能系统都提供这种能力，这种能力在创建 BI 解决方案中实际上已经成为一种"保健"因素。

"真相的单一版本"这种概念适用于那些信息可以共享的数据库，并且是可访问的。这种数据库通常是以相互关联或"相关"数据的 OLAP（联机分析处理）"多维数据集"的形式存在，或者在大多数情况下，形成保险公司的商业智能战略。将数据想象成以"魔方"的形式，而不是平面的形式进行保存，并且这种方式能够帮助用户（有适当的访问权限）根据他们的需求切割数据。在某些情况下，数据可能大到需要中间数据库或"数据集"，才能更快速地访问到最重要的数据。

这种方法要求改变 IT 部门的职能，IT 部门的角色也正在从企业的信息传递者转变为信息的推动者。IT 部门在系统和功能一体化方面发挥作用，但是由于对信息的需求逐渐扩大，将 IT 部门视为"关键驱动者"而不是任何形式的瓶颈是至关重要的。等待 IT 部门的报告的日子正在迅速消失。独具洞察力的企业正在将 IT 部门的职能转变为一个完全商业的角色——这或许是它们一直渴望做的事情。这种态度的改变与周围的文化和能力的改变有关。

这种方法还要求 IT 部门更加匹配企业的商业问题，同时还要满足技术要求。它要求技术专家与业务决策者共同了解问题并考虑如何用技术来协助保险公司降低成本、提高盈利能力，并且降低风险。这是一场关于商业问题与技术融合的对话，而不是将新技术强加于商业场景中。技术人员逐渐需要理解在未来（或是目前）的保险世界中，商业与技术绝对需要共同合作。

这种方法的核心内容是领导能力和技术能力，但不得不说，数据分析的发展如此迅速，谁都不能自满。有效的 IT 领导能力需要企业的共鸣而非各自孤立。商业和技术的领导者都必须理解并且能够传达商业环境中发生的变革、必须采取什么样的行动来对其做出反应，以及预测可能的变化。要做到这一点尤其要求技术领导人使用业务范围所熟悉的语言，而不是 IT 行业的术语。同样地，技术领导者需要熟悉商业用户的条款，并理解这些条款背后的关键驱动因素。也许保险公司内的 IT 时代终于来临。

同样，专业机构会做出何种反应是一个令人十分感兴趣的问题。保险公司仍然将 IT 业视为不同的行业，而 IT 业将保险公司视为它们某些技术中的一种应用。在数字保险的新时代，这种态度是不够的，必然会出现行业之间缺乏融合，这最有可能是通过已成立的专业机构内部的小组来解决。个人是否会选择加入保险公司内部的技术小组，或者是电脑公司内部的保险小组？这两者都在努力实现共同的目标，它们是同一枚硬币的两面。

至少在意愿和交付方面（通常是通过移动设备而不是通过报纸驱动），商业智能通常被视作并描述成"管理信息"的前提步骤。不仅如此，它还是与战略运载相关的主要工具，而不是仅仅作为一组性能指标的某种形式的输出。但是下一步是什么？预测所面临更复杂的问题是需要处理并考虑下一个领域。

1.3.2 预测分析

如果可以肯定地预测未来，那么我们中的一部分人必然会成为富翁。实际上，我们应该明白的是，预测以及由此产生的预测分析并非一门精确的科学。保险公司需要对这一概念和现实情况感到满意。保险从来不是确定性的，而是可能性的。保险行业总是使用统计形式的概率来帮助人们理解生活到某一年龄时的财产损失的倾向性，包括遭遇车祸、遭遇洪水、火灾或房屋坍塌时的损失。

然而，由于在保险范围内考虑了预测分析，有助于了解交易工具。同时还有助于从业者了解客户是否去留、是否有购买更多保险的意向，或是在索赔时是否具有欺诈倾向。

尽管有许多人试图用数据和算法来解释预测分析，但也许个人直觉领域才是一个不同（并且更有帮助）的着手点。没有技术的帮助，人们每天要进行数千次的个人预测。这种行为被描述为直觉或判断，但实际上，它们的来源相同，都是基于已知事物、过去的经验以及可能会发生的情况做出决定。在没有技术的日子里，索赔部经理或理赔人可能会察觉到异样，因为投保人通过解释所给出的说法可能不符合实际情况、或者是因为一家公司的检查员听说的某个修理人员的事情与供应商提供的发票内容不一致。个人通常对特定事实进行一定的加权，部分事实更为重要。人们有时在事后发现，某些因素比最初他们所认为的变得更重要了，因此，这又改变了下次遇到相似情况时的考虑。出发点是经验之一，并且从中可以获取对将来更深刻的见解。

使用预测分析的起点大致相同，除此之外，"经验"通常被数据形式的信息所取代，"直觉"被基于实际信息解释的算法或数学公式所取代。为了预测哪些客户在索赔时可能存在欺诈行为，保险公司需要获取关于过去存在欺诈行为的完整数据。这可能延伸到最有可能引起欺诈索赔的典型索赔类型。哪些客户最有可能具有欺骗性、他们住在哪、从事何种职业、从政策开始或取消之日起到索赔生效日期的时间间隔是多长？这些数据点和其他数据点有助于提供可能发生欺诈行为的图像，但是没有绝对的欺诈确定性（除非有物证，例如假发票或证人陈述等）。

在客户忠诚度方面也会出现相似情况。有助于一家保险公司对客户的购买行为进行深入了解的信息或"数据"，可能是年龄、性别、地理位置或渠道，同时，这些因素也有助于它们了解政策更新的可能性。这些"数据"不一定单独存在于保险公司内，还可能从其他来源找到，例如个人在电信或公用事业中的行为。

当数据点被结合时，整合欺诈洞察和客户洞察的机会变得越来越引人注目，从而为保险公司提供了 360° 全面了解客户的视角。这不仅有助于保险公司理解潜在客户对特定行为的偏好，还有助于它们决定该客户是否有商业意向（例如有利的或有影响的）。

更具体地看预测分析的统计要素，分析师通常与业务经验丰富的商业主管一同合作，从而确定特定的因素与特定的结果相关。使用"回归分析"工具以对这种关联的重要性获得更好地理解。在这项研究中，"回归分析"是分析师使用的主要工具。它是显示输入和结果之间相关性的一种统计工具。这并非一个新概念，事实上，以线性分析（或是数据点之间的最佳匹配）的方式出现的第一次"回归分析"可以追溯到 1805 年，它试图解释行星在太阳周围的移动。

并非所有关系都像一条直线一样简单。在更复杂的情况下要求数据以曲线拟合连接，而不是直线。这种"回归分析"被称为"曲线拟合"。使用"曲线拟合"有不同的方法——它可以是与数据点对齐的精确曲线，也可以是平滑曲线。"统计推断"这一过程协助用户来理解曲线中的不准确程度，从而有助于在预测结果中提供置信水平。最终这导致回归方程、回归系数被创建，以及最终评分预测任何特定事件或行为发生的可能性。

由于经济条件、市场变化，甚至在重大天气事件的情况下，评分因素可能会随着时间而改变。因此，将预测"模式"看作动态实体变得更重要，持续刷新并根据预测结果测量实际结果。

许多统计学家发现数据分析的世界将会为他们带来计算能力和经验。他们面临个人挑战，因为他们需要了解或至少知道更高级的技术分析，从而逐渐支撑他们的数字敏锐度。更重要的是，他们还必须了解他们的统计见解最终需要直接和间接支持的业务问题。

1.3.3　规范分析

规范分析作为一种概念，总是带有一些轻微的批判，因为它充其量被看作是预测分析和认知分析之间的中介。它通常被理解为预测分析的一种扩展，包含了一定程度的机器学习。在很多方面，规范分析是"认知分析"的前身。

规范分析是 IBM 在 2003 年左右提出的一种概念，由 Ayata 扩展并获得授权，Ayata 是一家美国的软件咨询公司，自称"创造了规范性分析"。作为一种概念，规范分析不仅涉及"预测将会发生什么"的概念——预测，更重要的是，为了从预测中获益我们应该做什么。Ayata 公司将"规范"描述成"一系列与时间相关的行动，从而改善未来的结果"。例如，其考虑到潜在投保人的购买倾向，以及他们最可能接受的报价，如果被拒绝，又该提出什么报价。从本质上来讲，规范分析是动态的，需要不断学习，帮助企业优化预测的未来。

规范分析与其他形式的分析相似，它并不代表目的，而是一种通往结果的途径。所有的数据分析的主要目的都是改变过程，提供最佳做法并且（在大多数商业应用中）提高销量或经营绩效。事实上，在预测分析和认知分析之间没有精确的定义界限，它不该成为任何焦虑的来源。它只是数据分析过程中日渐成熟的一种反映。创新往往是渐进的，而不是阶跃变化的——尽管在信息和解释的新来源上会发生阶跃变化，例如，2014 年，在 IBM 和 Twitter 成为合作伙伴关系的情况下。

本质上，规范分析是将新技术和相关技术结合到数据分析方法中，如下。

- 机器学习；
- 自然语言处理；
- 应用统计；
- 信号处理；
- 图像处理；
- 元启发式算法。

就分析学而言，保险专家并非必须考虑这些能力的所有细节部分，最重要的应该是机器学习。保险公司需要考虑技术，使用精确的技术能力，变成一种推动，而不是威胁。然而，机器学习的概念听起来似乎有点令人疑惑。

这些是关于下一代保险专业人士的讨论和对话。我们可以肯定的是，随着技术的发展，金融服务部门和保险业也将随之发展。在保险环境中已经预先考虑了数据分析。或许更值得考虑（或至少不同）的一个问题是在数据分析环境中的保险业的未来。也许数据分析的进步会改变保险业，而不是将分析视为一种满足传统保险业需求的工具。事实上，这根本不能算问题——保险业肯定会发生变革，但主要的问题或许是它变革的程度。

1.3.4 认知计算

对部分专业人士而言，"认知计算"这种表达方式可能会使他们感到不安。有人认为认知计算是人工智能的一种形式，但是技术机构渴望淡化这一概念，它们认为认知计算是数据分析的下一阶段，提升技术和业务（及所有）决策的整合。读者不必为这些数据感到震惊。例如，大多数汽车会基于里程或间隔时间告诉司机何时需要服务。即使在今天，"汽车"不仅可以识别添加机油的需求，从概念上（更新型的模式下）甚至可以做车库预约，与司机协商批准日期并自动输入进日志，这些都在当今技术范围之内。

认知计算是复杂的，它依赖于多种技术，而非单一技术。多个 API（应用程序界面）构成整个解决方案的一部分。在最基本的定义中，这些组成了一系列技术流程、协议和工具，从而允许并创造了例如语音识别这样的能力。应用程序界面是"软件到软件"性能的一种形式，允许"系统"的不同部分在没有人工干预的情况下相互交谈。这听起来相当可怕，但其实很多技术已经实现，比如当你在线预订电影票的时候，你已经使用了这些技术。你作为一个用户只看到了一部分——售票口——但是更多的操作都在后台。这就是认知分析的情况。用户可能会以"自然语言"来提问，但是答案往往以一种复杂的技术驱动方式产生。当我们订电影票时，技术的使用被认为是理所当然的。那么在保险行业中是否有同样的情况？

认知计算面临的最大挑战之一是人们通常从一个历史遗留的角度来看待它，这样的例子有很多。事实上，在许多情况中我们别无选择。保险行业（或许所有行业）最大的挑战之一就是，选择和决定没有任何先例可以遵循或以之为基础。这就像在蒸汽的世界里，想象有关电力的潜能的问题。

保险业需要坦然面对这一点。在许多商业领域，实际上在生活的许多方面，决策已经被纳入机器或系统中。正如我们之前所提到的，你的车也许在需要服务的时候会提醒你。如今，汽车仪表盘上的信息可以告诉我们发动机中的油位，而在 10 年前，司机需要靠量油计去量。汽车什么时候会出于"自我保护"而停止行驶？当发动机发出奇怪的噪声时，收音机的声音会变得更大吗？在过渡时期，如果对数据分析所提供的信息有疑问，经验丰富的人士可以回答这些问题，但是随着他们的退休，保险业将会遗失多少知识和经验？折中的办法是，不要让他们立刻退休，而是选择让部分保险业专家保持半退休状态，从而引领整个行业。当然，危险的是那些退休的人员所提供的建议是否会像战争时的将军一样，认为只要正确实施骑兵冲锋，即便面对机枪，也是一件好事。

也许，采用认知分析的行业使用所有现有的工具以及将来必然会使用的工具和数据集，并不是一个技术问题，而是一个文化问题。这个问题是关于保险业专家如何与技术进行联系和互动，甚至是利用它而不是成为它的受害者。我们需要用不同的方式来思考技术。随着技术渗透到我们生活的方方面面，并且逐渐影响业务决策，认知分析开始变成"这里发生的事情"，而不是额外的电子或技术能力的某种形式，用来加固旧的方法。

综上所述，这个特定领域的本质在于理解"它是如何发生的"或"它是如何工作的"。总之，数据分析可能是通过 3 个要素的组合来实现的。

- 技术的不断进步是必然的；
- 改变文化是不可避免的，其中包括个人和公司与计算机的关系；
- 领导力很关键，包括通过利用这些能力来改变行业和企业的未来前景。

这些并非是出人意料的特性——但是请继续提醒我们这种特殊变化的复杂性。对保险公司而言，分析转型并非只是一个技术问题，此外，还要考虑到其他重要的文化和个人方面。

注释

1. 出版社，Gil. "大数据的简短历史".《福布斯》杂志，2013.

2. IBM《2013 年度报告》. IBM 出版，2013.

CHAPTER 2
第 2 章

数据分析与财务部门

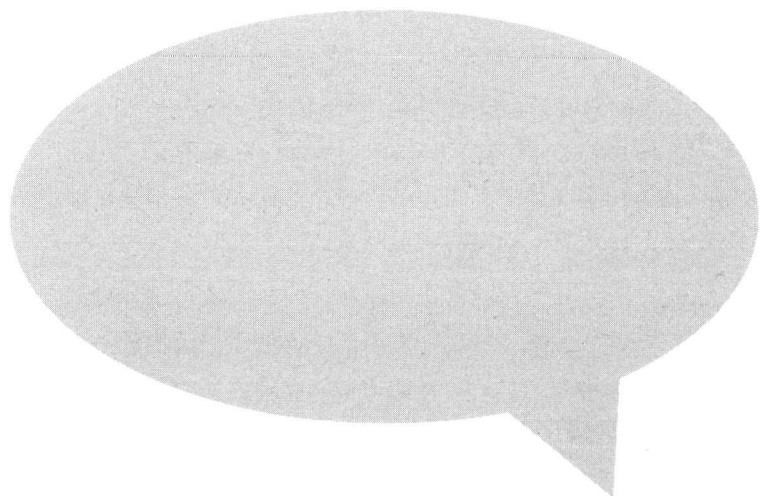

有些读者可能会觉得财务部门的分析不一定是针对行业的，或者针对具体的保险行业，他们认为所有的财政官员与会计或多或少有些类似，承担着相同的职能。在某种程度上，他们是对的，会计实务必然具有一定程度的标准化，从而使企业能够以标准相互衡量。他们通常也认为财务分析太复杂，没有经过专业培训的会计师很难理解和管理——这是一种对股东和非执行董事毫无帮助的态度。

许多行业必然都有其鲜明的特点。保险业属于需要凭借事实说话的类别，保险公司允许账本上存在尚未支付的款项，而且可能在所需付款项上存在一定程度的不确定性。这种行为特别容易导致保险公司陷入复杂或冗长（长尾）的理赔，需要花费很多年才能清偿。同样地，在寿险和养老金部门，专业会计师和精算师需要不断考虑时间，例如，死亡通常不可能持续发生 20 年或 30 年，因此，他们要把这一点考虑到计算中。

同样重要的是，保险公司的财务部门还要考虑企业的广度和深度。它们需要考虑多种多样的产品和服务，考虑营销的多种路径和渠道，还要在更复杂的企业中反映出多个地理位置。简单来说，也许除了单一险种保险公司和专业保险公司之外，其他保险公司的财务环境已经变得十分复杂，无法再用电子表格来进行管理。未来，产品开发周期变得更短，新的分销模式开始出现，夕阳产品呈现更有规律的趋势或持续增值，这种更加"灵活"的保险行业要求所有保险公司都变得更加积极主动。

逐渐地，这种情绪促使财务部门希望逐渐演变成企业中一个有活力的交互式部门，而不仅仅是一个"会算钱的部门"。财务专业人员需要与更广泛的业务联系起来，从事战略（有时甚至是战术）思考，支持并扮演一位值得信赖的顾问，而不仅仅是财务管理人。在许多情况下，特别是在较小的保险公司中，风险管理和法规遵从的责任也落到了财务部门身上，可以说有些人并没有做好承担这样一种角色的准备。

执行总裁和财务总监之间的关系对于理解财务与广泛的业务之间的关系至关重要。如果说执行总裁是公司的"驾驶员"，那么财务总监就相当于副驾驶。为了公司利益，他们必须进行完整的团队合作。这种说法并非只代表保险业，也代表着数字和大数据革命导致的许多行业的性质的变化。塞德里克·里德（Cedric Read）的 *eCFO-Sustaining Value in the New Corporation*[1] 一书中的观点是，许多企业的职能需要变革，包括财务职能。如果只能给读者留下一种经久不衰的想法，那必然是大数据分析的时代将会改变保险世界，并且一切都将会变得不同。

2.1　财务的挑战

2009 年，莫西曼（Mossiman）和 Dussalt[2] 等定义了有关财务部门的如下问题。

- 缺乏信息导致它们无法管理已经发生和可能发生的事件。
- 财务信息的相关性、可见性和可信性。
- 对长期和短期、细节焦点和重要部分之间平衡的需求。
- 在自上而下的视角以及自下而上的环境之间找到一条路。

企业内部需要应对多个决策者的挑战，通常每个决策者都有预算责任，以及更为重要的交付责任、保持现金流与运营资金之间的平衡、关于资本支出和运营成本的决策、资金的管理。仅在 5 年内，保险世界的大部分就已然变化。

同理，IT 部门同样需要变革，也许在某种程度上有些 IT 部门已被边缘化，这样做是为了支持行业的决策者，财务部门的职能也需要改变。大数据带来了"大权力"，同时也带来了"大责任"。财务部门必然证明它们做出的扣留资金或限制预算的决策比以往更合理。

参与规则也发生了变化，特别是在使用数据分析能力方面。业务部门的主管和员工逐渐能够识别满足他们特殊运营需求的工具。技术供应商为了参与其中，正在免费提供工具（免费增值）。

数据分析工具的自助识别正逐渐成为一种"危险"的规范。多种策略性采购会导致结果脱节，因此，我们一般不轻易使用"危险"这种表达方式。保险公司是宽泛而复杂的，它在某些程度上要求标准化以确保一致性。独立决策和技术选择必然会导致保险公司使用针对特定需求的工具，而不是为了公司的更大利益。零碎的采购切断了原本希望获得的一切——标准化、价格杠杆、工具升级和整合的管理。战略采购仍是最佳方案，而不是一系列可能更难管理和维持的个人战术关系。

2.2　绩效管理和综合决策

数据分析的关键原则之一是"真相的单一版本"。在技术术语中，这意味着所有信息都来源于相同的数据。至少在理论上，这种数字之间的分歧已经消失，尽管可能仍需要一定的解释。正是在这些灰色"解释"领域，可能会发生争议，不过由于所有信息都来自于同一个可接受的来源，因此，我们认为所有信息都是可靠的，这是一种进步。

不同行业的成熟度处于不同水平，例如，银行业比保险业成熟度更高。因此，我们可能会发现，一位银行家进入保险的领域，他对数据分析的等级期望可能会更高。个人在行业之间的流动可能具有均化效应。一些行业可能比其他行业更先进，因此会有一定程度的知识和能力的转移，总的来说，这是一个令人满意的结果。

例如，零售商决定销售什么样的产品，以及需要提供多少折扣可以鼓励顾客。行为管理是一个财务问题，同时也是一个营销和心理问题。这就需要有关将收入、盈利能力和增长等问题以及如何将其与产品、渠道和声誉联系起来的、绝对无可争议的协议。

保险公司应该在同行群体以外寻找发展的衡量基准。很明显，在客户分析方面，零售商和电信公司在购买行为分析方面远远领先于保险公司，但它们之间的差距正在迅速缩小。一屋子的银行家和保险专家热切地倾听着零售商描述它们是如何通过会员卡来获悉在各种商品粒度下顾客的购买行为，它们不仅需要给出一个吸引人的折扣，同时，还要预测出在何时何地来提供这样一个折扣。这里提出一个问题，保险是否相当于会员卡？

2.3 财务与保险

保险业受到社会和经济因素、监管、竞争加剧和客户行为的强烈影响。产品、地理空间和渠道引起保险不同的渗透水平。为了提高渗透水平，保险公司必须优化其财务业绩，提升服务灵活性，同时，还要增强客户的保险意识，从而间接地提升投保人的资金保障。

在最广泛的背景下，有效的财务管理包括以下内容。

■ **精算管理**　精算师协会（SOA，2010）[3] 将精算描述成"分析风险财务后果的商业专家……他们评估事件发生的可能性，并设计创新方法来降低可能性，减轻实际发生的不良事件所带来的影响"。澳大利亚精算师学会（IA Aust，2010）[4] 采取如下方式：

测量并管理风险和不确定性；

设计财务合约；

提供投资建议；

衡量人口对财务安排的影响；

就广泛的财务和统计问题提供建议。

精算师通过精算控制循环操作，这种程序通常由 3 个步骤组成——定义问题、设计方案以及监控结果。同时，对于大多数问题而言，这是一个相对通用的办法，精算师通常（但不总是）也需要考虑未来不确定的现金流。

■ **资产负债管理（ALM）**　这是一个管理风险的过程，保险公司（或其他金融机构）承担的风险是由于资产和负债不匹配、公司无法清偿债务或是利率变化的结果所导致。除此之外，资产负债管理作为一项技术来协调资产与负债的管理，从而获得足够的回报。因此，也称为"盈余管理"。

■ **资本管理** 资本管理是保险公司维持充足的营运资本（公司的"短期"营业资源），从而有助于公司偿还债务的过程，通常在索赔过程以及维持充足现金流的过程中产生。

■ **内含价值的计算** 这是一项业务模块价值的计算。不同于短期财务管理，内含价值的过程允许计算长期盈利能力。保险公司的内含价值是其当前业务的估值，而不是赢得新业务的能力，内含价值通常作为业务的"最低价值"。为未来业务提供的补贴称为"评估价值"。

■ **对冲** 对冲通常被视为预先投资策略，保险公司在"伴随投资"出现损失的情况下进行投资。对于保险公司而言，这是一种对抗投资损失的保险形式。

■ **再保险策略** 再保险是保险公司直接购买或通过代理人间接购买的一种保险，作为风险管理的一种形式。再保险有助于风险转移、收益平滑或"盈余缓解"，有助于保险公司在达到偿付能力时可以开展新业务。在某些情况下，由于专业知识或规模效益，相比一般的保险公司，再保险公司能够以更低的成本来承接业务。这种再保险公司被称为"分出"公司。

■ **储备金** 储备金也称为"损失准备金"或"索赔准备金"，储备金是指考虑在未来理赔支出的可能性中，保险公司对未来现金流的计算结果。保险公司的总负债是指个人保险索赔准备金的总和。保险公司有义务为满足索赔义务而释放资金，并且正是由于这个原因，赔款的准确性至关重要，特别是在遭受重大损失的情况下。当保险公司相信它们已经储备过度时，会"释放储备金"，这一过程具有增强保险公司盈利能力的作用。为了刺激利润而释放储备金会危及保险公司提供索赔的能力，监管机构对此表示担忧。[5]

在这一点上概括保险业的关键驱动力（如表 2.1 所示）是有必要的。

表 2.1　保险业的关键驱动力

战略	企业并购 新的流程和模式 新产品
收入增长	增销和交叉销售 更好的客户洞察
成本降低	经营效率 避免处罚和罚款

2.4　报告与监管信息披露

保险公司的报告过程既复杂又昂贵，通常需要假设这些报告会被当地的报告要求所影响。许多保险公司（不是所有）都与外部的财务利益相关者有联系，明确的披露是财务"组合"至关重要的一部分。企业的利益相关者做出的重大决定影响着投资和养老金。小型的投资者的方向是寻求业绩的清晰度。在数字或词语方面，都不容许出现错误描述。

与此同时，还有监管披露的要求，这些要求为企业提供了比较方法。有效和准确的披露不仅是法律义务，同时也证明了一家企业对其利益相关者履行义务的能力。在运营层面上，对于保险公司而言，同样也能保证可以解决客户的索赔款项（即使实际金额是否等于总额这一点有待商榷）。所有的保险公司都有义务证明自身的偿付能力，它们的义务就是确保关键利益相关者得到充分保护。

在合规性方面，《偿付能力监管标准 II》是重点内容，这一点在其他地方有更详细的介绍。

2.5　公认会计原则和国际财务报告准则

公认会计原则（GAAP）是指在任何特定司法管辖区使用的财务会计准则的标准框架。事实上，这些是地方标准或惯例，还包括一些在准备财务报告和报表时，会计需要遵循的标准、惯例和规则。公认会计原则似乎主要是一种集中于利润的过程，这似乎可以被看作是一种短期的观点，特别是当许多保险产品的利润在产品寿命的后期出现时，因此，它对投资者并无益。还有跨区域的一致性问题。通常情况下，公司使用指标组合——公认会计原则、监管报告和内含价值。

相比之下，国际财务报告准则（IFRS）旨在成为一个全球通用的财务报告的方式，从而使公司的账目在国际上能够被理解和对比。它是由于国际股权和贸易的增加而产生的，对在多个国家有交易的公司尤为重要。我们提出的论点是，使上市公司在国外竞争、集资和提供财务细节变得更容易。尽管 IFRS 的进展相对缓慢，但是它正逐渐取代各地区不同的会计标准。

保险公司在《偿付能力监管标准 II》和其他偿付能力要求方面所做的大部分工作都可以被充分利用。安永会计事务所在其 2012 年《面对挑战：IFRS 第 4、9 号和偿付能力监管标准 II 对保险业的商业影响》的报告中明确表达了这一观点。他们认识到"保险公司在未来几年内，将 IFRS 第 4 号第二阶段的实施与 IFRS 第 9 号进行同步时，会面临巨大的挑战。管理这两个框架体系，连同新的国际财务报告准则标准、《偿付能力监管标准 II》以及其他财务的变革之间的时间轴和互相依赖的关系……会将许多公司置于互相冲突的地位。"它们强调"评估重叠要求"并了解互利选择的必要性。《偿付能力监管标准 II》目前基本上落后于我们的财务发展，但是，当保险公司几乎忘记创业初期的支出痛苦，并且打算在缩减成本上提高效率和报告绩效时，它们几乎必然希望在 2017/2018 年重新审视这一话题。它们会在这一话题上仔细思考安永公司的观点，从而"告知他们时机和方法"。[6]

虽然这些报告在性质上是定量的，但不应忽视"定性报告"的问题。"定性报告"反映了非财务性报告的情绪和措辞，非财务性报告通常伴随着定量元素。换句话说，在一份年度报告中，下面这些都是非财务性表示。例如，包括对个人和企业投资者的年度报告中的评论，其暗示了保险（或其他）企业的战略意图。非财务性表达是对企业提出的发展方向或提供的财务结果的解释。

因此，确保在正式报告中嵌入的情绪、定量报告和叙述之间的绝对一致性也很重要。对此所采用的方法是"可扩展商业报告语言"（XBRL）。该方法由 XBRL 国际公司提出，该公司是一家非营利性公司，包含 600 家公共企业和民营企业，XBRL 是对包含文本的数据进行"标记"的过程，它是一种嵌入报告中的"标记"，而不是数字或注释。这种"标记"的效果是，如果对该标签内容进行任意修改，则修改内容会被复制到所有相关文档中。这种"标记"还许可在企业外部进行信息交换。

这种"标记"有两个元素，第一，内容的"创建"；第二，内容的"消费"。内容的"创建"对保险公司至关重要，特别是在监管报告中。而对于监管机构而言，"消费"则至关重要，监管机构逐渐寻求使用高级分析来审查信息并获取"可执行洞察力"。也许由局外人来整合并管理信息已逐渐成为一种自然趋势，然而，监管机构反对这种趋势，这有利于它们对每家保险公司及其业务组合有清晰的了解。

2.6　合并、收购与撤资

由于在物联网环境中产生的数据分析开始触动现有的商业模式，不仅会导致新的合作模式出现，还可能导致更多的合并与收购。这些合并与收购可能不仅仅发生在保险公司之间，也可能发生在经纪人、其他金融机构，可能还有技术公司与其他差异化企业之间。同时，由于更好的控制和"超级供应商"可能出现，保险公司对其外包安排可能会获得更多信心，那么保险公司同样也有可能为了降低成本并提高盈利能力而剥离一些能力。

随着市场整合继而重新聚焦，决策者能够在交易发生之前了解潜在影响是至关重要的。这些问题不仅影响着利润和绩效，也影响着购置成本是如何体现在法定报告中的。根据之前提到的 GAAP 报告，购置成本通常是推迟的，因此，投资者可能无法确认真实的影响力。特别是发生跨行业整合时，保险公司必须清晰地认识通过并购创造的价值。

在合并与收购方面，学术界已经做出了大量工作。波士顿咨询公司[7]表明，1998—2008 年，超过一半的保险合并没有创造出股东价值。在审查的 1100 项合并中，它们为合并定义了 4 种关键的商业原则。

1. 增量。

2. 补充现有业务。

3. 国际扩张。

4. 利用萧条的市场。

波士顿咨询公司的报告具体反映在经济困难时期的并购活动，并且强调了良好的尽职调查和有效建模的观点。他们表示："在正常情况下，并购会为增长带来额外的机会，但也会带来重大挑战，甚至更高的风险。"与小型企业截然相反，大型企业的合并 / 收购的结果似乎也存在明显差异，他们的建议是"优先考虑更小，更具战略性的交易"，他们将这种建议描述为"更倾向于投资者"。所有合并或收购的核心必然是一项商业计划，他阐明了决策的基本原理。这不仅仅是关于是否合适的问题，而是需要考虑在额外的收入和费用方面有什么要求，以及如何进行收购。因此，人们必然还需要解决文化问题，包括领导力、地理位置和过程。

财务部门分析能力的提高表明，根据预测收购、合并以及撤资的可能性影响，可以创建一个更加全面的观点。财务部门的分析建模（例如场景测试）在实践中发挥着重要作用，它允许在一个安全的环境中完成"沙箱"测试（"沙箱"是测试环境的一种形式，它可以在不影响工作环境的情况下，隔离执行程序或系统）。除此之外，社交媒体分析也有助于解决员工的问题。

2.7　透明度、虚假陈述、证券立法以及《萨班斯法案》

在财务部门中，有效且准确的报告是一项重要的业务职能，并且立法的存在加固了该职能的关键性。美国的公司通常在诉讼频生的环境中经营，股东特别渴望遵守《证券法》。这不仅仅是一家美国公司的问题，而是与代表了 14% 的全美国上市公司的外资企业有关。[8]

1929 年，美国股市崩盘正是证券立法背后的推动力，证券立法被纳入 1933 年《证券法》，要求公司对所有重要事实进行充分披露。1934 年的《证券交易法》规定，公司应定期进行持续披露，从而确保所有股东了解重要业务事项以及公司的财务状况。

《2002 年萨班斯—奥克斯利法案》，也称为《公众公司会计改革与投资者保护法案》或《公司与审计责任与职责法案》——一般简称为《萨班斯法案》——进一步提高了公司的管理水平。该法案引发了一系列重大丑闻事件，例如，安然公司——一家位于得克萨斯州的能源公司，通过记录不存在的资产和利润，从事系统性、创造性以及腐败性的诈骗。

《萨班斯法案》的主要内容是创造框架的关键部分。

1. 公司会计监管委员会（PCAOB）——负责商定并实行具体任务和过程的中央独立小组。

2. 审计师独立性——为了避免利益冲突。

3. 公司责任——强制高管承担个人责任。

4. 加强财务报告的披露——包括改善的报告要求。

5. 分析利益冲突——要求披露利益冲突。

6. 委员会资源与创始人——关于证券分析师的投资者信心。

7. 研究与报告——涉及例如投资银行等其他方面活动更广泛的调查。

8. 公司及舞弊罪的责任——定义具体处罚并保护"举报者"。

9. 严惩白领犯罪——包括未能证明财务报告也被视为违法行为。

10. 公司纳税申报表——首席执行官签署公司报税表的义务。

11. 公司舞弊责任——将公司舞弊与刑事犯罪和特定处罚联系起来。

《萨班斯法案》更加注重问责制和"升职"报告。《萨班斯法案》的关键部分之一是 404 条款，其中规定了美国公司对内部控制报告的要求。一家英国公司的合规成本估计在 1000 万英镑～ 2000 万英镑，并且需要全时当量[9]20 年。在英国，企业管理已经转向萨班斯类管理体制，并且《公司法改革白皮书》中建议，对会计犯罪加以更严厉的处罚。

2.8　社交媒体与财务分析

从表面上看，财务绩效管理形式的分析与社交媒体的使用之间并没有明显的紧密联系。但是严格来说并非如此，正如以下 3 个例子所强调的那样。

第一个例子，正如其他地方评论的一样，重要的是无论是定性还是定量的信息都是在语境中抓取的。糟糕的结果依然糟糕，但是如果相对竞争对手而言没那么糟糕，那么这种冲击的强度就没那么大。大数据环境的一个影响是更容易理解财务结果的市场语境。有些人可能会说，就某种程度而言，这种能力始终存在，但是在目前的情况下，更多的信息和透明度使之变得更容易。

第二个例子是一家公司的声誉价值。在 2015 年的报告[10]和其他相关文件[11]中，Reputation Dividend 是一家声誉非常好的专业公司，公司旨在评估一家公司的市值是如何从该公司的声誉中衍生出来的，以及在过去的 12 个月中公司市值的增加或减少对公司声誉的影响。尽管行业之间具有相当大的差异，但是能够确认的是，一家公司的声誉提高 1%，会使其市值增长 1.4%。它们认为，对于平均 100 家富时指数公司而言，声誉提高 1% 有可能获得 2.66 亿英镑的额外价值。

将声誉与价值相联系富有挑战,因此,这种发现十分有趣。社交媒体管理是深入了解声誉问题的十分有效的途径,并且在某种程度上,社交媒体管理控制着公司的声誉。对于主要依靠可信度的保险公司而言,其公司声誉的提高可能为其带来更大的利润,而不仅仅只是改变了投保人对该公司的看法。

第三个例子来自柯尔特技术服务公司(Colt Technology Services)[12],对360位英国财务专业人员的调查研究表明,股价的波动受社交媒体网站(例如"Twitter"和"Facebook")上的舆论影响。柯尔特公司研究表明,63%的调查对象,其中包括经济人和公开市场操作台负责人,他们认为个股的价值与社交媒体的观点直接关联。进一步调查发现,7%的调查对象将社交媒体的观点作为预测变化的一种方法的主要指标。另一方面,45%的调查对象认为社交媒体观点是一种后续指标,用来证实趋势。虽然存在一些其他的不确定性,但是社交媒体在声誉管理方面依然重要,并且对公司价值有一定的影响。

2.9　销售管理和销售渠道

现在,保险公司利用多路径上市,作为销售流程的一部分,从而与其潜在的客户接洽。传统上,销售都是通过经纪人和代理商进行的,这两者都受雇于公司或独立经营。其他直接和间接的渠道也在不断增加,例如,联络中心、互联网、银行、信息采集商业机构和第三方零售商等。在保险销售渠道的使用方面,地理位置也存在很大差异,通常是以文化与当地市场传统相结合为基础。例如,在亚洲和美国的部分地区,代理商仍然占有最大的市场份额。对于保险公司而言,通过经纪人和代理人比直接进入市场更为昂贵。因此,精确的成本分配对于保险公司清楚地了解各个渠道的盈利能力是至关重要的。

同时还延伸到索赔成本管理,特别是在经纪人或代理商拥有权限的情况下,通常该权限称为"代理权限",他们可以代表保险公司进行理赔。在消费者使用新技术导致保险公司的销售量严重下滑的情况下,代理商面临的压力不仅仅是提供良好的服务,他们可能还需要在理赔中以更慷慨的方式,保护客户(例如投保人)的利益。或者,代理商可能不会充分利用保险公司提供的维修和更换服务来影响大批采购的折扣,保险公司可能会使用这样的折扣。因此,保险公司通常会在同一时间、同一地点、同一种类型的索赔中看到从经纪人渠道中产生的不同的并且更高的"亏损率"。

2.9.1 代理商和"生产商"

数据分析过程也可作为固定保险代理商或独立保险代理商的重要部分，当作代理商交易凭证的验证以及授权服务政策。在美国，代理商通常被称为"生产商"，而典型的监管机构是 NIPR（国家保险制造商注册局）、FINRA（金融监管机构）和 DTCC（托管信托和结算公司）。

在美国，"生产商"必须拥有执照。NIPR 是一家公共 / 私人合伙公司，支持各州及国家保监会（NAIC），从而创建一个"生产商门户网站"或"网管"，授权 NAIC 支持国家生产者许可证数据库。NAIC 是美国标准制定以及监管支持的机构，支持国家保险监管机构建立标准和最佳实践，进行同行评审并协调监管[13]。除此之外，该机构还防范没有交易资格的人。NAIC 力求通过确保权限，保护大众免遭违规销售。

为取得资格证，国家监管机构有一定的独立要求。以华盛顿州为例，监管机构要求经营各主要险种（例如人寿险或商业险）的企业进行 20 小时的许可证前期教育。随后，有一场具有最低合格线的考试。许可证有效期一般为两年，两年之后代理商必须重新申请。

而在英国，《1977 年保险经纪人注册法案》虽然已经被废除，但其中的"保险经纪人"这一表达成为一种规范性术语。目前，所有"销售"保险产品的公司都必须通过金融行为监管局（FCA）的批准。所有经 FCA 批准的公司才可以销售保险。2012 年起，有关独立财务顾问（IFA）的规定开始生效，接着零售分销检讨部门（RDR）以及所有独立财务顾问必须给予公正的建议并提供一系列产品。这项英国计划旨在确保英国的金融教育和文化水平能够与美国和其他经合组织相持平。

保险公司逐渐将它们的代理网络视为"虚拟企业"的一部分，并且将代理网络作为自身业务的延伸，以便通过代理网络收集性能数据，包括如下部分。

- 完善的薪酬报告。

- 授权管理，包括授权报告。

- 更好的代理 / 经纪人绩效评估。

- 沟通策略和经纪人良好绩效确认。
- 在培训、审计和佣金管理中节省成本。

2.9.2 销售管理

销售管理，有时也被称为"销售业绩管理（SPM）"，是销售渠道根据佣金、配额和奖励进行管理的过程。由于销售管理侧重于将销售企业的行为与业务的战略目标保持一致，因此，通常认为销售管理是财务绩效管理的延伸。此外，销售管理提高了销售生产力，提升了企业的敏捷性，并且有助于支持销售合规性问题。

根据研究[14]，销售报酬以多种方式进行管理，如图 2.1 所示。

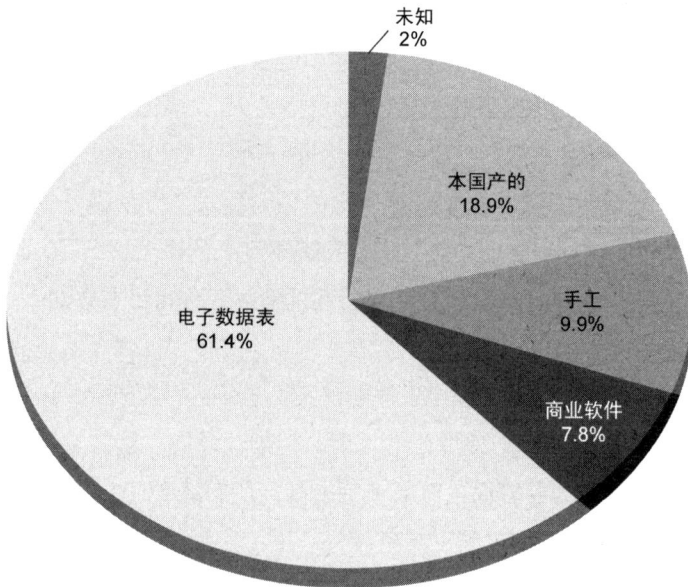

参考：销售总监的见解
2012 年销售报酬主要趋势分析

图 2.1　销售报酬管理

公司采用销售和分销绩效管理解决方案：

- 减少成果计算中的错误；
- 改善区域管理，有助于找到正确数量的代理商和代表，并更有效地管理生产；

■ 优化分配计划并创造更多适当且有意义的目标；

■ 管理并合理化报酬计划；

■ 满足美国及其他地区相同的合规性问题，例如《多德弗兰克法案》，合规性问题在某种程度上与卖方行为相关；

■ 在计算报酬和其他关键指标时，减少处理时间；

■ 减少人员配置，主要是在销售结果的计算过程中——但这也可能有助于建立并维护卖方网络。

注释

1. Read, Cedric, et al. 《新公司的 ECFO 保值增值》. 伦敦：John Wiley & Co., 2001.

2. Mosimann, Roland, Mosimann, et al.《保险业绩经理》. 渥太华：Cognos 出版社，2008.

3. Also 研究所和精算师学院："为什么要成为精算师"

4. Bellis, Clare, Shepherd, John and Lyon, Richard. 理解精算管理. 精算控制周期第 1、2 节：1-3. 澳大利亚精算师协会出版，2010.

5. Gray, Alastair. "监管机构对保险公司的准备金进行调查". FT.com, 11 月 14 日，2014.

6. Ernst and Young. 《面对挑战：IFRS 第 4、9 号和偿付能力监管标准 II 对保险公司商的业影响》，由 EYGM 有限公司出版，2012.

7. Freese, Christopher, Imholz, et al. 保险中的价值创造. 波士顿咨询集团出版，2009.

8. 国家保险企业注册. 《2014 年度报告》.

9. 连续性中心。2005 年 5 月 6 日出版.

10. 声誉红利. 《2015 年英国声誉红利报告》.

11. Cole, Simon, Brown, et al. "应用信誉数据提高投资绩效"（2010 年 12 月）《世界经济学》，15(4).

12. Colt 科技服务. "根据英国财务专业人员的数据，Twitter 和 Facebook 对股价的影响"．Colt 科技服务出版，2013 年 2 月 12 日．

13. 美国保险监督官协会．"关于美国保险监督官协会"．

14. Chief sales officer insights．"2012 年销售薪酬和业绩管理，关键趋势"，白皮书．
    CSO Insights 出版，2012．

Analytics for Insurance
The Real Business
of Big Data

CHAPTER 3
第3章

管理保险企业的财务风险

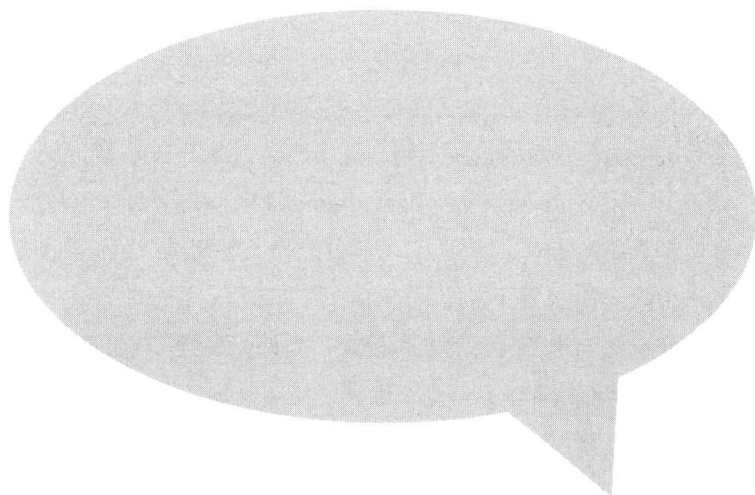

也许值得关注的是，近年来保险业最大的问题之一，不是与大众相关，而是与专家相关。《偿付能力监管标准 II》对保险价值链的各个部分的影响程度不同，并且对客户造成影响，而这些客户不得不承担成本费用。

对于很多人而言，保险行业的风险是混乱的。许多从业者将这一术语理解成承保风险。这一话题将在其他章节探讨。在本章中，我们将解决有关资本管理的风险问题，从而确保保险公司保留偿付能力及公司所包含的规章制度。

3.1 《偿付能力监管标准 II》

总体而言，这是一个复杂的主题，并且无法将一整本书的内容（或几本书）用几段话来概括，在此仅仅是为那些刚刚接触这一主题的读者提供一个概述。有本关于这一主题的权威书籍，是汤姆威尔逊（Tom Wilson）[1] 的《价值与资本管理》（*Value and Capital Management*）[1]，书中包含了有效的风险管理对索赔和营销人员的影响。实际上，《偿付能力监管标准 II》是欧洲的法规，它规定了欧洲保险公司需要保持偿付能力的资本数额。这一法规也扩展到其他国家，这些国家已经创建了自己的监管模式。此外，"对等"的过程允许保险公司将总部设立在其他非欧洲国家，而在欧洲经营业务。

资金既可以从保险公司外部获取，也可以从盈利中获得，或是从现有业务中释放出来，保险公司可以通过多种方式（如资产或债券）持有资金。保险公司利用资金来资助现有的计划、战略方案、协助融资或回报股东。

《偿付能力监管标准 II》原本是一种原则导向的方法，但现在已经演变成了2000 页的指令——许多人认为该标准已经变得过于复杂。它们的辩护者可能会争辩说，大量文件的出现是出于指导和指令的需要，并非因为保险公司的主动争取，不过这是一个争论未决的问题。

欧洲的监管机构是欧洲保险和职业养老金管理局（EIOPA）。2011 年，EIOPA 取代了欧洲保险和职业养老金监管委员会（CEIOPS）。实际上，EIOPA 是一种行业监管机构，其职责是保持金融体系的稳定性，并确保市场和金融产品的透明度。此外，很大程度上，EIOPA 的任务是确保有足够的资金为保险投保人和退休人员提供保障，并且使保险公司不"破产"。

EIOPA 的主要目的在于，在保险公司无法支付索赔的情况下保护投保人，并且这样做有助于恢复投保人对保险部门的信任。法规通过向监管机构提供预警系统来实现这一目标。所采用的模式与银行业在《新巴塞尔资本协定》过程中使用的模式相同，《偿付能力监管标准 II》中的许多解决方案都以《新巴塞尔资本协定》为模型。专家们认为这不是一个十分恰当的对比，但是为了简洁，这样最容易理解。事实上，银行和保险监管机构都建立在相同的架构上，称为"巴塞尔塔"，它可以为下游统一的监管提供机会，但是绝不可能在一夜之间发生。

《偿付能力监管标准 II》包含 3 个元素，通常描述为"三大支柱"。

支柱 1　支柱 1 为资金规定了定性和定量的条款，一家保险公司必须保留"偿付能力"，并且能够以 99.5% 的概率履行其义务（通常是通过索赔付款）。这只是一种统计方法，正如保险从业者无法断定一次百年难得一见的洪水在一百年间只发生一次，但这反映了保险从业者对这种情况的置信度。该资本条款称为"清偿资本要求"（SCR）。此外，较低水平的资本要求称为"最低资本要求"（MCR），低于该要求时，监管机构将会介入。如果发生这种情况，监管机构有多种选择方案，其中包括保险公司清盘。

计算这种资本要求有两种方法——一种是"标准模型"，由监管机构提供计算方法；另一种是"内部模型"，这种计算方法是对保险公司本身所需资本进行更精确的评估。人们认为后一种方法与具有专业险种的保险公司更相关，承保风险的性质更为专业化。"内部模型"计算需要监管机构预先批准。

支柱 2 支柱 2 规定了保险公司风险管理的要求，以及如何保护自身免受不利影响，例如破坏 IT 安全、操作流程以及内部欺诈，称为"自我风险偿付能力评估"（ORSA）。保险公司有义务通过储备资金来防范此类风险，称为"资本萎缩"。因此，适当采取有效的操作风险管理流程来降低任何潜在的损失，是出于保险公司的利益考虑。在此情况下，这可以减少作为偿付能力要求的一部分金额。这是《偿付能力监管标准 II》实行过程中一个很好的例子，它是提高整个企业风险后果意识的催化剂，也是保险公司采取适当缓和行动的激励手段。

支柱 3 支柱 3 是《偿付能力监管标准 II》法规的报告因素，其中保险公司被迫对其资金状况做出定性和定量的条款声明。同时，数据必须要进行电子标记，标记使用"可扩展商业报告语言"（XBRL）来完成。

XBRL 是一种基于标准的方法，对数据（或"元数据"）进行标记，在不同的业务系统之间共享信息。事实上这意味着，如果任何数据发生改变，由于它们已经被标记过，任何改变都会通过相关文档自动匹配。在英国，海关税务局已经要求公司在提交公司报税表时，以 XBRL 的格式提交年度报告。

美国存在着与《偿付能力监管标准 II》类似的模式，即"风险管理和自身风险与偿付能力评估"（RMORSA）。它与《偿付能力监管标准 II》体制上有很多相似之处，其目的在于证明保险公司具有全面的风险管理方法，并且拥有足够的资金来解决任何可能出现的意外情况。测试意外情况的方法称为"压力测试"，通过数据分析系统运行多种场景，从而更好地了解在极端情况下，需要保持偿付能力所需的资金数量。美国保险监理处扮演的角色在此过程中至关重要，尽管在整体上有一定程度的一致性，但对泛美保险公司的挑战是相对分散的国家监管环境。有人认为，任何一家在全美国提供服务的保险公司，都面临着严峻的挑战，那就是不止要满足一家，而是 50 家"监管机构"。[2]

2016 年 1 月生效的新的《偿付能力监管标准 II》已经受到一些批评。首先，一些大型保险公司承担着数千万欧元的合规成本，这远远超过了监管机构的预期。根据一家布鲁塞尔当地的行业游说集团 Insurance Europe 表示，《偿付能力监管标准 II》一开始会花费保险公司 20 亿（相当于 27 亿美元）到 30 亿欧元，一旦规则到位，每年将花费 5 亿欧元。有一种关于初始费用太高的论点是，也许无论规定如何，这项工作都必须要做，并且实际上只需要保险公司进行内部调整。有人建议，为方便起见，将许多内务成本费用放置在《偿付能力监管标准 II》的计划下。但副作用是，本来可以通过改进服务来提高消费者信任的资金被挪用，并且有证据表明，由于缺乏资金，其他面向客户的活动将被搁置。

另一种批评来自于要求证明偿付能力的资金数量的计算，伦敦一家当地的保险公司表示应当废除"内部模型"，从而支持欧洲普遍使用的"标准模型"——但这种不可能创造出一种"万全之策"的计算模式的想法已经被否决。

2016 年 1 月，《偿付能力监管标准 II》正式生效，一段漫长而断续的旅程使管理者与从业者感到疲劳。对于那些寻求"后发优势"的企业而言，必将会有一场"最后一分钟"的活动，并且满怀希望地得到制胜的法宝，直到最后一刻才付诸实施。然而即便如此，《偿付能力监管标准 II》也不会终止。甚至还有关于《偿付能力监管标准 III》的谈论。尽管如此，保险公司已经思考重新审视这一话题，并了解在不影响质量的前提下如何最大限度地提高效率和降低成本。

3.2 《偿付能力监管标准 II》 云计算和共享服务

以《偿付能力监管标准 II》报告要求相对较少的大量运算能力和较短的周期为基础，出现了一种新方法，即云计算。显然这是一种云技术，但是一些保险公司和监管机构似乎担心敏感数据从这一环节泄露出去。为了消除这些担忧，保险公司逐渐思考混合解决方案，也就是将企业预置和外部数据分析相结合。2014 年，一项对 60 家欧洲保险公司[3]的调查表明，60% 的公司已经考虑或正在考虑对《偿付能力监管标准 II》使用云架构，但是变革的最大障碍是利益相关者的抵制，而不是技术或财务的原因。现在，我们没有理由认为这种状况会随着时间的推移而减轻，并且这是一个关于保险业界何时能达到临界点的问题，即大部分（但并非全部）部署都基于云计算（至少在一定程度上）。

除此之外，在应对《偿付能力监管标准 II》上，较小的保险公司也同样面临着特殊挑战。小型保险公司的业务模式和数据集更简易，并且具有一定的松弛性（也称为"均衡"），但是合规成本可能仍太过昂贵。在某些地区可能会有当地的需求（在更广泛的框架内），这些要求则可能适用于某种形式的定制方法。

此外，小公司需要遵循的整体技能可能远远超过了首席财务官的预想，它们可能不太希望投资正在进行中的《偿付能力监管标准 II》项目组。因此，共享服务的概念最终将出现，其中一个主要条件是，确保在竞争企业的数据之间有适当的防火墙。另外，这可能是一个认知问题，而非现实问题。诸如亚马逊这样的云供应商，在没有冲突的前提下已经为竞争零售商提供服务，因此，将自身复制到保险模式中只是时间问题，就像保险公司在客户管理技术方面追随着零售商一样。

共享服务，或《偿付能力监管标准 II》的"实用程序"逐渐开始兴起。这些可能都来自于"内部"拥有所有能力的企业，并且这些企业能够提供一站式服务。或者说，"实用程序"将来自于合作伙伴，他们将专家分析意识与其他拥有技术能力的公司相结合。一些大型保险公司甚至会考虑为其他保险公司创造某种服务形式，从而产生收入来抵消它们自身的合规性成本。地方监管机构的特殊要求可能导致多个地方机构出现，比起保险公司所承担的成本，它们以更低的成本提供一种本地化和定制化的服务。

3.3 资产利润最大化

"资产利润最大化"是制造业的一个商业术语，一般被认为是充分利用建筑、设备和人力的方式。在保险环境中，特别是在《偿付能力监管标准 II》下，"资产利润最大化"是指充分利用软件、程序和数据。

自 2008 年以来（尽管有人认为可以追溯到 1973 年的《偿付能力监管标准 I》），当北美保险公司开始共同采取行动，但项目被一系列虚假的最后期限时不时打断而延期时，《偿付能力监管标准 II》的合规性就是一项漫长而艰巨的工作。允许更改最后期限的影响是在保险公司中产生了一些不确定因素，实际上 2016 年 1 月才是最终目标。有些保险公司认为应该静观其变，以免产生不必要的支出。然而，条例明确规定目标是 2016 年 1 月，监管机构似乎也失去了耐心。

对于那些一步一步做起来的保险公司来说，它们意识到任务的规模超过公司的规模，如果当时没有合规性利益就先承担费用，它们一定会感到烦恼和沮丧。但它们很快就会明白，公司已经进行的一些工作也可以在财务功能的其他方面重新使用。事实上，有些人甚至认为资产重用的好处是使合规成本能够转化为投资回报。

《偿付能力监管标准 II》可以重用的典型领域如下。

- 内部资本需求计算。

- 风险意识决策。

- 财务绩效管理。

- 监管信息披露。

实际上，风险与财务、重用工具与资产相融合的趋势开始出现，这提供了更为全面的观点，并且实际上改变了财务部门。这一点是否一开始就在 EIOPA 的计划中是存在质疑的，但如果最终结果是为保险公司提供对业务的一个全方位的理解，那么这将是一个很好的结果。

3.4 《偿付能力监管标准 II》和国际财务报告准则

国际财务报告准则（IFRS）是一项欧洲的机制，这一准则迫使保险公司和许多其他行业审查财务流程，特别是在报账时期。IFRS 第 4 号（保险合约）以及 IFRS 第 9 号（财务工具）目前不太可能在 2019 年年前实施，但是在许多方面，由于 IFRS 需要审查数据、流程和报告，因此，对保险公司而言，《偿付能力监管标准 II》的挑战依然存在。

在 2011 年的白皮书《面对挑战：IFRS 第 4、9 号和偿付能力监管标准 II 对保险公司的业务影响》[4] 中，安永会计事务所确认了 IFRS 第 4 号和第 9 号以及《偿付能力监管标准 II》之间的相关性。安永的白皮书探讨了财务部门变革的概念，变革建立在公用数据的基础上。这意味着财务与风险管理以及风险与财务报告实际上是同一个正方形的 4 条边。由于相关性以及对一般财务数据的整体依赖程度，它们建议将这 4 个元素看作是一项完整的工作计划。尽管这个概念早就过时了，但是有一些证据表明，保险公司已经开始接纳这一概念。我们无从得知这是深思熟虑的结果还是一种自然的过程趋同，但是这一方法在保险公司之间变得越来越普遍，特别是在提高效率和降低成本方面，保险公司开始重新思考《偿付能力监管标准 II》的作用。

在考虑这种方法的时候，公平来讲，会降低流程成本，减少返工，还有可能实现资源的更有效利用，最终形成一种更集成的解决方案。正如早期的《偿付能力监管标准 II》一样，可能会出现专业资源的供需不平衡，从而增加实施成本。IFRS 与《偿付能力监管标准 II》之间的融合方法可能会为特定问题提供有效的补救方法。

随着时间的推移，所有这些计划之间很有可能都会完全一体化，但并非必然。这似乎在很大程度上取决于时间表的不确定性。这种不确定性意味着，即使保险公司希望采用这样一种协调方法，这种包容性计划的时机也使之成为不可能。经再三考虑，遗憾的是当局没有再进行更多的合作，若他们深入合作了，即使整体成本变得更加低廉，但对保险公司的整体需求只会变得更多。维持这种变革的现有资源也是一个问题，资源的不平衡导致实施成本再次提高。最后，也许是命运发挥了一部分作用，帮助缓解了财务部门保险业变革的进程。

3.5　首席风险官的角色转变

对于主管级别的董事会成员来说也同样有影响，新的数据分析时代将会带来一系列个人挑战。由于在保险公司中，人们对风险的关注持续增加，因此，没有什么比首席风险官（CRO）的角色更为重要了。

具体来看企业风险管理的主题，通常分为以下两大类。

■　财务或资本风险：这是保险公司财务担保附带的风险。

■　操作风险：这与由于流程、人员或系统，以及外部事件的不足或失败所造成的损失风险有关。

操作风险可能出现在 4 个关键领域（如表 3.1 所示）。

表 3.1　操作风险的 4 个关键领域

风险类型	失败类型
人为风险	内部或外部欺诈、核心员工流失、培训失败、监管不善或声誉受损等产生的风险
失败过程风险	付款流程失败、供应链采购不力、项目管理薄弱、定价不高或承保模式不正确、报表不正确等产生的风险
系统性风险	系统故障或新系统实施故障以及维护现有系统的资源不足等产生的风险
外部事件导致的风险	重大天气事件、政治风险、监管变化或竞争者行为等产生的风险

一个日益增长的风险领域是，一种新的"破坏性技术"所带来的影响以及保险行业中"大趋势"的持续影响，例如移动技术的趋势。保险公司不仅需要意识到客户关系中移动技术的持续性影响，还要预测到"下一波"移动创新。"下一波"创新也许不会发生在保险业，甚至是金融服务中，但是可能会发生在零售业或消费品行业。由于保险公司开始为这些变革进行调动，它们需要考虑到未来也有可能引起的固有风险，甚至是"未知因素"。

同样地，在"金融科技"和"保险科技"领域，保险公司需要理解在整个范围内"破坏性"思想的影响。尽管金融科技被视为金融服务部门的新技术，其特点是初创企业较小，且具有破坏性的想法。大部分金融科技似乎被用于后台管理系统。例如，在优化付款流程中，通常依赖于相对传统的技术——数据和记录管理。越来越多的证据表明，金融技术公司希望能够进入管理部门，并且在客户直接服务中发挥更多作用。风险管理人员不仅需要思考付款流程会怎样变化，还要考虑到，例如，区块链或边链这样的新功能会如何转变保险公司以及其他保险分销商的角色。

区块链是比特币的底层技术，其允许各方在没有任何"可信任的环境"中进行交易。区块链被描述成与万维网一样戏剧般潜在的规则改变者。根据布鲁金斯研究院[5]：

> 区块链的便捷之处在于，其不需要中心机构来验证信用和转移价值。它将权力和控制从大型实体转移到多个地方，从而实现安全、快速、优惠的交易……

最通俗的解释就是，区块链可能为保险行业提供一种改变支付和交易流程、降低成本、改变关系并创造新的分销模式的方法。对于那些持怀疑观点的人来说，边链是一种相关联的方法，允许保险公司在安全的"沙箱"环境中尝试流程，而不会对其日常工作造成风险。

对于保险公司而言，在推动创新的进程中思考这些阶跃变化观念有着不可抵挡的诱惑，但同时，它们也带来了风险，这些风险的类型和级别也许是保险公司或其他企业先前从未遇到过的。首席风险官不仅需要了解如何确保在企业内部进行充分控制，还必须意识到新的风险类别的出现。也就是说，首席风险官需要比以往更"外向"，否则企业容易遭遇出其不意的状况。因此，这可能将首席风险官置于困境。一方面，首席风险官的主要职责是向企业以及所有股东设置适当的"防线"；另一方面，首席风险官不希望被看作是不断延缓进度的人，特别是在创新方面。

这可能是一条细小的分界线，并且在很大程度上取决于企业文化。2003 年[6]，英国议会就银行业标准提出一份报告，其中引用了风险管理人员所面对的非常现实的问题，它们认为内部流程有瑕疵，并且对此表示担忧。

这可能对了解首席风险官如何管理操作风险有所帮助。传统上，保险公司通过以下 3 道所谓的"防线"来管理操作风险。

第一道防线：操作层面上的风险管理，例如交货地点。

第二道防线：风险和控制功能，实际上是一系列控制和合规流程。

第三道防线：内部审计职能。

由于这种"防线"的比喻具有军事及好战的内涵，所以这个比喻有些不合适，并且可能无法非常准确地反映出首席风险官在新环境中的角色转变。越来越多的像董事会、分析师和投资者这样的公司内外部的股东都渴望更好地了解风险，首席风险官需要获取工作以外的新技能。他们不仅需要了解新的可用的数据分析技术，还必须掌握影响力、沟通和媒体管理的技能。也许他们也要有丰富的想象力（由于"新"风险的本质似乎是发生在新的大数据环境中）。

这种从历史角度的角色扩展，并非与首席市场官的转变截然不同，首席市场官的世界被"数字客户"所改变，因此，需要学习（或开发团队）新的数据分析营销和活动管理技能。

风险领域中必然会出现更强大、强劲和快速的数据分析，而它们几乎是由大数据推动，通过云端或混合云端来提供。此外，保险公司会逐渐意识到高级分析的相关性和关键性，为它们提供更深入和更快速的洞察力，特别是围绕其投资组合中最不稳定的部分。对专业机构仍需要再次提出疑问——这些机构通过什么途径来解决技术对成员的新影响？此外，我们还要询问，"行业"专家是否更容易学习技术，或者对于一个技术专家来说是否更容易学习业务。在存在风险的情况下，虽然可以采取一些 IT 驱动的控制措施，但财务风险的性质和复杂性，尤其在涉及合规性和资本充足率的情况下，可能会被牢牢地保留在风险专家的领域。

正如在医疗保健和癌症治疗方面，认知分析取决于人机交互作用，风险专家很有可能有责任使用开发技术作为一种有利工具，而不是受其威胁。也许新技术能够帮助风险官更有信心对有争议的问题进行负面评论。风险专员逐渐将数据分析能力视为必备工具的一种，尤其是因为企业内外部的股东（包括监管者）更希望在所有领域的最关键部分采用适当程度的数据分析支持，这种分析支持具有改善访问和操作简单的特点。

3.6　首席风险官作为客户需求向导

保险公司开始考虑大数据以及从业者道德伦理的影响，以及更细致的保险（甚至可能拒绝提供保险）是否符合公众利益，监管作为以客户为中心的立法的幌子可能会介入。通常情况下，这可能涉及分销、产品透明度、TCF（公平对待客户）和更多局域性的问题。例如，英国养老产业的养老金的未来。

很显然，人们如何看待保险环境中大数据的利益或挑战，都已经没有意义。即使监管机构和立法者选择对违规行为施加严惩罚款，它们也不太可能成为客户数据的唯一管理人。在商业利益普遍存在的情况下，企业往往会试图找出合法的立法方式。保险公司会走上符合社会公德的道路，并且在过去几个世纪里将它们 300 年的传统看作是对社会公益的完全贡献，这种想法是很好的。

首席风险官能够确保客户的合规性，并且在保险流程中他们可以成为客户的朋友，至少在精神层面上。但这并不意味着会出现什么商业过失，而是无论保险产品是毫无利益的还是资本密集的，首席风险官都会倾尽其才智和工具，推荐甚至可能帮助保险公司创造新的更好的面向客户的提案，勾选出所有适合的内容。

3.7　数据分析与不可预见性的挑战

保险公司在不稳定的环境下经营，但仍有义务预测未来可能发生的情况，并适当提供资金。对于寿险和养老金等长期保险来说这非常具有挑战性，保险公司试图预测未来 50 年的事件。这既是一门艺术，又是一门科学，并且大部分都是关于讨论例如"黑天鹅"这样优雅的主题（"黑天鹅"是由纳西姆塔勒布创造的一种表达方式，用于描述"一种正面或负面的事件，该事件被认定是不太寻常的，会引起严重的后果"）。也许这些描述试图为这个相对沉闷的世界带来乐趣——至少与保险公司的理赔部门相比，而大部分行动都在这个部门里发生。在这个具有特定风险的市场中，这显然是一种社会等级秩序。正如有时候人们所暗示的，经济学家是否只是一些失意的数学家？

有些专家似乎认为"危机"只是一种"常态"，而任何希望预测过程合理化的企图最终都会充满不幸。事件的互联性和相互依赖性导致了发展的结果绝不是线性的。如果分析仪表板作为数据分析可视化的手段，CFO 和 CRO 能够看到已经发生的事件或正在发生的事件，那么他们很难确切地预测将要发生的事情。最好的情况是，数据分析能够帮助 CFO 和 CRO 预测"沙箱"测试可能出现的情景结果——作战模拟的精确估算数字。这种方法也似乎逐渐在分镜中找到一些安慰，这是探索不同假设的一种方法，能够更好地组织思想，并更方便呈现结果。分镜的概念来自电影制作行业，分镜技术允许导演预先展示镜头并解决潜在的问题。

也许迫在眉睫的危机在一定程度上是行业自身造成的。一些地区的政治不稳定性导致了低利率超出保险公司的控制，但是当这些与似乎放大了一切的偿付能力制度相结合时，它们就像同一条铁轨上迎面行驶的两列火车。

3.8　再保险的重要性

众所周知，保险公司利用再保险作为控制风险的方法，但从资本模型的观点来看，再保险公司可以发挥更广泛的作用。

- 保护品牌的价值使其免受波动。
- 通过降低承保风险，保护保险公司免受峰值风险的影响。
- 当地方的监管制约因素过于繁重或不成比例时，提供替代资本。

大约有一半的再保险是通过"再保险经纪人"安排的，随后这些经纪人会直接与再保险公司打交道，另一半则直接由拥有销售员工的再保险公司安排的。再保险公司通常是特定保险方面的专家，它们已经拥有大量的专业知识，因此，数据分析所带来的可用性信息只会为它们锦上添花。再保险公司通常会对高级的灾难建模在分析与定位之间的集合感兴趣——也就是"空间分析"。人们对运算速度的需求逐渐增加，这不仅可以推动再保险公司沿着数据分析的路线运营，还迫使它们考虑所需的平台能力。

对于风险管理者来说，再保险并非一颗"银子弹"（良方），而是混合的一种关键元素。由于更多的数据和更好的数据分析的影响，尽管再保险公司和风险管理者对行业和重大事件的影响有了更深刻的了解，但新的风险转移技术可能会再次出现。在 2011 年 FERMA（欧洲风险管理协会联合会）风险高峰会上，Peter den Dekker 呼吁再保险公司与客户进行更密切的合作，并强调再保险公司与风险管理者之间需要更好的沟通和理解。

3.9 风险调整决策

越来越多的趋势向一种风险调整决策的环境靠近，在这一环境中的行政人员、高级管理人员、产品管理人员或资产管理人员的每一个决策都需要考虑保险公司的风险偏好。"风险偏好"是指企业做出某些具有一定程度的风险或不确定性的决定的倾向。

一家企业的风险程度可能从职能到职能、从部门到部门都有差异，并且通常受到部门领导或经理的影响。风险偏好一般分为以下 5 种。

- 厌恶——避免风险和不确定性是企业的必要条件。
- 最小——企业采取超安全的风险方法，并认识到这将限制它们的回报。
- 谨慎——有限风险和有限报酬的安全选择偏好。
- 开放——愿意开放心态，平衡风险与奖励机会。
- 追求——在知道可能会有更大的回报的情况下，尽管有风险，仍渴望创新。

一些企业不断鼓励创新，这一点反映了"灵活"或"敏捷工作"的情绪，它们似乎积极鼓励创新在可控的风险环境中发生。创新本身具有风险，它鼓励寻求创造变革性产品或服务的行为，而且往往旨在创造新市场，而不是简单地模仿其他现有的市场。

风险偏好并不局限于保险和金融服务业。中国的阿里巴巴公司，自 1999 年创业以来，已将其总市值增加了 10000%。阿里巴巴不断鼓励员工创新思维，这种思维本质上必然带有一定的风险因素。另一个例子，中国的利丰集团确保消费品公司的每个业务部门都由企业家经营。

有效的风险知识决策过程肯定会成为风险和财务职能之间有效整合的副产品。这种整合可能会在复杂度较低的小型企业中更快地发生，例如单一险种的保险公司，以及更短的管理指挥链。在较大的企业中，风险部门往往将自己视为具有一定独立性的部门。当它们寻求方法来支持和建议商业决策时，它们经常需要同时兼顾底线的困扰。事实上，这种"偏执"可以延伸到风险职能的对待方式上，通常将企业的其余部分描述为"业务"，就好像风险部门不是同一业务的一部分一样。

风险部门面临的挑战是，它们需要自问"我们是在推动事情发生还是在阻止事情发生？"实际上，虽然可能会导致《化身博士》(*Dr Jekyll and Mr ltyde*)综合征，但这些并不一定是相互排斥的。最终，首席财务官的作用是将可用资本转化为增强的综合比率和盈利优势。这可以通过提供对复杂事项的洞察或通过确保将风险嵌入到业务决策中来实现。

虽然银行业似乎在此类事务上领先于保险业，但保险业的相对不成熟意味着往往由个人来评估如何最好地发展这种能力。也许这一领域的重要人物来自于保险公司，这些公司更契合银行业，例如，银行保险人的业务与财产保险（P&C）相比，往往与寿险更相关。具有银行业务洞察力的保险公司尤其认识到必须注重管理和体系以及增加透明度。它们认识到以非对抗的方式提供不同意见的必要性。财务风险的大部分转变来自2008年银行业危机的"顺风"。保险公司尚未遇到这样的危机。

这似乎也取决于管理团队的水平、参与者之间的连锁或"化学"反应，以及有关个人的能力。有时候这也表明了首席风险官的职位是董事会中最困难的职位之一，因为它需要攻防兼备，满足所有股东、公司内外部的全部需求，并且不断地修改方案的可行性。

首席风险官的作用往往受到他们所采取方法的制约。他们是否会采取"左边的途径"来确保监管员、合规职能和职员遵守规则？或他们是否采取"右边的途径"，作为内部业务合作伙伴，了解风险偏好，创建／维护风险框架？首席风险官在"十字路口"的选择是什么？这两个问题就像是同一枚硬币的两面，但很显然，对新的首席风险官的期望不再是非此即彼。这个角色与团

队其他成员相辅相成。有趣的是，很少有首席风险官能做到首席执行官。当
然也有例外——安联再保险公司的首席风险官 Amer Ahmed，2011 年被任
命为首席执行官——但是就好像是首席风险官更擅长防御而非进攻。在现实
中，如果用美式橄榄球做比喻，首席风险官逐渐有机会成为四分卫或"组织进
攻者"。

　　许多首席风险官起源于精算师。讨论专业精算师是否最好在风险部门或财
务部门任职的问题是非常有趣的。当然，他们的技能对这两个部门同样重要，
就好比个人行为特征问题和数学能力差不多。另外还有一些比较"国内"的问题，
例如，《偿付能力监管标准 II》是否也改变了首席风险官的作用？某种意义上，在
《偿付能力监管标准 II》释义的 20000 个词汇中，也许对角色和职责有更大的引
导作用。另外，监管机构似乎不希望干涉保险公司的内部或其职员的责任。首
席财务官在什么情况下不再发挥作用，首席风险官又在什么情况下开始发挥作
用？在较小的企业中，这两个职能是相互联系的，具体的风险职能有时由一个
项目或项目经理承担。

　　在这一复杂的领域中，根据对数据分析的需求，向首席风险官提出一个他
们是否认为已经得到充分的技术支持的问题。重要的是，他们在适当的位置上
拥有充分的支持来帮助他们控制（在某些情况下帮助他们运营）其业务，并且
在所有重大决策制定前进行压力测试。董事会越发需要尽快得到这些信息，有
时候甚至需要在几分钟内得到，而不是几小时或几天。（这种逐渐增加的紧迫性
是发展的角色的一种职能，还是仅仅对想要更好地理解当前世界的压力而失去
耐心的一种副产品？）

　　首席风险官不想被数据分析"填鸭式喂养"，而是希望将它作为工具的一部
分来使用，从而解决复杂、重要的保险问题。可以说，许多技术供应商尚未接
近这一功能，所以无法提出所有的解决方法。对首席风险官来说是为了识别技
术能力，对技术人员来说则是与专业人士合作，共同创建企业级、敏捷的风险
管理解决方案。保险公司的风险解决方案必将需要由首席风险官所"拥有"，而
不是 IT 部门。如前所述，这要求首席风险官更好地了解技术，并成为更优秀的
沟通者、媒体经理和合作者。由于新的数据分析环境，风险专业人员的作用将
不可避免地发生变化，而主要问题是发生这一变化会有多快，个人和行业是否
做好了准备？

注释

1. Wilson, Thomas C.《价值与资本管理》. 伦敦：John Wiley and Sons, 2015.

2. Crowley, Kevin. "Hiscox 认为欧洲应该废除偿付能力 II 的内部模式". 彭博商业杂志出版，2013 年 2 月 12 日.

3. 国际商业机器公司（IBM）"云计算与偿付能力 II"IBM 公司发布，2015 年 3 月 26 日.

4. Ernst and Young.《面对挑战：IFRS 第 4、9 号和偿付能力监管标准 II 对保险公司的业务影响》. EYGM 公司发布, 2012.

5. Kaushal, Mohit, Tyle, et al.《区块链：什么是区块链及其重要的原因》. 布鲁金斯在线发表，2015.

6. 英国上议院. 下议院议会银行标准委员会. "一场等待发生的事故，苏格兰哈里法克斯银行的失败" HL Paper 144 HC 705. 下议院发布. 伦敦：文书局，2013.

Analytics for Insurance
The Real Business
of Big Data

CHAPTER 4
第 4 章

承保

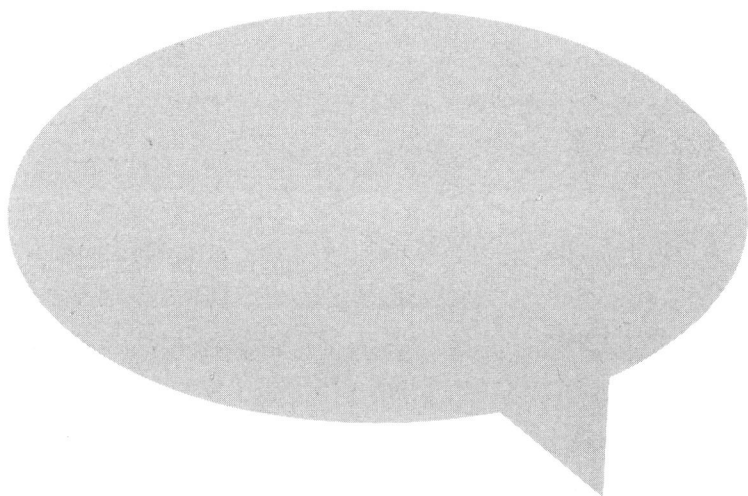

承保过程是保险合同的核心部分。保险承保人的作用是结合一位特定的潜在客户，考虑风险的性质和发生频率，随后计算构成保险金额基础的价格。承保过程的主要目的在于确保保险公司业务既是可盈利的又与公司风险偏好相称。

保险承保人是高技术人员，与其他团队成员密切合作，例如风险管理人员和精算师。大部分承保人专注于以下五大业务领域之一。

- 涵盖家庭、宠物、汽车、旅游的普通保险。

- 涵盖疾病、伤害、死亡的人寿保险。

- 涵盖企业和公司的商业保险。

- 再保险，其中一部分风险与另一家保险公司共同承担。

- 专业险，如航空险、恐怖主义风险保险和海洋险。

确立适当保费依赖于精算分析、经验和判断的结合。我们可以合理地认为，承保是保险公司中最具数据分析功能的一种，承保部门需要处于大数据讨论的前沿。

为了能够适当且一致地评估风险，保险公司通常会制定承保准则。例如，在提出申请人寿保险时，所需的某些具体信息取决于申请人的年龄。在美国，30岁的成年人申请50万美元的保险时，通常需要提供一份申请表格、某种形式的辅助医疗调查和血检报告，报告中包括以下测试——葡萄糖、转氨酶（SGPT）、谷氨酰转肽酶（GGTP）、谷草转氨酶（SGOT）、尿液分析、人类免疫缺陷病毒

（HIV）等。为了正确解读这些信息和结果，承保人需要拥有一些医疗领域的基础知识，并了解异常测试结果的意义。此外，承保人也可以获取熟练的医疗救助能力，从而协助诠释信息，并对死亡率问题有更深入地了解。

在财产保险方面，承保人也有机会接近不同相关领域中的其他合格专业人士，例如，商业保险业务中的工程师和建筑师、使用第三方的报告（如绘图机构），以及其他相关专家，再加上物理和其他现场专家的分析结果。通过将这些信息结合，根据保险公司本身的指导方针来确定准确的风险评估。[1]

4.1 承保和大数据

在保险承保功能中使用大数据分析的本质是为承保人提供更多潜在风险的可见性，以便对风险和价格进行评估。由此并不见得承保人会根据更多信息做出更好的决定——信息必须是相关、合理、准确和恰当的。保险的一个基本形式是，它并非是一个基于确定性的行业，而是基于可能性的行业，也就是指一件事情发生或不发生的可能性、产生某些成本或后果的可能性，以及财产或个人的脆弱性对该事件的影响。保险公司通过保险合同的措辞来限制它们的风险接触，同时，还迫使投保人采取某些缓解风险的行动。例如，在商业环境中，承保人希望确认工厂拥有完整维护的洒水系统，或在国内形势下配备入侵警报。

获取所有可用信息可能并不是预测的重点。塔利布的"黑天鹅"[2]理论认为，事后来看，可以预测到一些重大的不可预见的事件会发生。重大的灾难性损失总会发生，但是承保人要确保在发生最坏的情况时，适当的保护措施已经到位，例如再保险安排。即使在那时，在保险合同的释义中可能需要考虑法律问题。例如，就世界贸易中心而言，为了保险的目的，法院需要决定"9·11事件"是否只发生一次或两次。

数据分析的主要作用在于使信息更加相关，以便使保险公司承保达到更细致或个性化的水平。这意味着职业、地理位置、年龄和性别会继续作为指标，但是还会出现更多有关个人的可用信息，而更详细的信息将成为主要的决策驱动因素。此外还需要考虑伦理问题。Joseph Rowntree Trust 在其《社会正义与水灾保险的未来》[3]论文中提到，有两种对比形式的保险。

■ 通过市场提供个人主义、风险敏感的保险，其中个人薪资与其风险水平成比例。

■ 互助且风险不敏感的低风险保险，促成了对高风险保险的支持。

例如，Rowntree 认为，英国保险业正在走向前者，保险在个人层面上进行，而其他国家的保险业正在朝着后者迈进。这可能是一种普遍现象，但由于 UBI（基于驾驶行为的保险）的传播在北美和西欧成为主导，因此可以说这是不正确的说法。即使是所谓的"新兴市场"，如中国，也正在逐渐关注 UBI。

英国特许保险学会（CII）就"保险的社会福利"也提出了保险意见[4]，如下。

■ 通过创新的风险管理技术有效地保护公众。

■ 让企业和专业人士摆脱日常风险，并鼓励创新和竞争。

■ 通过提供安全、有效和实惠的养老金储蓄、（以及）保护措施来减轻国家负担……并为个人提供舒适的环境……

个人主义、风险敏感的保险的使用以及更细致的承保似乎与 CII 关于保险社会福利的观点无异。保险公司不会亏损——它们也从来没有亏损过——并且给保险的相关政策定价并不是无理的。事实上，这种方法自 17 世纪海洋险开始就已经存在，当时不同的船只根据其货物、规模和所有权进行评估。

作为在个人层面使用数据问题的推论，考虑某种人或某种不可保的事物是否正确是数据的伦理使用问题。在文章 "*What's Up with Big Data Ethics*"[5]中（《福布斯》杂志，2014 年 3 月 28 日），Jonathan King（及其他人）提到了关于使用数据的伦理问题，其中包括"隐私权、保密性、透明度和同一性"的话题。他们认为大数据不仅仅是智能算法，而且是与保险公司的盈利能力有关的"金钱和权力"——也许下一步还会转到与这些保险公司结盟的其他相关企业中。

虽然文章提到了附加的法律义务，但各企业必须通过展示它们的透明度、诚信和机密来证明其可信赖性。承保挑战可能证明了尽管承保人可以获得信息，但他们可能被阻止使用这些信息。由于保险公司依赖承保准则来制定标准并确保一致性，因此，这些准则识别伦理的立场只是时间问题，同时还要为承保人在寻求更好和更细致的信息时划分界限。

在某种程度上，与其说这些道德准则是必然选择，不如说它们应该是会被纳入立法中的。在撰写本书时，美国保监会（NAIC）伤亡精算和统计特别小组正在研究更加详细的费率计算问题，以及所谓的"定价优化"的主题，其中费率与"需求弹性"相关，而并不是直接取决于自然风险相关的事项。换句话说，承保人可能会将风险定价（例如保费）与投保人的倾向或需要购买或更换保险公司相关联。自 2014 年 12 月以来，马里兰州、佛罗里达州、俄亥俄州和加利福尼亚州已经通知保险公司，政府不会通过这种"费率申报"的做法。（"费率申报"是一个国家审查保险单和其附带费率，从而确保消费者获得当地法律规定的保护和利益的过程。大多数申请分成人寿、养老金、健康、个人汽车、房主和工人赔偿）。

当承保人接受了大数据分析环境时，值得考虑的是他们可能会获得额外的信息（如表 4.1 所示）。

表 4.1　承保人可用的典型数据

	结构化	非结构化
外部	地理位置数据 政府数据 研究报告 人口统计分析	竞争洞察力 数据分析报告 天气数据 交通数据
内部	政策数据 索赔数据 支付信息 客户数据	政策文件 邮件 提案 医疗报告

4.2　特殊险种的承保

考虑到数据分析是针对"规模"市场的，在某种程度上，统计分析通常基于大数定律。尽管如此，大数据分析的重要内容仍然适用于特殊险种，通常是恐怖主义、高净值客户、农业和运输，比起专业保险部门的其他功能，这些更适用于承保人（如表 4.2 所示）。

表 4.2　大数据在专业保险方面的典型用例

农业	● 远程监测作物损害 ● 基于历史作物分析的微型保险 ● 基于远程天气监测的理赔——无须现场检查 ● 对每一块土地的作物的风险管理

续表

海洋	<ul><li>物流货物监控</li><li>海盗活动监控——利用卫星跟踪失踪船舶信号等异常</li><li>产品损坏及后果赔偿责任</li></ul>
人质	<ul><li>人质追踪设备</li><li>网络分析连接到可能涉及的组织</li><li>政策分析——风险管理</li></ul>
网络	<ul><li>使用大数据分析来识别隐藏的模式和不寻常的相关性</li></ul>
高净值	<ul><li>使用纳米技术跟踪高价值的文物</li><li>改进客户群分析</li><li>加强私人风险服务</li></ul>

4.3 远程信息处理和 UBI 作为一种承保工具

自 2010 年以来，汽车保险中的远程信息处理技术的使用日益增加，并且它不再被视为一种为危险驾驶的司机（例如年轻人）所准备的承保产品（这些年轻的司机的保费过高），而是作为"正常"类型保险的主流替代品。该术语不仅涵盖"黑盒子"技术，还包括数据的收集、存储、分析，以及最终如何转换成对驾驶员在具体地点和时间以及车辆中的相关风险的可操作性见解。

所有这些都展现了风险定价的真正演变，传统上是将"类变量"看成风险或"代理"的指标，行为为风险提供了更深刻的见解。过去，保险公司曾试图通过回顾事故经过、免责奖金，甚至在更早时用已行驶的距离来显示行为。这些演变超越"现驾现付"的保险模式，变成"按驾驶行为付费"。

其他典型的指标如下[6]：

- 驾驶方式；
- 驾驶时间；
- 驾驶工具；
- 汽车的颜色；
- 驾驶的目的地；
- 其他驾驶工具。

远程信息处理是使用集成技术的最佳例子。它本身超越了技术，还扩展到了文化、定价、数据所有权和风险管理的问题上。有效地使用远程信息处理能够帮助保险公司从正在测试行为和特征、追溯定价风险的反应模式中转移到能够影响个人行为的潜在位置上，这样做是有前瞻性的。朝这一点迈进的一步是，投保人通常是通过门户网站得到可用的信息。这样做的结果是保险公司作为"风险管理者"而增加，而不是作为风险评估者。

承保人获得更多的数据，在设定保费时，这些数据为承保人提供了相当大的灵活性和控制力。提供更多数据的系统的出现可能让承保人更有洞察力。目前，保险承保人似乎才刚刚接受他们新发现的能力。在大多数情况下，他们似乎只是将远程信息处理作为一种新工具来收集数据，（根据近期一则英国招聘广告），并且从这点上来考虑"管理业务量，了解业务能力、产品结构和评级，以及产品开发和分销"。实际上，关于远程信息处理产品开发的特殊作用似乎是更好地进行承保。其他保险公司似乎认为这是某种形式的"承保数据科学家"的作用，还有一些观点是数据分析似乎不仅影响着现有的职业和工作角色，还创造了新的混合角色。

从现有的附加数据可以看出，承保人比以往接触更多数据，但是真正考验他们的是他们会选择利用哪些信息。很明显，他们能够从更大的市场细分中获利，并且能够应用更多的动态定价。这对他们的产品和细分"混合"以及最终的"上市"战略有帮助。承保人也可以根据市场情况和竞争格局改善贴现率和其他激励措施。由于这些变量和保险公司之间的不同风险偏好，保险公司的保险费率在相同类型的保险费用上可能会有显著差异。

在许多情况下，保险公司的定价似乎仅限于追溯审查远程信息处理数据，审查周期为每年或每隔 90 天。然后根据基准利率提供折扣，一些保险公司选择提供"免费里程数"来替代金融折扣。

随着远程信息处理技术被越来越多的人使用，其他业务领域正在出现 UBI 车险，因此有迹象表明，就这种方法而言，众所周知的 UBI 会迅速发挥作用。可以证明的是，技术发展足够强大，虽然可能仍然存在一些挑战，但这些挑战是可以解决的。UBI 使用的增加表明，至少对一些消费者而言这是个很有吸引力的提议，该保险不仅适用于年轻司机，还适用于老年司机或不常开车的司机。专家预计产品和定价将持续受到影响。

很显然，这一领域还会有更多的发展空间。如果最终以个人为单位主体进行承保，那么保险公司也要考虑如何扩展到拥有多辆汽车的政策中，其中"第二辆"车只在很偶然的情况下使用。

4.4　为避免欺诈行为进行承保

在发生索赔的情况下，越来越多的保险公司使用数据分析来根除一些投机取巧或早有预谋的欺诈性索赔人，因此，我们自然而然就会考虑是否能将相同的工具更早地用于保险价值链流程中。在索赔时，调查的决定一般取决于一些因素，通常包含事件环境、时间、保险客户的索赔历史，以及即时环境的人口特征。

由于保险公司期望能够获取所有可用信息，这可能会对现有或未来的保险客户逐渐造成压力，因此，在最后做出提供贷款的决定前，抵押放贷者有权检查信贷的细节信息。事实上，一家保险公司最近开始考虑将信誉作为承保过程的关键要素。这其中的来龙去脉并不清楚，并且引发了一些争议，有人认为个人按时支付账单的能力与他们处理个人风险的行为无关。相反的论调则是，个人管理财务的方式可能是他们处理个人风险的一个指标，因此，这也是一个有效但也有些争议的指标。

根据投保人可能会发生的行为而不是已经发生的行为，预测欺诈可能会造成保险公司对潜在或现有的客户"定价过高"。其实这不足为奇，就像承保人可能会以同样的方式考虑，一名青少年在一辆高级轿车中出事故的可能性。在预测欺诈行为的情况下，承保人不仅需要预测欺诈索赔的可能性，同时还要预测潜在投保人未来潜在的犯罪行为。

自然，如果承保人公开拒绝在预测欺诈的基础上提供保险，这可能会是个严重的问题。保险公司拒绝承保的投保人，在寻求其他保险时，它们有义务向其他保险公司披露这一问题，因为这是保险公司在提案时通常会明确提出的一个问题。由于潜在的欺诈投保人故意误导事实不予披露，因此，保险公司有权使该保单失效。

在提案时，保险公司没有义务给出任何不提供保险的理由，但如果没有任何明显的财产因素导致拒保，那么原因可能是隐含的。潜在客户什么时候有权看到他们受到惩罚的数据？他们是否会明白？同样地，如果客户发现保险公司在续约或开始时故意给出毫无竞争力的价格，客户是否具有起诉理由，如果有，他们会如何起诉？是否有潜在的歧视问题需要考虑？监管机构是否会将这视为不公平对待客户或其他违反消费者监管的问题？

4.5　数据分析与建筑信息管理

如果保险行业迄今为止专注于与财务、风险和客户有关的数据分析，那么它将很快就需要为下一波信息做准备，这些信息源自建筑信息建模（有时也称为"建筑信息管理"），但更常被称为 BIM。

BIM 起源于美国，特别是在美国陆军工程师协会（USACE），BIM 的主要目的是提供有关建筑和维护新建筑物的数据的准确记录[7]。BIM 已经应用于多个美国陆军工程兵团项目和任务中，其被描述为"智能 3-D"，以此来与许多建筑师运用的 3-D "AutoCAD"绘图功能相区分。对 BIM 的一种评论是，尽管它提供了一种拟议建设的数字化方案，但由于在未充分捕获记录的情况下进行了结构更改和一般修改，BIM 并不总是代表"竣工"的版本。

BIM 和《偿付能力监管标准 II》之间有一个有用的（虽然略微弱）比较。《偿付能力监管标准 II》旨在成为基于原则的管理风险资本的方法。由于需求的不确定性，保险公司越来越多地询问关于监管机构的问题，当所谓的"红皮书"变得过于复杂时，有必要在这一点上提供更多的细节。这样做的影响是增加成本和复杂性。BIM 可能会出现同样的问题，因为数字化的一般原则可能会被从业者所要求的细节程度所超越。

越来越多的专业工程师和顾问开始采用 BIM 方法，特别是 PAS 1192 信息（PAS 1192 是英国使用建筑信息建模的建筑项目资本 / 交付阶段信息管理规范）。BIM 最强大的倡导者之一，Atkins 工程顾问公司的研究员兼董事 Anne Kemp，鼓励她的同事在施工过程的每个部分寻找数据点，并相应地抓取信息，她将其描述为"数字工作计划"。

实际上，BIM 在欧洲发展相对较慢，但英国政府决定在 2016 年之后强制采用 BIM 建设公共建筑，这将为变革创造额外的催化剂。英国政府的战略是鼓励"3-D BIM 与所有的项目以及电子资产信息、文档和数据进行全面协作"。其目的是让英国政府通过使用开放共享的资产信息来提高成本、价值和碳绩效。[8]

虽然对许多人来说，这将被视为另一层面的"官僚主义"，对于工程师来说，这可能被视为一种不必要的灾祸，但 BIM 在建筑环境数字化方面仍是有趣和重要的一步，而对保险承保人来说则具有巨大的价值。持怀疑态度的人认为，必须考虑到物联网（IoT）的快速发展，以及通过增加设备数量和增加有意义的信息来增加数据量的能力。对为物联网作出贡献的设备或发射机的一种有效定义是，"在物联网环境中，这是一种具有唯一标识符、嵌入式系统和通过网络传输数据能力的实体或物理对象"[9]。5 年来，它的连接速度提高了 200 倍，相互连接的机器数量增加了 300 倍，远程设备收集信息的价格下降了 80%。

如果将 BIM 嵌入英国和其他地区的公共建筑，并从一些数据中提供有意义的信息可能需要 10 年时间，那么嵌入商业和住宅物业需要多长时间？变革通常会迅速出现在最意想不到的时刻，而有时当变革注定会发生时，又会变得异常缓慢。建筑行业参与的速度和程度对变革至关重要。新的建设到达"临界点"，所有新的建筑和内容都被数字化只是一个时间问题。

这种 BIM 信息自然会以结构化的形式出现，由于它与非结构化信息相结合，通常是气候条件、天气和建筑物使用，如客流量（零售场景），因此，它变得更有价值。政府资助的房屋建筑有潜力提供必要的技术证明，这些技术证明导致所有新建和现有建筑物的最终数字化。

目前，对保险公司和承保人的绝对影响难以衡量。显然，越来越多的额外信息变得可获取。这不仅有助于保险公司通过提供更高级别的粒度做出承保决策，还将在索赔过程中协助调查，政策条件和保证也可能会更加自动化。BIM 也将是"连接"（或"智能"）建筑的催化剂之一。

使用多个数据点收集的信息，也将有助于保险公司更好地了解建筑物的用途、访客行为、周边的物质条件（也可能在周围环境），与其他类似建筑物以及所有在规范与条例环境中的一切做比较。这会使保险公司更加深入地了解和细化风险类别。与其他数据相结合的 BIM 还将为遵守特约条款和政策条件提供更好的见解，甚至可能会向建筑业主和管理人员发出警告，提醒他们违反保险范围的要求。也许 BIM 的使用也将成为把保险公司从"补偿者"转变为"风险管理者"的另一个催化剂。

注释

1. Macedo, Lionel. "担保人在保险中的作用". 保险入门系列, 第 8 期. 世界银行发表, 2009.

2. Taleb, Nassim Nicholas. "黑天鹅：极不可能的影响".《纽约时报》, 2007 年 4 月 22 日.

3. Joseph Rowntree Trust. "社会正义与水灾保险的未来". Joseph Rowntree 信托基金发表, 2012.

4. 租船保险研究所. "保险的社会价值". 发布于 2015 年 2 月 26 日.

5. King, Jonathan H. and Richards, Neil M. "什么是大数据伦理".《福布斯》杂志, 2014 年 3 月 28 日.

6. Tindall, John. "信息技术在行为承销和定价中的应用". 澳大利亚精算学会. 发布于 2013 年 5 月 20、21 日. 澳大利亚, 悉尼.

7. Goodspeed, Rachel V. "USACE 介绍了欧洲地区项目的建设信息建模".

8. 业务、创新和技能部. "建筑信息模型". URN 12/1327 英国政府发布. London, 2012.

9. 科极网拓. "基本指南".

Analytics for Insurance
The Real Business
of Big Data

第 5 章

索赔与"关键时刻"

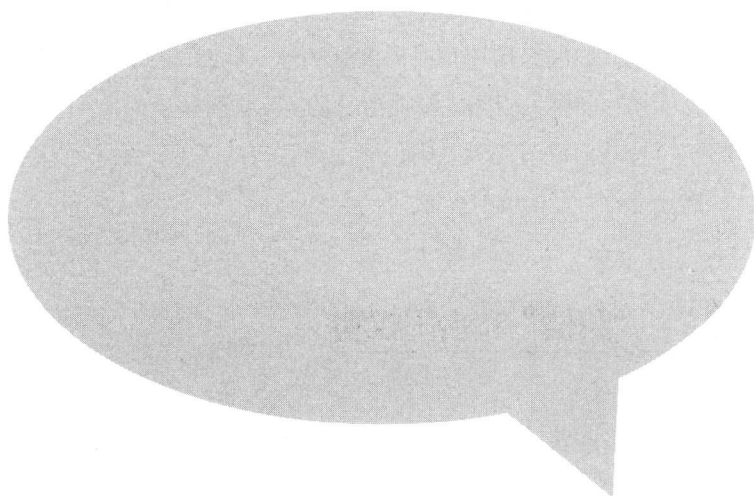

对客户而言，他们与保险公司的关系最为关键的部分是提出索赔。毕竟，保险是承诺按照约定的条款和条件支付索赔，并依法签署合同的。索赔的方式会影响客户续订时购买保险、购买额外产品，并将保险公司向朋友或邻居推荐的倾向。由于客户宣传是做出购买决定的重要原因，索赔经验成为这种业务组合的关键部分。

对于保险公司而言，情况可能会有所不同。索赔支出通常是保险公司支出的最大支出要素或第二大支出（另一支出是再保险费用）要素。它也被称为"损失比率"，索赔支出通常以索赔中的总损失（已支付和预留）加索赔管理费用（理算）除以所获得的总保费计算。换言之，如果保险公司为每 100 英镑的保费支付 60 英镑，则损失率为 60%。尽管损失很大程度上取决于业务组合、外部条件（如天气）和管理团队的质量，但损失率通常在 50% ~ 70% 之间。

索赔节约额直接达到损失金额的最低标准，因此，索赔团队面临着避免索赔"漏损"的巨大压力（漏损指的是实际损失超出保单严格义务付款）。如果严格执行这些索赔节约额，则可能会对客户的体验产生不利影响，因此，保险公司需要进行一定程度的平衡。

5.1 "赔偿"和合同权利

考虑财产保险中索赔程序应从承认"赔偿"的基本原则开始，即把投保人置于"保险事件"（根据保单规定）发生的立场。该事件可能是风暴、洪水、火灾或合同条款中规定的任何事项（保单条款规定涉及了具体事件，但"综合险"保单除外，因其包含除了排除事项外的一切内容）。保险行业有其长期固定的赔偿原则。关于这一话题的主要法律案例之一是 *Castellaine v Preston*（1883），有人认为火灾或海洋保险是"赔偿合同，仅作赔偿，而这个合同是指被保险人（被保险者）在出现损失的情况下，应获得全部赔偿，但绝不超过全额赔偿。"[1]

严格而言，投保人是唯一有权恢复现状的人，因此，在索赔结算中应考虑磨损的情况。然而，在涉及"以新换旧"的保险中，可以使用限额，这通常被称为是没有"改进"的"恢复现状"，也就是说，修理/更换的规格或质量没有得到改善。

投保人并无义务补救或更换损坏的财产，但是可以选择反映其损坏财产"价值损失"财务清算的方式。这一点可能存在争议，因为"价值"对不同的人而言存在差异，而且往往存在分歧。这些分歧可能涉及各种保险类型，从汽车到个人或商业财产，乃至身体伤害。例如，汽车报废时，这一价值可能指的是（未损坏）汽车出售时的价值，而不是其购买的价值。在某些情况下，保险公司也会出售一种形式的"差距保险"以满足差异。这可能需要一定程度的折中才能达成友好的协议。内在或情感价值不是保险公司的关注点，如果事情恶化到一定程度，法院要求予以赔偿，那么保险公司可能会因为"压力和不便"而予以赔偿，即便如此，所赔偿的金额也通常低于受害方的预期额。

正是在这种相对不确定的背景下，才存在越来越多的个人或有组织的机会主义，欺诈才开始出现。

5.2　索赔欺诈

人类心理学本质上认为有一部分人，如果他们拥有一些权利，他们会寻求超出自身应有的权利。而保险索赔欺诈充分证明了这一原则。

有人声称在一个 10 个人的房间里，其中有两个人可能会存在欺诈行为，另外三个人可能会赞同这种行为。这当然是一种普遍形象，但事实是，保险公司认为在每 100 英镑的索赔中，多达 20 英镑的支付是源于欺诈，在英国，欺诈行为使每笔年保险费至少额外增加 50 英镑。[2]

欺诈往往有以下两种截然不同的形式。

- 机会主义，通常为个人。
- 系统或有组织地进行欺诈。

通常不会考虑第三种情况，称之为"供应商机会主义"或供应链"漏损"。当为保险公司、投保人或中介机构工作的供应商超额定价、超越权限或使用劣质材料完成工作而花费大量成本时才会发生这种情况。我们将从其他方面考虑供应商管理这个主题，但大多数可能与许多保险公司采用的严格采购保单有间接的联系。这导致单位费率过高、转换成本低，最终导致保险公司和供应商之间缺乏持久的关系。

英国犯罪和欺诈预防局 2013 年的年度报告指出，每年的欺诈总费用为 21 亿英镑，而其较早的报告显示有以下几种主要类型的虚假陈述。

- 完全虚假的索赔（12%）。
- 故意歪曲事件的情况（32%）。
- 膨胀损失值（39%）。
- 来自多家保险公司索赔（3%）。
- 其他（14%）。

当欺诈行为被证实时，英国《2015 年保险法》赋予保险公司额外的权利。欺诈行为有以下 3 种后果。

1. 保险公司不负责索赔；
2. 保险公司有权从已获得索赔的被保险人追回款项；
3. 该保单可以从构成欺诈行为之日起通知终止。

5.2.1 机会主义欺诈

对于某些人而言，保险并非一种保护，而是一种权利。他们认为，缴纳多年保费后，自己有权从保险公司以某种方式获得还款。其他人则认为保险公司是一种较为容易的资金来源。

正因如此，保险公司传统上认定了欺诈行为的几种欺诈"触发"因素。通常，这些触发因素可能如下。

- 更新保险前的索赔。

- 订立保险后的索赔。

- 通常与旅行相关的短期保单引起的索赔

保险公司自然不愿披露所有这些"触发"因素，因为这些将对欺诈性的投保人很有帮助，因此，本书的内容为此而一再谨慎。

机会主义欺诈的分析

打击欺诈的主要工具之一是使用预测分析，它将保险公司确定为典型的欺诈行为的"触发"因素应用于索赔通知程序中。如果程序出现"危险信号"，则可以由专家进行调查该索赔。

这种做法的好处在于，如果不出现"危险信号"，则可以"快速追踪"索赔直至解决问题。这提高了流程速度，通常能够降低成本（索赔的持续时间与可能的总成本之间存在相关性），并且极大地增强了客户体验。

预测分析实际上是一种概率方法——这一指标是否表明"欺诈是可能出现的"？个人指标是相对的，而实际上简单地总结一系列指标可能会得出"错误判断"。也就是说，当不存在欺诈时，也可能被视为欺诈行为。如果将索赔错误地认定为欺诈，这通常会加重已有沉重工作的调查员的工作，从而造成系统瓶颈。更糟糕的是，这将暗示投保人是罪犯，而实际上他们并不是。

因此，保险公司可能会使用欺诈分析作为检测过程的一部分，当然使用欺诈分析的主要优势之一是快速处理非欺诈索赔以带来成本节约。保险公司不大可能完全信任基于分析而无须人为干预的索赔的建议，即便是仅仅通过电话向投保人建议（例如）天气记录表明风暴天气并没有在索赔日期到来，并要求其撤回索赔。

5.2.2 有组织的欺诈

80% 以上的欺诈性保险活动是有组织或有系统的欺诈行为。问题的规模和复杂性都适用于数据分析解决方案。在 20 世纪 80 年代末和 90 年代，对于保险公司而言，欺诈行为的性质是保险公司招募前警察（通常为退休警察）调查"可疑"索赔的趋势。在披露问题中故意使用"怀疑"这个词表明保险公司（并且仍然）不愿意提出欺诈索赔，直到举证责任成立为止。

根据英国保险协会的数据，保险欺诈活动每年耗费 21 亿英镑（2015 年的数据），分别如下。

- 17 亿英镑作为"隐藏的欺诈损失"，即未被发现的。

- 3.92 亿英镑作为"坠机现金"。

- 3900 万英镑涉嫌欺诈。

目前，有组织的欺诈行为有了全新的视角，尤其是在（但不限于）汽车事故方面。有意安排的事故，"坠机现金"和"（乘坐汽车被撞引起的）颈部扭伤"的索赔尤其普遍，因为颈部扭伤难以被证明。远程信息处理解决方案对确定事故是否足以造成这种伤害起作用，但是这一过程还处于早期阶段。

欺诈性保险活动不仅限于汽车事故，还可能发生于多种场合，包括商业场所的蓄意纵火（或放火）导致利润下降，还有其他不利和可疑的问题。越来越多的保险公司了解到警务部门在分析和调查有组织犯罪方面所使用的工具。他们越来越多地使用网络分析和新技术来更好地了解个人和公司之间的关系。

即便如此，所有这些数据分析存在的主要问题之一是它们都提供了一个指标，而不是确定程度。步兵调查员仍然需要进行详细调查，而这种调查必然会造成延误。尽管数据分析的改进将有助于保险公司更加重视和更容易预防欺诈，但在可预见的未来，有效的欺诈调查可能是一个一直存在的问题。

1. 通过网络分析检测有组织的欺诈

80% 的欺诈活动是有组织性的，往往涉及金额较大，这关乎保险公司的切身利益。许多来自警务部门的保险欺诈调查人员，他们在刑事调查中使用的技术已经不可避免地进入保险业，尤其是网络分析的使用，如图 5.1 所示。

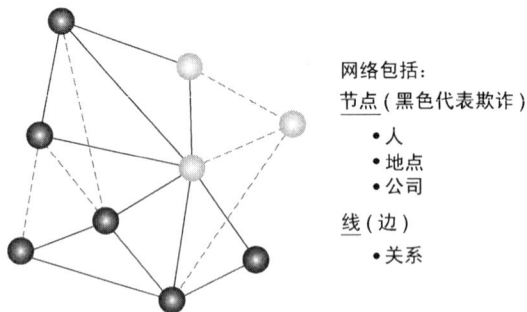

网络包括：
节点（黑色代表欺诈）
- 人
- 地点
- 公司

线（边）
- 关系

欺诈者经常与其他欺诈者相联系

图 5.1　欺诈检测和网络分析

网络分析可以帮助保险公司跟踪不同的人或群体，并确定他们之间的联系。

虽然我们可以在空白的纸上手动绘制人物的关系图，但现实是，通常这些关系太过多样化和复杂而无法跟踪。如今，复杂的软件允许用户将数据元素写入工作站的屏幕上看起来像绘图板的虚拟"调色板"上，然后创建其他证据的链接。这些系统允许新的关系被探索，旧的关系被筛选，并当出现新证据时反映变化。这种技术不仅可以用于识别各方之间的联系，例如信件流通或货币流通，甚至可以作为法庭的工具。

保险公司不应低估有组织欺诈的潜力。2012 年，由于美国东海岸的飓风"桑迪"向波罗的海和东欧前进，造成了大量车辆被损毁，具体的总损失额不能被确定。当地保险公司不得不处理刚被损毁（全部损失）的"相同"汽车（这些汽车的身份信息无法辨识）。

2. 索赔欺诈流程中的语音分析

另一种形式的数据分析是一种非结构化数据的语音分析。这种欺诈触发因素是当索赔人在采访过程中出现不恰当地紧张或激动情绪。这本身就是一种相对较弱的触发因素，因为紧张可能由于一些因素所导致，而激动可能是沮丧拖延的反映。熟练的索赔处理者通常有较高的社交技巧，以令索赔人放心。

使用语音或语音分析可以帮助保险公司更好地了解客户的情绪、问题或操作员培训需求的关键趋势或指标。实际上，就保险公司而言，语音的实时分析处于早期阶段。一些保险公司正处于将语音转移到文本，然后分析（或"挖掘"）文本的阶段。称之为"软件到软件接口"的语音分析 API（应用编程接口）越来越被保险公司视为必不可少的工具。

目前，在其他行业中语音分析的主要用途往往是关于电话呼叫处理程序的性能管理，通常通过识别语音/非语音数量、呼叫保持时间或静默期来确定。语音分析的使用也超出了欺诈的范围，它可以帮助保险公司和其他企业更好地了解特定产品的成本驱动因素、趋势、市场机会和优势（或弱点）。

这方面的改进潜力很大。将语音（包括音调和内容）融合到实时数据分析中，然后将推动代表管理代理与客户讨论改变方式的所谓"下一最佳行动"。这种能力可能有些偏离，尤其在欺诈索赔的主流管理方面更为突出。企业有潜力有效搜索语音或音频文件并自动识别对话的关键部分，避免了手动搜索的需要。

3. 初始欺诈分析

另一种欺诈形式是承销欺诈。保险的一个关键原则是最大诚信原则，换言之，在购买保险时投保人要对自己进行准确的描述。保险公司在此基础上准确地衡量风险。因此，虚假陈述实际上是欺诈行为，如果发现这种情况，保险公司可以确认保单从一开始就无效。因此，保险公司也有权避免投保人随后提出的任何索赔。

广义上来说，投保人提供可能影响保险公司的不正确信息会发生虚假陈述，保险公司会提供不同的条款，甚至拒绝提供保险。通常虚假陈述的类型可能包括对财产使用的错误描述、先前的索赔数量、汽车的主驾驶人或个人的职业。

尽管减少保单尺寸并提出"简单"问题的趋势越来越明显，但是保险公司通常通过保单获得绝大多数信息。以往，投保人承担披露相关信息的义务，但这一负担越来越多地转移给保险公司。

技术使保险公司可以通过在线保单跟踪潜在投保人的变化（例如，所描述的职业变化），从而能够掌控对客户的保费优势。除此之外，甚至有一些公开的网站提供服务，建议个人在职业描述的填写上，与其本人实际做的工作类型相比，怎样将其修饰为一个"更好"的工作。

在大数据时代，保险公司需要的信息很可能已经存在于公共领域，或者在客户的许可下它们才能够获得这些信息。保单中的一些问题，例如，房产是否已被"淹没"，开始变得过时，因为保险公司越来越多地使用位置分析来判断某个房产是否位于易于"淹没"的地点。

5.3 房产维修和供应链管理

最初，索赔过程中使用供应链管理作为一个主要的驱动因素是为更好地进行欺诈管理。在这种情况下，"供应链"包括建造商、维修人员、恢复人员、替换货物的供应商，以及通过直接维修或更换损坏的建筑物或内容来向保险公司提供服务的任何其他白色家电或黑色家的商品供应商。另一个主要驱动因素是采购的规模效益，从较少的供应商进行批量采购可以进行更好的交易。

20 年前的英国，保险公司将通过邀请投保人向自己提供 3 份预估数据来处理房产索赔，通常允许按照最低预估进行维修。在"文字处理"时代之前，通常情况下，这 3 个预估值将由同一供应商提供，尽管信纸不同。此外，保险公司的付款流程非常糟糕，导致供应商发出这是不是"保险工作"的询问，在这种情况下，成本将会增加 20% 以上。

即使在这种环境中，保险公司也将欺诈视为很严重的问题。欺诈的性质和用于识别这种欺诈行为的工具有些还不成熟。例如，对个人预估的"打字机字体"的取证分析进行了比较，以找出相似之处，并查看不同的文档是否创建于同一台打字机。也使用墨水测试以及直接从警察法医实验室获得的其他技术。在这种结构相对较少的环境中，供应商和一些较不严格的索赔检查员以及其他第三方中介机构之间总是存在腐败的风险，尽管绝大多数交易可能是非常透明的。

由于重新控制索赔漏损的主要问题，保险公司越来越多地直接控制维修过程。并且，保险公司很快就意识到其中的额外优势，这不仅能为客户提供额外的服务，而且还可能创造出竞争优势。

保险公司也意识到，通过将更大量的工作提供给更少数量的供应商，可以获得规模效益。这不仅能够实现成本的规模效益，还可以更好地控制供应商（越来越多地受到供应链专业人员的管理）本身。这些供应链专家也被称为"类别经理"，除此之外，保险公司越来越多地将供应商引导到它们获得材料的地方——一个被称为"二级供应管理"的过程。采购和供应链管理成为索赔部门核心竞争力的一部分。供应商"采购"采用了其他行业（如零售行业）已经确立的先进的采购理念。

作为采购过程的一部分，保险公司还通过 RFI（信息请求）流程获得对供应商客户群、其成本、间接费用、系统及优缺点的深刻了解。在 RFI/RFP（价格 / 定价请求）之后的协商过程中，保险公司经常能清楚地了解供应商的最优价格。最初由欺诈管理问题驱动的先进的采购技术实际上将购买力从供应商转移到保险公司。

供应库合理化的另一优势是允许保险公司坚持以特定格式提供绩效管理信息，以便将其纳入更广泛的数据库。凭借这种深刻的洞察力，保险公司逐渐认识到它们可以利用这种洞察力来确定在索赔过程中哪些领域会增加价值，以及哪些领域会逐渐产生不必要的，即可以避免的费用。对客户地更深入洞察变得越来越重要，从而识别客户的"情感过山车"（如图 5.2 所示）。这种图形展示出索赔人如何对索赔的损失发现、通知点、调查和最终履行（或解决）做出反应。通过在索赔时跟踪客户的期望以及最有效地满足客户期望的需求，能够创建更加面向客户的最佳实践。

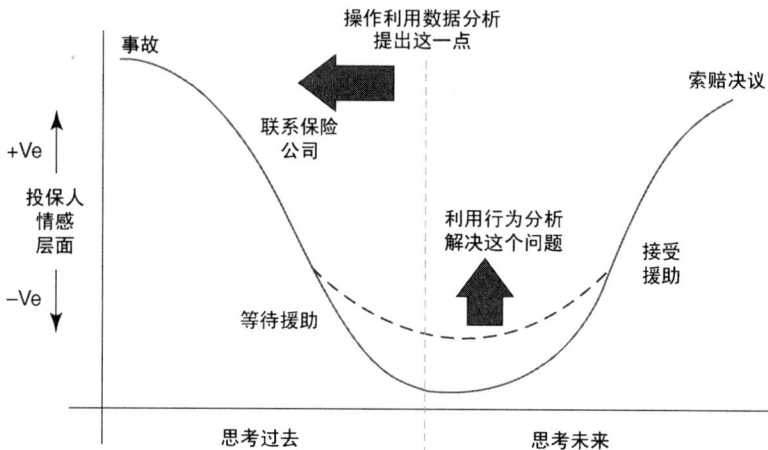

图 5.2　客户的"情感过山车"

　　将 20 年前的这些想法与现在潜在的数据分析实践相比较，可能有人认为，仍然存在很多相同的地方。保险公司正越来越多地考虑利用数据分析来了解客户购买保险时的行为。虽然可用工具和洞察力可能处于更高的水平，但我们因此可以相对容易地将其用来了解客户在提出索赔时的想法和行为。

　　因此，这些附加的数据使索赔管理具有新的最佳实践，还强调对于这些考虑因素而言，洞察力和数据分析不是目标，而是优化流程和增加价值的关键推动力。

　　在向更严格的供应管理和采购过程迈进时存在一些副作用。保险公司与供应商之间的忠诚度下降。供应商认识到，任何合同只能在短期（有时不超过合同的通知期）内才有价值，可能会在几年后重新采购合同，并且它们很可能被更激烈的竞争对手所取代。在供应商之间，保险公司的转换成本通常较低，所以几乎没有"市场圈定"。如果供应商寻求与保险公司更多的技术整合，通常会有阻力。

　　总体结果是，一些供应商力求通过超额定价、超越权限和表现不佳来优化与保险公司的关系。这并非发生于极力否认并努力防止这种实践的企业层面，而经常发生在操作人员、分包商和再分包商层面。对于由零售商或分包商直接雇用，并基于生产力和盈利能力获得报酬的管理者，几乎没有任何激励是准确的。

这是"慷慨的",有时被称为供应商机会主义,但实际上它也是一种欺诈行为。

作为采购过程的一部分,保险公司坚持制订详细的能力规划,尤其是诸如大量的洪水泛滥等工作。如果合同结束后不再保证工作量,维修人员将越来越多地寻求分包商,而这些分包商本身也反过来寻求二次分包商。在所谓的"关键时刻",当发生索赔时,实际上经常由不考虑保险公司的品牌价值的供应商或小公司进行维修工作。更糟糕的是,这些供应商和小公司通常在付款"食物链"的底端,而付款条件通常不太具有吸引力。一个零售商威胁要拖延工作直到支付逾期付款,这是不可想象的。

根据合同条款,许多保险公司也向供应商提供了"代理权限",从而代表它们做出决定。维修人员(很少具有保险培训)将决定索赔所涵盖的内容及未涵盖的内容。有人认为这种做法相当于将孩子单独放在甜品店里。其他人认为这是对索赔检查员和损失理算人行业的直接挑战。

实际上,这些问题仅仅反映了保险公司可能会从公共部门的更多研究中学到什么东西。它们已经开发出供应链方法来管理和维修社会住房等公共房产。公共部门采用了一种用于管理房产维修的成套项目方法,在框架协议中利用更少的维修人员以在约定的成本和服务参数内提供服务。

在这些可比较的运作模式中,"消费者"和"公民"两词可以互换。公共部门供应链的糟糕服务会对公民的信心产生影响,公民会通过抱怨(有时投票)他们的公众代表而非改变他们的供应商(因为他们对此事没有直接的选择权)来表达不满。

在公共部门的房产维修方面——与保险部门有直接且相似的损害问题,如洪水、火灾和破坏行为,供应链内的操作人员也能平等地了解与客户关系的暂时性和短暂性。他们将开具未完成工作的发票,例如,未拆除散热器,且未对其进行装饰(尽管向其付款),已开具将来不可能进行检查或更换的灯泡和阀门发票。由于上门服务者不是计时工作,而是按工作量获得工资,所以他们有充分的理由去歪曲或增加工作项目。

此外,他们的团队领导人或管理人员也同样热衷于保留最有活力的员工,尤其当上门服务者完成的工作(或至少收费)直接关系到团队领导人自己的薪酬时。还将由上门服务者对检查员和上门服务者的家庭谨慎地进行改善工作(或私人周末工作),而使用的材料则由保险公司或地方机构资助。即使检查员和团队领导人也不能绝对信任。"*Quis custodiet ipsos custodes?*"是罗马诗人 Juvenal 在其讽刺画中的表达，意思就是"监护人又由谁来监护？"

因此，保险行业的全新界别分组出现了。保险供应链审计通过测量和维修成本分析、绩效和投诉来回顾性地对供应链进行管理。对表现不佳和超额定价的处罚是惩罚性的。保险公司的审计小组发现，维修人员对抽样检查 5% 的超额定价可能会造成其整月发票相同的 5% 的"调整"。

为进一步降低成本，保险公司还引入所谓的"二级"供应链管理。这包括提供维修人员进行工作时建立材料供应的交易。因此，例如，可以使保险公司对所使用的木材或油漆进行分类，并与国有商业机构进行交易，从而以折扣方式提供这些材料。然而，对上门服务者造成的影响是，所选择的商业机构并不总是为维修人员以最佳方式收集材料，假设当天可能就要使用这些材料，每天早上"排队"等待获取材料也会浪费许多时间。排队浪费的时间将导致进度变慢、生产力下降，并在很多时候使客户或零售商不满。

除此之外，这是多任务上门服务者（即装修和铺砖瓦的水管工以及进行管道和电气工作的装修人员）的问题。至关重要的是，对于适合有潜在危害的任务且工作量小但要求拥有大量技能的工人而言，存在很多经济问题。保险公司鼓励多次任务、一次性完成工作还是多次访问、造成更大干扰，哪一种是合适的呢？"质量差比延期带来的失望更让人难以接受"这个说法是再正确不过的了。

最后还有付款问题。现金流是建筑行业的核心。系统造成了内在的复杂性，如导致拖延和错误付款，维修人员则威胁如果没有付款，则会离开现场。如果商业投保人能够收回税款（如英国的增值税），这又使保险付款的纳税后净额更加复杂。索赔结算中还需要考虑超额或可扣除事项。即使严格地说，投保人与维修人员之间并未建立直接的合同，但责任会转移到维修人员，因而直接从投保人自身获得弥补。

在节省成本的过程中，欺诈回避问题造成了一系列昂贵的运营问题。除此之外，保险公司选择并直接"限定"维修的程度，并选择让维修人员对保险公司承担任何问题或质量分歧的义务。

同样，保险公司意识到索赔过程中的"情感过山车"，对于不满的顾客而言，有一种非常清晰的模式，他们最初将自身的担忧升级为抱怨、寻求赔偿，然后当事情真的恶化时，因为保险公司在"关键时刻"未履行诺言，他们就要惩罚保险公司。最糟糕的是，保险公司必须不时地支付超额的赔偿金，以维持投保人的满意度。

由于保险公司面临越来越大的供应链成本压力，这不仅为供应商生态系统和保险公司环境的生产能力过剩带来了副作用，也给行业损失理算施加了巨大的压力。损失理算和第三方检测行业传统上从地面沉降和洪水等重大天气事件中获得了丰厚收入，但这些事件的收入来源变得越来越不可靠、不确定。因此，外部亏损理算业务也进一步转移到房产维修管理领域，为保险公司提供一站式服务，同时，接受相关潜在利益冲突的问题和批评。损失理算人看到其有能力提供这种服务以作为关键竞争优势。损失理算人是讲究公正的，如果损失理算人既是调查人员又是维修人员，那么这一职位如何存在（甚至可以维持）呢？

当损失理算人实际贡献"附加价值"时，就会出现问题，尤其是如果允许维修人员自我限定仅由理算人"签字"的维修。这些都是旧的问题，但仍然是有待考虑的问题。人们已经认识到，大数据分析有可能创建新的商业模式并革新现有的商业模式。房产维修将继续作为保险中的重要部分，但在这种新的大数据分析环境下，这一过程会发生多大的改变呢？

虽然可能仍然存在一些遗留问题，但行业目前有机会重新考虑这一问题。供应商和理算人将来不太可能完全独立，并且两者都将成为保险公司虚拟生态系统的一部分。这意味着供应链过程中信息的有效流动比之前的市场具有更高的透明度。诚信已被技术和透明度所取代。

有效的供应商审核将需要保持一定的形式，但会更加重视数据分析的洞察力，进而逐渐消除过程中的主观风险。一家保险公司甚至确定了审计师所在地与其供应商之间的关系；如果太近，关系则过于私密；如果太远，则访问太匆忙，也不太常见。

如何将这种情况转化为投保人的更多的自由尚不明确。早期"兑现"的想法对于保险公司而言极具吸引力，因为保险公司可以更快速、更高程度地确定权益，但对投保人而言这可能就是毫无作用的安慰。"兑现"有利也有弊，它可能为客户提供更多的灵活性，甚至可能使其维修损失的金额比保险公司计算的更少。在投保人的口袋里放置过多的钱可能是保险公司转移经营负担的一小部分。如果投保人难以找到一个上门服务者，这难道是客户的问题，而不是保险公司的问题？

房产维修行业传统上寄希望于汽车维修，为客户体验提供某种形式的模板。由于变化程度、维修的位置（总是在现场）以及投保人对自己家庭的情感依恋程度不同，房产维修十分复杂。不过，保险公司需要从中学习一些东西。实际上它们需要学习什么，且如何最好地进行应用？

5.4　汽车维修

传统上，汽车维修比房产维修发展更快，在早期阶段就出现了专有的定价解决方案和更有效的工作流程。过去 20 年来，保险行业已经远离客户，将自己的安排纳入集成协调的维修和援助解决方案中（房产维修市场试图建立自己的模式）。这种解决方案从道路救援延伸到车辆维修与车辆更换。索赔系统已经越来越自动化，具有高级的工作流程、虚拟技术和更结构化的定价方法。对于消费者而言，这反映出更高的服务水平。对于保险公司而言，这能表现自己的品牌差异化以及索赔的成本控制。

但并非每个人都为此感到开心，尤其是对这种转型首当其冲的小型汽车车体修理厂而言。在许多情况下，它们无法投入基本技术来满足新工艺和更复杂的车辆的需求。保险业务利润的下降给这一行业造成了巨大的压力，因此，在过去的 20 年中，特许经营和独立维修的英国汽车车体修理厂数量逐渐减少。

根据英国 MotorTrader 的报告，"英国 2010—2015 年车体修理市场[3]与 2009—2015 年相比汽车车体修理厂的数量减少 18%"，（编写时）只剩下 3000 多个门店。这些修理厂继续表现出不佳的前景："这一行业的进一步下滑最终将对消费者和保险公司造成不利影响，并削弱未来维修汽车所需的技能和确保其安全的基础。"

最后一点尤为关切。MotorTrader 似乎表示，由于保险公司通过框架协议进行运作，而不是允许客户自行安排，汽车车体修理厂行业陷入恶性循环。但是它们声称保险公司是"坏人"是公平的吗？保险公司合理地认为，通过管理成本和改善服务，它们正在履行对利益相关方的责任，并为当前和未来的投保人提供更有效和更有竞争力的环境。另外，由于利润率下降和繁重的服务协议，汽车修理厂发现自己所处的竞争环境并不公平，它们声称保险公司对材料和其他费用设置"随意"的上限。

更重要的是，汽车车体修理厂店主认为保险公司实际上无权遵循他们采用的过程。他们声称保险合同是为了"补偿"投保人已经发生的费用，如果这些费用高于保险公司愿意承担的费用，就太糟糕了。这是一个有趣但也许稍微天真的观点，也没有认识到许多保险合同允许保险公司去"维修或恢复"，而不仅仅是向投保人提供赔偿（或现金）。实际上，汽车修理过程目前看起来有些死板，而客户的期望很高。如果过程存在任何变化，那么这些变化最有可能源于"物联网"而不是汽车车体修理厂贸易协会施加的任何压力而出现新的商业模式和供应链的互动。

人们越来越认可将数据分析视为优化维修网络、支持决策管理并增加客户体验价值的一种方式。保险公司可以使用数据分析来确定最佳的汽车修理厂网络，这通常是一个具有大量的变量的环境，如下。

- 不同的汽车修理厂类型（保险公司所有、专营、独立、专用）；
- 规模；
- 地点；
- 容量；
- 车辆的复杂性。

任何数据分析方法对于以下内容都尤其重要。

- 了解索赔的热点；
- 管理总索赔量，包括激增状况；
- 与过程维修有关的具体的合作安排（所谓"密切伙伴"）；
- 适应车辆制造商保修和其他专业维修的效果；
- 管理网络外的维修。

此外，保险公司还将维修过程的时间视为成功的关键因素，尤其当保险公司需要承担替代车辆的资金费用时。时间和成本之间的权衡是什么？从历史角度看，不可能准确有效地做到这一点。高级分析逐渐成为提供整体观点的重要工具。

还有人认为，客户不仅期望应对新索赔的响应时间，还期待维护新索赔所花费的时间。越来越多的保险公司和汽车车体修理厂旨在给出维修时间的指示，并正在通过信息传送（通常为短信）来告知客户进度。各种现象表明，保险公司至少能通过管理期望值来增强客户忠诚度。相对而言，客户更可能在社交媒体上对服务不佳表达不满，而不是为保险公司提供的良好服务感到高兴。社交媒体分析可以让保险公司了解索赔过程中的问题，而不仅仅是个人不满的记录。

5.5 复杂的国内索赔处理的转变

保险行业传统上一直努力通过以下方式对索赔进行分类。

- 个人或商业。
- 高价值或低价值。
- 复杂或非复杂。

实际上，以上每个选项都存在争议。但为进行定义，本节重点将索赔分为复杂/非复杂的方式，因为复杂的索赔可能价值很低但在技术上比较复杂。复杂性也可能出现在个人或商业索赔中，尽管每种类型都需要不同的技能。

未来处理复杂的国内索赔（如火灾、洪水和沉降）以及商业索赔可能会出现以下3个主要发展趋势。

- "数字调查员"的出现。
- 流程或业务模型的变化。
- 供应商生态系统的革新。

5.5.1 "数字调查员"

未来的"数字调查员"将包括技术（即"建设"）的技能与知识、保险知识的组合，将比目前更能够熟练地操作计算机，重要的是还有社交媒体和数据宣传。他们不仅能够了解房产损坏和维修的方式，而且能够了解损害范围与保险范围的关系。除此之外，他们将了解在调查过程中可用的结构化和非结构化数据以及可能的来源。这些来源可能是开源的、结构化的或可能是特别请求的，例如使用无人机，专家能够访问之前无法访问的位置（在调查涉及有害物质的大型商业火灾的原因或程度时，可能用到无人机）。

此外，调查人员将在更广泛的过程中对社交媒体的日益重要性更加敏感，并认识到客户（或第三方）在向检验员或保险公司投诉之前，很可能会向社交媒体表示不满。事实上，调查员或保险公司也许是最后一个了解问题的人。

一个有趣的挑战在于，调查员可以在多大程度上"缓和"投保人以避免他们向社交媒体曝光？这种做法并不是史无前例，即使在旧模式中这也是众所周知的。投保人对索赔的某些要素不满意，那么索赔的范围可能会被非正式且谨慎地略微"扩展"，以避免投保人正式投诉。例如，"扩展"的范围可能包括政策许可的"装修"的范围。过去，这些事情通常归入"协商"的更广泛范围，但技术作为组合的一部分可能开始限制旧模式"协商"的范围。

显而易见，未来这一复杂角色所需的技能将比过去更广泛或更深入。这些必要的技能可能只有少数人拥有。即使数据分析可能成为有用的工具，复杂的索赔的自动化处理也不是一个选择。大量复杂的索赔也可能潜在地并且迅速地造成培训员工的供需不平衡。因此，专业索赔机构了解不断变化的商业环境并为未来做好准备至关重要。

"数字调查员"已经开发的一个有趣的模型涉及技术的使用，它将视觉信息传递回最能描述为"联络中心"或"能力中心"的地方。基于远程图像，他们最有可能会采取最适当的措施做出技术决策。这种"能力中心"可能是真实的（即物理的）或虚拟的，分散在多个地点（或甚至涉及家庭工作者）。这些家庭专家甚至拥有全球指令。这一想法在汽车索赔行业并不新鲜，但区别在于房产标准化远远低于汽车。可以由地面上较不专业的"人"收集受损房产的图像，甚至可能由投保人本身或中间人收集图像。即使在复杂的调查中，这种模式似乎也为决策过程（甚至复杂调查）中的规模经济提供支持。这意味着技术不仅改变了决策方法，也改变了个人所处的位置。

数据分析也可用于支持检查员的表现。这很重要，有以下 3 个方面。

■ 了解减少索赔成本的影响，即索赔结算成本和其他索赔费用。

■ 资本支出回报率（ROCE），换言之，相对于外包安排，使用现场人员的资本投资成本。

■ 个人能力的评估。哪些是好的表现者，哪些是不好的表现者，他们需要哪些额外的训练？

检查员／审计员的位置似乎也是一个重要因素。相对于平均维修成本和理论性成本偏差而言，驱动时间分析在设置最佳检查制度方面可能提供有趣和有用的相关性。就职责而言，检查员可能会对结果产生重大影响。这种技能的未来就业考量可能会考虑到个人相对于供应商网络的位置。

检查不仅仅需要反映过程，它提供了收集关于房产信息、损失情况和投保人本身状况的机会。这样做，检查可能会提供巨大的附加价值。获取这些信息并不是免费的，保险公司最终不仅需要了解获得这些附加信息的成本，还要了解其最终的价值。虽然额外的数据和洞察力似乎具有隐含的附加价值，但是对于这种附加价值而言，它可能变得越来越重要。了解获取额外信息的真实成本将使保险公司能够更好地了解损失理算人或检查员生产率降低之间的平衡，而保险公司可能从附加数据中获得额外的洞察力。

5.5.2 索赔过程中的潜在变化

索赔中的优先次序就像医生处理紧急情况时进行的优先分类，而不是倾向于轻微伤害和疾病的类型。保险公司可以采用类似的方法来确定首先需要关注哪些索赔，而延迟关注哪些索赔。

该方法有两条路线。第一条，基于客户价值或重要性的响应速度。这可能要求索赔处理人员了解房产的风险价值，它通常是衡量建筑物大小和价值的良好指标，或个人可能拥有的保单数量（实际上是对保险公司的"价值"）。

第二条路线是事件本身或物理财产损失。可能需要提前注意的索赔包括：

1. 高价值，即发生实质性和昂贵的损失；

2. 欺诈活动，重要的是快速收集信息；

3. 潜在的（成本等的）补偿 / 代位追偿机会，重要的是收集信息以采取第三方行动；

4. 具体类型的索赔，例如水或烟雾损害，可以采取诸如清洁或干燥之类及时的行动以帮助减轻损失或减小损失范围。

就第 4 点而言，保险公司和维修公司清楚事件发生后的 24 小时内是"黄金"时期；在此期间的早期介入将有助于减轻损害程度。如果水分含量不能被及时控制，霉菌就开始生长，酸性烟尘开始污染材料，水将渗入建筑物的结构。

通知索赔时获得的信息将有助于确定优先排序过程。在许多情况下，最初获得的信息数量——一个称为 FNOL（第一时间损失通知）的过程可以相对粗略。然后可以将呼叫中心处理人员或代理人的请求转交给检查员或损失理算人，他们需要确定事实并对响应事件的速度做出适当的决定。保险公司往往从投保人那里获得信息，然后由中介机构复制信息，这可能是一些事情开展不顺利的根源。就这一方面而言，外部损失理算人（如果被使用）经常被客户视为保险公司的"延伸"部分。如果损失理算人表现不佳，那么客户会认为保险公司本身表现不佳。

还有一种情况是，损失理算人和其他第三方专家具有与保险公司一样好的数据分析能力，尽管这可能仅是从更专业的角度进行考量。外部损失理算人可能认为拥有这些能力的成本很大。然而，随着数据分析越来越商品化，或在云盘中提供这种数据分析"服务"的成本将会降低，但更重要的是，保险公司将在续订合同时要求他们提供数据分析能力的证明。单一的描述性报告可能并不充分，越来越多的保险公司将要求他们有一定程度的预测能力。

作为损失理算人和第三方使用数据分析的辅助工具，保险公司逐渐将理算人视为其"虚拟企业"的一部分，即在两者之间存在信息流，尽管存在适当的安全水平。保险公司过去一直抱怨损失理算系统以某种方式嵌入到自己的系统中，构成了锁定的形式，并且使转换成本变得更高。随着更便捷的信息流的出现，它们现在可能没有那么多忧虑。

在诸如火灾、洪水和沉降等复杂的索赔中，不可避免地会存在一定程度的线性思维。这种线性思维在每个决策点创建所谓的数据点，并帮助创建数字处理路线图。每个决策点或"节点"允许通过一组业务规则创建某种形式的决策树方法，并使索赔能够跳转到下一最佳步骤。例如，洪水造成损失后开始进行维修时房屋足够干燥吗，或如果是地面下沉，进行房产维修时周围的境况是否足够稳定？

展望未来，存在单一的线性过程吗，或者这种过程会依赖于客户本身吗？他们可能希望更加积极地参与到保险公司的每个决策（或所有决策）中。也许某种类型的客户将选择参与过程中的每个决策，并且需要在每个决策点进行咨询。另一种类型的客户可能决定将所有事项委托给保险公司解决。也许第三种类型的客户将根据所涉及决策的重要性寻求以上两类混合的解决措施，而其他客户可能会因为过于担心而不断地寻求其他意见。

参与的性质也可能受到客户年龄的影响。年轻的投保人可能会采取不同的方式，对老年客户的要求也不同。一种规模和一种过程不太可能适应所有情况，这可能会使原本复杂的工作环境变得更复杂。

5.5.3 供应商生态系统的重塑

现有流程具有受专业资格、经验、关系所有权、方向程度和信息流影响的隐含层次。由于共同的共享数据（结构化和非结构化数据），通过供应链提高信息传递速度和更大程度的协作将开始彻底改变供应链，并将其从线性方式转向更加协作的方式。

目前涉及的定期合同以及标准维修费用的采购方式可能会消失，通常是数量折扣（例如，1平方米天花板涂漆的"单位成本"）的方式，进而有利于所谓的"索赔交易"。在这种交易中，根据开展工作的需要，可以向通过初审的供应商提供维修机会。这一想法已经存在了10年，像远程信息处理一样，当前的时机更好了，因为如果不存在反竞争行为，保险公司更可能采取合作措施。例如，英国的索赔和承销交易所是一个协作数据库，负责将索赔数据交换作为反欺诈行为处理。

"索赔交易"为索赔履行提供了新的模式。使用合理的方法，保险公司可以向预先批准的供应商授予工作，直到这些供应商达到财务限制。当然，这不是一种无缺陷的方法。供应商可能仍然有希望赢得订单，然后通过分包商安排或其他效益为自己创造利润。这也破坏了通过保险公司提供的索赔服务来区分保险公司的想法，但投保人对其期望的服务具有最低的期望值。无论如何，许多领先的索赔管理供应商都在为多个客户提供服务，提供差异化服务的任何假设都是运营方面的一厢情愿。

总体而言，索赔过程中所需的基本任务可能仍然存在，但可能会通过生态系统的其他部分进行重新分配。数据分析可以作为技术把关人以防偏见产生。同样，保险公司被迫开发供应链管理以作为核心竞争力，从而避免欺诈，改善客户服务并优化采购杠杆，保险供应商管理人的角色也有可能发生变化。

供应商的预先批准可能取决于：

- 供应商开展工作的技术能力；
- 在整个供应商生态系统中进行协作的能力；
- 适当的财务控制和约定上限；
- 风险缓解流程；
- 面向客户的态度；

■ 数据分析能力。

在所有这些因素中，协作能力可能是最重要的因素。然而，如果保险公司相对传统，并且变革较慢，则可能需要强调"谨慎"这一因素，而建筑行业可能更慢。考虑所有情况之后，维修过程是否仍然取决于变革最慢的企业的共同特征，实际上是个人还是"独立商人"在执行工作呢？

已经有变革的迹象了。主要的维修公司未来变得越来越数字化。新的关系将出现，从整体来看这些关系会超过部分的总和。与具有明显不同的技能和能力的企业合作，参与者可能更冒险。供应商生态系统中的所有人都面临着展示其附加价值的挑战。如果他们无法展示自己的附加价值，他们就是脆弱的。数字化维修供应商的时代即将到来。

5.6　检查的级别

除了那些被认为对早期检查至关重要的索赔之外，保险公司仍然可能保留一些检查制度。它们面对什么级别的挑战，就会检查什么类型的索赔，也具有相应的价值和位置。

检查不是免费的。如果在企业外部进行检查，那么通常需要考虑一些费用，根据损失的大小和类型来确定是固定费用或变量费用。内部现场人员进行的检查也增加了运营成本。此外还有一个基于资本的支出回报（ROCE）的附加成本，即在其他地方可能投资的资本回报的损失。因此，对于保险公司而言，重要的是要明确投资回报或 ROI 以及如何最好地部署现场人员。

现在的趋势是保险公司建立一个财务"修剪"级别（financial "clip" level），在相应的数字下有不同的检查方法。这种广义划分方法缺乏提供最佳结果的粒度，以及在决策过程是否提供检查更大敏感度的数据分析方法。它还取决于初次调用时提供的信息的准确性，以及决定进行检查的依据是什么。

由于天气因素可能会使这些检查的安排具有"弹性"，并且事先预测后果的能力明显地涉及数据分析性质的过程。保险公司可以使用预测技术来预测检查程序变更的影响，它们还可以预测修改其程序的损失率的结果（这是一种关键的业务指标）。保险并非静态的行业，它不断受到供需不平衡的影响，尤其受到现场人员的影响。当发生危机时，例如，在一场重大的天气导致的事故中，保险公司不仅需要采取敏捷的行动措施，而且还要提前预测结果，以避免意外。

5.6.1　储备金

索赔程序的早期部分之一就是设置"储备金"，简言之，储备金是保险人根据索赔要求支付的款项。储备金可能代表单一的大量单项金额，或者代表很多小额（有时并非小额）索赔的积累额。它们非常重要，因为它们被视为保险资产负债表上的负债，并且代表将来某个时间的付款。

数据分析方法可被用于预测每个索赔损失的概率，即所谓的"自动储备"，然后进一步进行改进。改进可以基于索赔处理人的判断或基于过去的趋势预测未来。这两种方法都存在缺点，并且有时会导致称为"储备蠕变"的现象。这是预期的维修成本随着时间的推移而上升且不断增加的原因，这通常是由对索赔过程缺乏控制或最初的预估不准确造成的。

人们越来越多地通过使用预估软件来更准确地确定储备进程，从而创建更详细的评估。这些评估可能构成工作指导（或"工作指令"）的基础，但同样可能有助于预测损失大小，从而有助于储备金的设置。

大多数系统已经出现于北美市场，最初旨在通过更好地预测风险值，确保保险处于适当的水平，且没有损失保费。[4] 房产损失成本的预测工具可以在一定程度上对欧洲市场进行本地化，但这不是一个容易的过渡。北美的房产类型和风格比较标准，材料变化较小，而在世界其他地区，由于使用当地材料，所以存在较高的不一致性。

一些软件公司试图引入一种数据分析方法，表明在水下 300 毫米维修房产的可能成本是 x 英磅，然后倡导保险公司专注于管理任何成本的异常值。可以说，在一代人中，基于高级分析的这种能力在某种程度上是很常见的。

复杂性不仅出现于建筑材料和成本上，还出现于质量标准中。人们普遍认识到至少有 4 种质量等级。

■　经济型——根据符合所有必需的当地法规的标准计划建设房产，并意图以低成本出售。

■　标准型——标准设计和计划的施工，工艺水平略高。它们符合最低规范，在某些领域超过最低规范。这些房产作为英国的代表，以餐厅为例。

■ 定制型——通常这些是非标准的住宅，材料和工艺超过最低标准，装饰精美，经常配有特殊用途的房间，如餐厅或"家庭房"。

■ 豪华型——通常是超过当地法规的建筑设计房屋，具有豪华的特点、特殊装饰和特殊的房间，如媒体室和健身室。

随着数据分析的使用，保险公司和其他企业将越来越多地考虑到建筑物之间的标准差异，并允许它们进行维修或保留评估。早期，人们可以管理平均成本并了解差异，这对于房产标准变动而言是一种广义的划分方法。维修成本管理中对更高水平的粒度需要越来越重要。

当保险公司考虑维修费用时，可能不仅需要考虑位置、工人和物资的供求问题，还要考虑适用于维修的标准。这是仅满足必要的本地维修规范的最低标准之一，还是主观性开始扩展？而如果主观性是一项重要因素，例如房产所有者的具体态度，那么在数据分析计算中如何考量这种因素呢？

也许通过开源数据获得关于房产类型的更多信息，保险公司将能设置一个房产"标准"，而无须参观介于"经济型"和"豪华型"之间的房产。仅从外部测试对房产内部的质量进行实际评估是不可能的，但可能会提供某种形式的指标。

5.6.2 营业中断

除房产损失之外，商业环境中的保险公司还关注营业中断所带来的损失。这也称为后果性损失。通常根据业务的性质、毛利或营业额以及"中断期"（是指营业可能受到影响的时期）安排必要的保险。任何增加的工作成本，即加班维持生产也可能属于这种类型的保险。

发生重大事故（如火灾）后，营业中断的索赔可能受到以下影响。

■ 建筑物的破坏程度，可能需要拆除和重建。

■ 设备和专用机械的更换。

■ 库存的更换。

■ 供应商和客户群的恢复。

当发生索赔时，通常由专家（会计人员）调查这种损失。这实际上是一项财务工作（根据保单政策范围的情况进行），会计人员和其他专家经常使用电子表格进行分析。虽然他们通常利用验证方法能够得到充足的结果，但通常存在关于增长、市场条件、竞争环境等因素的假设的讨论和协商的余地。协商过程的复杂性往往导致最终的解决方法的延误，而且通常是时间延迟（而非金额本身），这对于重建企业至关重要。

越来越多的企业正在使用更复杂的数据分析工具来管理它们的业务，如滚动式预测和"沙箱"分析，并且能以非常复杂的方式剪切和分割数据。诸如Forester 等分析师表示，使用财务绩效管理工具来解决管理、规划和预测过程方面的趋势快速增长的问题。他们指出，金融专业人士不能仅仅依靠电子表格[5]，并表明由于软件即服务（SaaS）的可用性，这一进展将越来越普遍。

极为重要的是，保险公司及其专家在分析重大事件的影响力时，可以具有与投保人一样良好的分析能力。咨询公司 Camford Sutton 于 2015 年 4 月在英国金融市场行为监管局[6]的一份报告中，针对超过 5000 英镑的"第一方"索赔对 SME（中小企业）进行了 100 次采访。所有这些都是表达不满的商业案例，在这些案例中，有 20 个案例被更详细地调查。这是一份有用的报告（尽管参与人数相当有限），这份报告似乎表明保险公司的索赔处理中出现了一些趋势，如下。

■ 解决问题缺乏主动性和驱动索赔的结论。

■ 延期超过 12 个月的赔偿期限，超出业务无法索赔的期限。

■ 临时付款的有效利用，但在某些情况下，投保人需要"请求"现金支付，并期望其银行通过此过程支持业务。

与这一背景报告相反的是有趣的"80% 传闻"和"80% 的企业在重大事故发生的 18 个月内都倒闭了"。连续性中心（Continuity Central，关注营业连续性问题的网站）审查了这一传闻，引用了 29 个参考点，它们得出结论：统计数据"已被大量回收利用"，最近的统计数据似乎"没有太大意义"，无法找到"来源"——作者甚至暗示"80% 的传闻"被打破了。[7]

在索赔过程中，时间和成本之间似乎存在相关性——索赔时间越长，成本越高。针对现代的财务绩效管理工具有一些争论，如果这些工具由保险公司及其代表使用，则不仅能够加快结算速度，还可以以更低的成本解决索赔问题。这样做，受影响的企业可能不会受到太大的影响，并且能够更快地开始交易。这对各方而言都是一件好事。

5.6.3 代位追偿原则

代位追偿的过程,也被称为"追索"过程,如果第三方出现事故并受到伤害,保险公司可以从第三方收回资金。实际上,作为保险合同的一部分,投保人签字放弃了他们的合法权利,并允许保险公司站在投保人的立场对"其他人"采取措施。这些行为可应用于那些妨害、过失、合同或其他法律补救措施涉及的第三方。该过程也使投保人不需要在收到保险赔付之后,去单独起诉第三方。

这种代位追偿通常非常复杂,尽管以其最简单的形式发生,(例如)每当出现车祸时,都会发生代位追偿,在这种情况下责任归因于其中一方或由各方共同承担。有时存在公司间协议,但如果某家保险公司具有比其他公司关于汽车商务更大的账簿,这些公司间协议可能就存在争议,且互惠协议是不平等的。

除汽车索赔外,火灾、洪水、滋扰和过失也可能出现追索诉讼,它的成功将取决于事件的情况和证据的数量。有时来自法科专家的鉴定材料会用来尝试并确定事件发生的逻辑。

追索诉讼是耗时且代价高的。保险公司经常采用核对清单来确定成功行动的可能性。律师的胜诉费——只有成功后才支付——最初被视为灵丹妙药,但目前被视为清单法的延伸。律师很快调查事实,并做出是否追究的决定。虽然从表面上看这似乎是一个明智的做法,但有时候对事件缺乏反应意味着不会"阻止"第三方在将来重复采取行动。数据分析方法可以通过更深入地了解成功的可能性来促进成功收回的程度。

大数据在这方面的影响也很有趣。只要可以合法受理附加信息,其他结构化和非结构化信息可能有助于增加代位追偿的机会。简言之,在法律案件中对"过失"的检验是一个人是否知道或应该知道他们的行为可能会造成伤害或损害。公共领域信息量的增加可能开始强调这种情况的检验。可用的信息量是否意味着一个人更有可能知道可能会发生的伤害或损害?一个人的职业和他们的互联网使用会不会越来越多地成为决定"过失"的因素?而如何在个人和专业层面提供更详细的洞察力以改变法律环境?

有人建议,更有效地使用数据分析可能有助于改变追索(或代位)过程的前景。不同于需要证明"超出合理怀疑"的犯罪活动,保险公司的大多数行为是以民事责任的形式出现的,要求举证责任以"概率平衡"为基础。支持行为的开放数据可用性的增加可以提高信息混合程度以满足这种举证责任，但是在"证据规则"的基础上可能存在有关该信息的合法可采性的问题。

5.7 汽车评估和损失理算

理算和汽车评估是索赔流程的关键部分，它们也受到大数据分析的影响，但影响方式不同。这两种行业都是长期存在的。涉及诸如 AIEA（汽车评估机构研究所）、CILA（海损理算师租船学会）等专业机构，不仅要求代表其成员，而且还要建立被视为各自领域能力证明的资格水平。就这两个方面而言，由于汽车快速的"数字转型"，汽车评估可能经历两个行业中早期的最大流程变更。

就历史观点而言，应指出的是，房产索赔管理在技术方面往往比汽车发展缓慢。这一部分是市场成熟的问题，但同样反映出，尽管进行持续的改善，与汽车股票相比，房产股票的标准化水平不足，但两者仍具有较大的相似性。实际上，许多汽车零部件可以用于不同的品牌，并能实现一定程度的标准化。

5.7.1 汽车评估

传统的汽车评估员或汽车工程师角色是检查汽车的受损情况，与汽车车体修理厂协商范围与价格，并商定决算账户。尽管该过程更加自动化，且远程检查逐渐成为可能，但这种传统的功能仍然存在。操作方式是，最初协商明显损害的程度，将由于意外损坏造成的任何额外或补充费用考虑在内，核对决算账户，然后签署文件。

随着供应链管理和采购技术地不断发展，维修人员的利润不断减少，供应链面临压力。中间网络管理人员的存在削减了总成本，加上不时的退税，增加了汽车车体修理厂的成本压力。

总体而言，由于改善的驾驶条件和安全标准，修理费越来越少，但仍然需要考量其他方面，通常如下。

- 车辆设计：安全带、维护、稳定控制。
- 道路设计：交叉路口、路面、照明、标牌。
- 司机行为：速度、中毒、物理损害、年龄、药物使用、注意力分散。

无论真实的原因如何，总体而言，修理厂的修理量减少，已经出现对买方（通常是保险公司）有利的供需不平衡趋势。转换成本低、竞争激烈、利润率低、忠诚度有限。因此，一些声名狼藉的汽车车体修理厂利用任何存在的机会，以优化与保险公司或网络公司签订合同的不足工时，进而从系统中榨取更多的钱。数据分析的有效使用可以在这一业务领域的索赔成本控制中发挥重要作用。

汽车评估员的角色也从审核员转变为更具司法鉴定性质的角色。他们在收集证据以调查通过汽车事故获得的人身伤害索赔中发挥重要的作用。远程信息处理也逐渐成为该"工具库"的一个组成部分，但只是可用的工具之一。

远程信息处理技术只是汽车行业的一项新技术开发。汽车转型中的典型元素包括提高安全性的各种能力，但这增加了车辆本身的复杂性。例如：

■ 紧急制动和碰撞预警系统（2014 年梅赛德斯－奔驰 C 级）；

■ 基于热影像改进的夜视助手（奥迪 A8）；

■ 驾驶员疲劳检测；

■ 360° 相机；

■ 主动泊车辅助系统。

除此之外，车内还有许多其他软件系统，最突出的是娱乐中心、GPS 和电信设备。车辆整体增加的复杂性可能会持续下去。物联网将不可避免地对社交媒体整合的问题造成影响。所有这些因素都可能导致人员、车辆和运输系统之间目前难以想象的组合和相互作用。毫不奇怪，像福特这样的公司将自己称为"移动供应商"而不是汽车制造商，而且全连接汽车的时代正在到来。

在这一阶段，自驾车的话题很容易被提及，虽然有些人可能会认为当前考虑这个话题太投机取巧了。然而，有趣的是，汽车制造商甚至可以将 GIS 和路线与广告收入联系起来，实际上是一个企业被授予了"运输—感知实体广告转换"专利（专利 8.630.897）。[8]

对汽车保险业而言，这意味着在汽车事故中，只有明显的损害才是唯一的问题。车内的电子部件可能断开或被干扰，只能在故障之后确认其损坏程度，从而大大增加了维修成本。由于汽车变得比以前复杂得多，修理汽车的情况越来越多，就如同修理电脑一样。汽车评估员所需的技能总是会变成法医科学家和计算机工程师之间的交叉点。随着软件工程师团队对车辆的分析能力的不断提高，制造商内部也逐渐发生变化。大部分的重点是保修管理和预防性维护，但这只是未来的一种迹象。

这些变化不仅会影响电机工程师，还会影响修理过程。传统上注重汽车修理的汽车车体修理厂将会发现其在技术方面的维修能力的不足。事实上，如今一些汽车所需的技术可能比早期登月任务中使用的技术更多。

可能会出现以下 3 种事件。

1. 当利润率低的时候，对修理厂进行大量投入以应对车辆的技术变革。这可能会促进汽车车体修理行业的进一步整合。

2. 出现专业分包商，专注于车辆维修的技术要素。

3. 维修将逐渐由制造商自己做，不仅处理技术问题，还要保证保修。

如果发生后一种情况，这是最有可能的情况，那么这会进一步加固保险公司和制造商之间的关系需要进行改变的论点。

5.7.2　损失理算

虽然损失理算行业声称其传统可以追溯到 17 世纪[9]，但在 1940 年第二次世界大战期间，房产损失理算人的职业开始出现，为研究敌方炸弹造成的损害，于 1941 年成立火灾损失理算人协会。这一职业在 1960 年获得了英国皇家宪章，目前代表受雇于保险公司的独立专家和众多其他专家。他们的作用是"理算"由于火灾、风暴、洪水和其他被保险人的风险而造成的损失。"理算"一词是不吉利的，因为它创造了一个虚假的概念，即所提交的索赔将会被"理算"或减少。在这一职业的早期阶段，许多企业将自己描述为"理算员、估价师和测量师"。Selfe and Co of London 是当前全球最大的理算公司 Crawford 的前身之一，早期它们将自己描述为"注册估价师"。

如今，与上述讨论的汽车工程师不同，理算人的作用是广泛而深入的，其职业专长从高价值的处理，到复杂的房产索赔、法律责任问题以及因业务活动中断间接造成的损失影响。该行业分布于大型供应商和许多具有特殊专长的较小型独立公司中。

损失清算市场很大。在"View from the Ridge"2011 年的报告中，Stone Ridge 咨询公司估计，美国市场的损失理算服务（包括专家律师和索赔管理公司）的规模约为 35 亿美元。在了解美国保险市场占全球市场约三分之一的情况下，这使全球损失理算市场的总市场规模在 100 亿美元左右。欧洲市场占全球市场的三分之一，而英国占欧洲的 25%，因此，英国损失理算市场的价值达到 9 亿美元，即 4.5 亿英镑（相比之下，这与英国搜索引擎行业的规模大致相当，价值为 5 亿英镑[10]）。

整体而言，这是一种在数据使用和数据分析方面似乎是被动而并非主动的行业。当然有证据表明，使用数据分析来管理单独理算人和分支机构绩效，在收入水平和能力方面均符合保险公司根据合同条款规定的协定服务水平协议。然而，这些数据分析整体而言主要是描述性的而不是预测性的。如果索赔过程中存在任何预测因素，那么这就在保险公司对 FNOL 的责任范围内。由于保险公司日益提高其数据分析能力（有些甚至普遍考虑认知能力），这将增加保险公司与损失理算公司之间的经营差距。这样可能使索赔第一时间损失通知或整个索赔程序外包给损失理算社区而不是给更有分析意义的企业。

理算人员的主要工作是访问现场，其工作量总是变化的，明显的供需不平衡出现，在理算过程中更有效地使用数据分析实现分类过程似乎是非常必要的。然而，与保险供应链的其他部分一样，利润相对较为紧张并且对数据分析的投资需要健全的基础。具有前瞻思维的理算企业可能需要考虑与分析专家企业的联盟，而不是试图自我构建新的分析能力。

5.7.3　房产索赔网络

如果理算人的角色有可能发生改变，那么房产维修网络管理人的角色也是如此。考虑所有情况之后，仍然需要有人进行维修。

英国维修网络的发展主要出于两个主要原因。一是减少欺诈，二是创造采购杠杆，也可以将客户服务考量作为第三个原因，但这可能主要是为了"掩盖"成本控制和欺诈管理的关键保险公司的优先事项。房产网络管理的模板来自汽车维修市场发生的事情与公共部门经验的结合。在这一部门，负责费率表和严格服务业绩指标的专业维修人员根据定期合同进行社会住房维修。

这种做法虽然带来了成本控制的一些好处，但也带来了一些问题。维修成本实际上是两个因素的组合：其一是确定工作范围，其二是应用正确的比率，第一个主要问题是，维修人员对现有制度的新挑战。实际上，维修人员表示，理算人或索赔检查员没有足够的资格或经验进行令人满意的范围界定工作，而这部分索赔更好地由维修人员负责。这在一定程度上取决于理算人是否是合格的建筑专业人员，或者是否通过了更普遍的资格认证。

如果维修人员能承担范围界定和定价的责任，则不仅能做出更准确的判断，而且还能节省派遣检查员或理算人的费用。对许多人而言，这就是公认的将狐狸放进兔窝。这些问题涉及理解索赔价值链的真正问题，在哪里且如何最好地执行这些要素，如何有效地实现而不造成利益冲突？

影响服务和质量的第二个主要问题是分包修理。这就产生了关键问题，其中之一是实际执行工作的人员可能远离网络承包商的价值观，甚至远离保险公司本身的价值观。许多网络维修人员依赖分包商生态系统管理供 / 需不平衡的工作量负担，尤其是在工作量巨大的时期。

最后，保险公司越来越认识到，在企业边缘经营的商人进行了大量的房产维修。偏离重心带来多重操作的缺点和风险。在许多情况下，它们无法对个体经营者进行数字化管理，这是值得怀疑的。因此，保险行业可能会从有效运行全数字化解决方案的维修公司中获益。此外，它们也可能会丢失在与最终客户的界面点收集有价值的数据和信息的机会。

第三个主要问题是向承包商付款，尤其是个人维修成本与个人索赔之间的协调。索赔级别的付款至关重要，它方便保险公司可以通过风险和位置检查维修成本，从而更好地承保并进行更准确的定价。在许多情况下，这一工作通过电子表格分析和手动对账完成，但这既昂贵且准确性不高。这种协调进程的延误不可避免地导致了最终确定索赔的延误，不一定是对客户也是对保险公司本身。这延长了文件在被关闭之前的失效时间，从而造成记录错误。延期付款也随之而来，导致供应商的不满。

所有这些问题都基于近 30 年的房产索赔程序的一部分背景。毫无疑问，在某些情况下，承包商网络的方法增加了一些价值，但是由于拥有更多的洞察力和成本控制，可能会发现这是高射炮打蚊子——大材小用。

鉴于这一点，保险公司可能会逐渐重新考虑，与管理网络成本相比维修人员网络提供的价值。数据分析洞察将越来越多地允许保险公司以更准确的方式预测可能的维修成本。索赔中可能会出现趋增的"兑现"趋势，而不是采用维修人员模式，毕竟，这种模式主要是作为反欺诈解决方案创建的。这似乎遵循美国的模式，也许会越来越受到美国技术的普遍影响。虽然并不明确，但为了避免承担任何问题的责任，美国保险公司似乎总是害怕直接任命维修人员。英国和欧洲的保险公司似乎很少担忧这种风险负担，但是我们知道，改善的数据分析可能是房产维修网络结束的催化剂。

除此之外，在客户分析领域，不同类型的购买行为已被确定。这些购买行为不可能以某种方式与索赔过程行为联系在一起，这是很可能的。在购买时热衷于自助服务的投保人更有意愿亲自参与索赔过程，这包括选择维修人员吗？从属的投保人是否同样准备将事宜交到保险公司手中？

对于那些决定保留维修网络作为客户服务的保险公司，网络本身（及其参与者）可能会发生变化。网络维修人员将成为虚拟保险企业的一部分，实际上数据和信息可能在关键利益相关方之间流动。维修人员将以今天他们感到陌生的方式进行跟踪和监控，并可能造成一些阻力。这仍然需要有质量、范围和价格控制。

可能有以下 3 个潜在的转变。

1. 网络管理员会发现更重要的是能够证明他们正在增加价值。如果他们不能证明在无比例失调时这一价值正在增加，那么他们的角色和整个网络方法本身就必然会受到威胁。

2. 作为虚拟企业的一部分的维修人员将需要更积极地参与，因此，他们与保险公司的直接关系将会得到改善。这必须在实际可能的范围内延伸到分包商。线性、层次关系将日益扁平化，维修过程将日益大众化。

3. 除非房产网络以某种方式进行转型，否则保险公司将通过恢复现金结算来设法降低运营风险。

对于依靠维修网络收入作为更广泛的金融组合的损失理算公司而言，它们可能会关注这种收入流受到影响的可能性。有些人总会看到理算职业再次受到过去的威胁。理算是一个创业产业，它在历史中不断重塑自己。应对新的数据分析环境的挑战，似乎强制更多的运营和财务透明度，为更多的前瞻性思维创造了潜力。创业公司和个人将需要深度思考自己的商业模式，并重新设想大约10 年后的理算和房产维修。

福特已经从汽车制造商转变为"移动供应商"。房产维修行业类似的转型是什么？

5.7.4　网络安全索赔的理算

在 2015 年英国商业、创新与技能部的研究中，PWC 对网络安全事件和趋势进行了调查 [11, 12]。他们的主要观察如下。

- 安全漏洞的数量、规模和成本几乎翻了一番。
- 10 家公司中有近 9 家出现了安全漏洞。
- 人们有可能如同恶意软件或病毒一样造成漏洞。

2015 年，只有少数理算公司为网络安全造成的损失提供服务。由于网络安全漏洞而造成的损失威胁已经发生在我们身上。网络安全保险仍处于成熟的早期阶段，尽管这一险种已经在美国存在了 10 年。保险范围已经涵盖信息的丢失，但是在这个新时代，数据泄露的影响还有待进一步研究。在审查中，PWC 将两个主要关注领域确定为：

- 保护客户的信息；
- 保护企业的声誉。

大数据似乎带来了巨大的风险和潜在的巨大损失。报告指出：

- 对于小型企业而言，事故的平均总成本介于 75 200 英镑 ~ 310 800 英镑，耗时 2 ~ 12 天；
- 对于大型企业而言，事故的平均总成本介于 800 000 英镑 ~ 2 100 000 英镑，耗时 4 ~ 11 天。

随着网络风险的增加，网络保险的使用也将成为防护机制的一部分。目前，在这个相对较新的行业中实践的专家似乎主要来自于 IT 领域，他们主要熟悉技术问题。然而，未来的新损失可能对业务线有更大的影响，而且本质上更为复杂。未来的网路保险调查员是否会精通营销、资产维护或供应链管理？

正如 20 世纪 70 年代初期经历的那样，英国保险公司为"建筑下沉"（由于地面运动造成的建筑破坏）提供保险，事后看来，早期的保单条款有些薄弱。因此，英国保险公司最终发现自己多年来提出了大量索赔要求，已超出了承保的意图。

承销商也同样需要谨慎，它们的网络风险新条款可以为客户提供适当的保护，但不能因为非计划的索赔而敞开承保的大门。在保险条款和解释方面可能存在不确定性的情况下，也许可能需要专业理算人员和律师，而在这方面，似乎正在出现全新的一系列市场机遇。

5.7.5　理算时的人口定时炸弹

理算行业已经意识到人口统计学的存在。许多现有的从业人员不仅在其职业中不断进步，而且在未来几年依然如此。新的参与者正在加入该行业，但是如果他们希望充分投入该行业，那么等待他们的就是漫长的资格考核。当他们完全合格时，索赔环境很可能已经发生变化。客户，即投保人也将发生变化，并将变得更具数字化意识。除此之外，客户对保险公司和中介机构的态度也将从现在开始转变。如果我们考虑什么是"数字客户"和"数字保险公司"，那么我们还应该考虑"数字化理算人"。

"虚拟理算人"的概念已经存在，也就是说，图像可以被捕获并被转发给中央理算局，专家在那里对保险公司的损害和责任范围进行评估。使用无人机进行远程检查在技术上已经可行。新技术将为拥有位于各地区的保险公司的不合格代表敞开大门，提供"现场处理"能力。行业如何应对这种明显的去技能化或再培训，将是该行业需要考虑的重大问题之一。

客户对未来的索赔服务要求也可能会改变，这也将对理算过程产生影响。"自助"理赔管理的概念已经在考虑之中，而且在美国有一个试点计划。该提案通过启用实时视频、索赔人提供的照片和音频，将保险索赔理算过程的控制权放回索赔人手中。据说这种新方法消除了对理算人的需求，加快了索赔结算速度，显然最大限度地减少了欺诈风险。

认知计算也可以为理算行业的技术损失提供一个答案，因为更多的高级职业人员离开并且不会以类似的方式被替换。责任决策可能会变得更加自动化，更快地进行责任认定，并具有更高的一致性。专业理算人的角色变为自动分析决策的验证之一，并 / 或提供"人脸"的保险。

与其他职业一样，理算人（和其他人）将这些技术视为推动力，而不是一种威胁，这是极为关键的。理算人在保险行业"只有一个"职业，他们将会感受到数据分析革命的影响。

注释

1. Castellain v Preston [1883] 11 QBD 380，第 386 页．

2. 伦敦市警察保险欺诈执法部，侦缉总督察 Angie Rogers．

3. Trend Tracker．"2015—2020 年英国车身修理市场的未来"．英格兰：Trend Tracker Limited，BA13 4AW 发布．

4. Wells, Peter 和 Marshall & Swift/Boeckt 的编辑．价值保险：满足关键需求．辛辛那提：国家保险公司，2007．

5. Hammerman, Paul D., Gilpin, Mike 和 Angel, Nasri．"2013 年第 3 季度福雷斯特财务绩效管理"．由福雷斯特研究公司发布，2013．

6. 中小企业文件评估结果报告的商业保险索赔．金融行为管理局坎福德萨顿协会，2015 年 4 月 15 日．

7. Mel Gosling 和 Andrew Hiles．"营业连续性统计：当传闻遇见事实"．

8. Koehler, Thomas 和 Wollschlaeger, Dirk．汽车数字化转型．帕滕森：媒体制造商，2014．

9. Cato Carter, E. F．"损失理算职业的起源"．伦敦：(未公开——由 Beryl Jolley 转载，Cato Carter 版权所有)，1979，．

10. Hird, Jake 和 Warren-Payne、Andrew．"2012 年 SEO 机构买家指南"．由 Econsultancy 发布，2012．

11. Simpson, Andrew G．"ACORD 命名两个保险创新挑战获奖者：生命、保险"．

12. H.M. 政府和普华永道．"2015 年信息安全漏洞调查。技术报告"．伦敦．由 HM 政府出版．Crown 版权所有，2015．

Analytics for Insurance
The Real Business
of Big Data

第 6 章

数据分析和营销

据说任何业务都只需要两种能力——创新和营销。与本书其他章节一样，营销本身就是一个完整的主题，有很多精品教材和资料可以补充读者的知识。营销分析与保险公司越来越相互关联，通过营销分析保险公司可以获得越来越多以客户为导向的信息，帮助企业更好地了解最有效（和有利可图）的渠道、产品或服务。这些信息也有助于改善客户体验。

保险公司通过其销售和服务流程获得的信息来越来越多地了解终端消费者的特征。当添加其他非结构化信息（如社交媒体）时，有助于为现有或潜在的客户提供更丰富的图片和潜在的销售机会。虽然客户分析可能看起来与零售保险相关，但是理解以下内容后，在B2B中使用营销分析仍然是有效的。

- 作为个体的潜在购买者以及影响他们的主要驱动因素。
- 企业内部的其他关键利益相关者可能是关键的影响因素。
- 涉及年度报告或投资者介绍的业务性质和特定的业务问题。
- 与业务客户的运营环境相关的具体问题，例如可能出现的新规定。
- 竞争环境的影响、技术变化和一般的市场趋势。

保险营销人员还需要清楚他们的公司在收入或盈利能力增长方面追求的目标，以及如何实现，因为这将影响营销为自己的业务创造价值的方式。根据这种财务观点，他们将能够独立或与他人合作了解如何根据业务线分配额外的收入或利润，并相应地制定"走向市场"策略。

零售保险环境经常使用营销分析，以了解买方细分，并了解哪些可能是"目标"细分的人群，它们也许根据年龄、人口或地理位置进行细分。通过这种洞察力，市场营销人员可以相应地开展活动，并采取有效的措施进行应对。

并非只有保险业在客户参与中使用营销分析，事实上它是公认的过程。毫无疑问，因此，保险公司和其他金融服务机构寻求零售商和其他面向客户的行业，以了解如何最好地吸引新客户并保留现有客户。事实上，这种想法不仅仅限于寻找——保险公司也从零售、媒体和其他相关行业招募分析型的营销人员。

保险公司的首席执行官了解到，接近客户是成功的关键因素。2010 年 IBM CEO 调查《把握复杂性带来的商机》[1]表明，90% 的保险 CEO 认识到逐渐接近客户是他们的首要任务。目前，经过 5 年的发展，除了技术的不断进步之外，没有任何理由能改变这一"咒语"，而大数据议程获得了更高的立足点。除此之外，客户群也已经成熟，实现了与移动技术的更多联系，他们更多地利用社交媒体来表达关注或满意度。

远程信息处理技术等新方法的出现，不仅为新客户群开辟了门路，而且对现有的客户造成了威胁。所谓单次旅行等特定事件的"一次性保险"自然也适用于"一次性"生活方式活动。另外，令人吃惊的是消费者并没有受到长期财产保险政策的吸引，这些保险在许多方面都复制了人寿和养老金产品的耐久性，而且通常由同一个保险公司提供。简言之，保险公司是否对未来能够提供任何形式的长期财产保险产品感到不舒服？最广泛的营销分析可以使保险公司采纳更长期的观点，这样可以为客户提供更稳定的关系吗（也许采取某种形式的附加条款）？采取这种长期的做法是否可以减轻客户流失和持久性的长期挑战？

保险营销领域的客户分析是多方面的，但纯粹主义者可能会合理地认为"价格、产品、促销和渠道"的"传统"4P 仍然是营销的本质。有效营销的核心是在合适的时间和合适的价格上，将合适的产品投到合适的人面前。数据和技术的使用总是允许保险公司在新技术时代更好地了解这些参数，并以更大的信心和成功来展现这些参数。

现代保险营销的综合方法需要涵盖以下内容。

- 客户获取和保留。
- 社交媒体分析。
- 客户细分。

- 促销策略。

- 品牌和定价策略。

- 服务提供的影响。

- 新产品的快速开发。

- 数字时代的多渠道 / 全渠道的影响。

6.1 客户获取和保留

保险公司的关键成功因素不仅在于获取新客户，还在于保留新客户。保留客户，保险公司也热衷于确保现有客户从它们的公司购买新的和"延伸"的产品。这一过程称为交叉销售和向上销售。简言之，这表明如果一个客户已经拥有一个保险产品和保险供应商或"承保单位"，并且由于某种特殊要求（如生活方式改变）需要购买额外的保险，那么他们的原保险公司是他们的首选。

客户保留对于保险公司而言仍然是一个大问题，尤其是在饱和的市场，而且对于许多客户而言，购买保险仍然是价格敏感的问题。

2008 年 Pitney Bowes(必能宝) 报告《缺陷动力学》[2] 提醒人们客户保留是许多行业面临的挑战，而不仅仅局限于保险行业。表 6.1 和表 6.2 摘自该报告。

表 6.1　行业客户流失率

流失率	欧洲	美国
您的主要超市	31.4%	32.9%
互联网服务提供商	26.2%	38.2%
手机提供商	25.3%	11.7%
汽车或房屋保险公司	19.4%	12.6%
银行	19.2%	25.3%
主要的信用卡发行人	9.2%	20.6%
旅行社	10%	2.9%
公用设施提供商	5.1%	12.2%
各行业平均水平	18.2%	19.6%

表 6.2 问题——您在过去一年中变更了以下哪些提供商

	意大利	法国	西班牙	德国	美国	英国
主要超市	36%	34%	32.4%	27%	32.9%	27.4%
互联网服务提供商	25.7%	22.6%	29%	29.2%	38.2%	24.6%
手机提供商	22.6%	21.1%	23.1%	21.2%	11.7%	38.6%
银行	20.4%	16.6%	23.9%	16.8%	25.3%	18.3%
汽车或房屋保险公司	17.6%	16.2%	21.2%	16.8%	12.6%	25.5%
主要信用卡发行人	5.9%	7.3%	9.2%	7.1%	20.6%	16.2%
旅行社	12.8%	7.7%	14.9%	6.5%	2.9%	8.1%
公用设施提供商	0.7%	0.4%	1.2%	5.8%	12.4%	17.3%
各行业平均水平	17.7%	15.7%	19.4%	16.3%	19.6%	22%

考虑什么能让客户拥有忠诚度是很有趣的。康奈尔大学在 1998 年的《消费者观念模式》[3] 报告中，与 160 家零售商合作以确定最忠实的客户，并采取逆向思维，以确认忠诚度的以下 3 个主要原因。

■ 门店质量，例如就零售商而言，商店的布局和专用商店（例如面包店）提供协助的质量。

■ 价格和感知价值，特别是如果附近有竞争的类似商店，以及其他竞争性的地方。（其结果是，如果没有明显的竞争，那么定价对忠诚度问题就不那么重要了。）

■ 商品质量，在零售商被视为服务质量的情况下。换言之，消费者通过所提供商品的服务质量形成了对商品质量的看法。即使商品是一样的，如果服务不好，客户对商品的看法也会很差。

因此，迹象表明，无论商品质量如何，如果服务良好，那么客户的忠诚度将随之增加。《商业心理学》的评论作者[4] James Larson 简明地说："这里有一些经验，即重新回到服务质量的问题上。如果服务质量较好，客户的忠诚度将会提升。"

衡量忠诚度的关键指标之一被称为"净推荐值"或 NPS，即计算某个客户将会向其他人推荐特殊供应商的指数。如果保险公司的 NPS 高于其竞争对手，那么它们更有可能超越竞争对手，因此，它们更有可能获得增长。NPS 是一种相对简单的衡量方式，包括对单一问题的简单回应，例如："您向朋友或同事推

荐该公司 / 产品 / 品牌的可能性有多大？"答复可能在 0（根本不可能）到 10（很可能）之间。净推荐值是推荐（9 ~ 10 分）和贬低（0 ~ 6 分）之间的差异，7 ~ 8 分被视为中性或被动状态（这些被动被视为易于转向竞争对手）。

NPS 不仅仅是一个简单的指标。保险公司有效利用 NPS 可以推动人员流程和行为的改善，并且还可以支持管理人员优先处理关键活动。

然而，直接比较金融服务与零售商的主要困难是因为"商品"的无形性。根据 Bain & Co 2013 的报告《小额银行业务客户忠诚度》[5]：

平均而言，一家银行相对胜率一半的变化都可以被相对 NPS 解释——这是衡量银行是否赢得多于或少于其公平份额的客户的指标。

其他可能会影响客户行为的因素包括服务成本（通常以费用表示）、分行的位置、便利性以及最初开设账户的便利程度。

保险提案也难以建立客户忠诚度，因为许多客户是勉强购买保险，也是因为年保险周期中存在的相关职能的数量较少。为了解决这一问题，许多保险公司尝试通过以下方式提高客户参与程度。

- 在可能的情况下，通常通过竞争为其基本提议增加价值。
- 增加相关职能的数量，例如通过常规通信。
- 持续的邀请反馈。
- 提高面向客户的员工的素质和能力。

也许最重要的因素是提高上述零售调查提及的服务质量。即便如此，呼叫处理人或索赔顾问也面临着自然的挑战，对财产遭受严重损害或完全丧失的忧虑的投保人怀有充足的同情心。发生重大灾难（例如洪水）的情况可能会恶化，可能会导致对索赔团队造成压力的事件激增。

在 2014 年的《客户忠诚度》[6] 保险报告中，贝恩公司强调了 NPS 的重要性，但只有很少的保险公司通过采取行动来应对问题。它们的建议包括 4 个方面。

1. 确定重点。

2. 选择重要的"关键时刻"。

3. 通过价格获取客户，但通过服务和产品创新保留客户。

4. 加快数字化转型。

越来越多地使用移动技术为保险公司提供了获得数据和洞察力的更多机会，同时也增加了与客户的联系次数。联系是一把双刃剑，因为初次联系可能会更容易，同时也为保险公司确保及时和相关的联系带来了新的负担。过多的不相关联系可能会与客户"切断"关系，因为之前没有任何接触。

在《福布斯》杂志[7]的一篇文章中，国际客户服务专家 Shep Hyken 称：

"客户服务是新销路。它的确是。它在所有的相关领域创造一个更好的体验，而您给客户更好的体验。客户变成回头客，花更多的钱，并推荐给他们的同事和朋友。"

这里的含义很重要。这是一个提醒，所有参与客户服务的的人，无论是前台或后台，他们都在保险业务的成功中扮演了一个角色。市场营销现在仅仅对营销人员很重要吗？

虽然客户忠诚度和客户保留问题属于传统领域的普通的保险范围，通常是个人汽车保险和房产保险，但事实上，人寿和养老行业最近出现了不寻常的转变。2015 年，英国的养老保险公司面临着改革，使投保人可以在 55 岁之后撤出资金或"下调"资金。以前有可能永久获得存款基金的企业自身面临与许多一般保险公司相同的问题。它们需要了解并预测哪些客户可能希望提取储蓄。实际上，这与其他人身保险中客户流失的问题类似。英国人寿和养老保险公司预测客户行为的能力现在已变得越来越重要，它们渴望了解客户的提款倾向，并通过主动提供方便替代的接入产品来尝试和影响这一行为。

这些似乎都表明，所有的保险公司都需要更多地了解它们的客户，不仅仅是在持有的产品方面，而且还要预测客户将来需要的产品。它们还需要更好地了解客户采取某种行动方案的可能性。这些不是静态行为，而是动态行为，因为客户的行为可能受到生活方式变化、就业条件、健康或经济环境的影响。

随着年龄的增长，客户的行为或态度也会发生变化。无论 Z 世代有一天是否会醒来，并开始像 Y 世代一样表现，但分析师（和保险公司）必须认识到人类的转变性质。也许随着营销分析在客户流程中的发展，保险公司将越来越需要对决策驱动因素进行更多的心理逻辑了解。

6.2　社交媒体分析（SMA）

如果保险公司认为客户体验至关重要，则在保险公司的思维中客户在推广产品或服务方面的重要性也变得至关重要。NPS 从根本上说明客户是否愿意并能够成为保险公司的新的"营销者"，并向其他人推荐产品、服务或公司。各种社交媒体的使用和可用性越来越重要。

哈里斯公司[8]2008 年的一项调查显示，"87% 的客户经历了不愉快的客户体验后，将会停止与该公司的业务。"除此之外，84% 的客户将告知他们的朋友自己的感受。在这份特别的报告中，记录个人对负面的客户体验的反应非常有趣。根据该研究：

- 26% 的人咒骂；
- 17% 的人大叫；
- 9% 的人感到恶心；
- 5% 的男性说他们被打击了；
- 9% 的女性哭泣。

近 10 年来，几乎可以肯定，客户不仅会告诉他们的朋友，更重要的是他们会在社交媒体上发表言论。在不愉快的投保体验中，他们的情绪反应可能更加强烈。投保人可能很难在理性和情感上实现问题的平衡。如果保险公司告诉投保人，是索赔量导致拖延，毫无疑问这对投保人没有任何安慰。使用社交媒体分析进行分类极为重要，但是管理客户期望需求也是成功的一个关键因素。

保险索赔人的"情绪过山车"反映的情况适用于索赔过程每一阶段的情绪，从否认事件发生，到后悔做得不够的个人负疚情绪，再到接受其立场。除此之外，客户的反应可能与保险公司的糟糕表现相关：

- 第一，通过赔偿寻求申诉；
- 第二，向保险公司寻求惩罚性的方法。

所有这些都造成社交媒体对投资活动的不利影响。如果说保险与什么有关，那么它与索赔的"关键时刻"有关。为了满足"关键时刻"，保险公司必须：

- 满足客户需求——这样做是具有成本效益的（有些人可能认为一定程度的不满是可以忍受的，100% 的满意度等于过于慷慨）；
- 进行适当的响应，然后相应地管理预期；
- 确保任何批评都能快速、有效地得到回应。

当考虑利用社交媒体时，人口学问题也是一个因素，因为显然一些年龄段的人在社交媒体上比其他年龄段的人更有可能发声，这也可能是重要的影响因素。

社交媒体分析是分析大量社交数据以寻找主要趋势的过程。这种信息可能来自博客、推特、WhatsApp以及网站等的在线对话。目标是确定关键的客户情绪，并从中获得关于声誉、服务和特殊困难问题的观点。从这些信息中可以得出"有用的结论"，这增加了保险公司正面的价值并减轻了破坏性问题。数据丢失等更为普遍的问题可能会引发大量的评论，但个人表达不满引起大量消费者的不满情绪仍然并不寻常。

有多种社交媒体分析工具——有些是免费的，有些是收费的。其范围从简单的在线活动监控到网站流量。随着保险公司越来越多地进入数字营销市场，它们拥有适当的工具来衡量数字化活动，并从中了解这些微小变化对网站吸引力的影响，这是至关重要的。

6.3　人口统计学和人口为何重要

人口统计学最广义的描述是对人口的研究，其为人群的规模、结构、分布和行为提供了科学统计的观点。就保险而言，我们可以用它来表示以下问题。

- 目前与保险渗透有关的市场成熟度问题。
- 技术的使用，例如个人使用移动设备进行购买的程度。
- 保险产品的需要，如果有这种需要，什么类型的产品是必不可少的（如有）。
- 首选分销渠道，例如传统代理渠道的使用。

即使单独考虑这些问题，它们也是复杂的，但当它们被结合起来时，会形成复杂的生态系统。全局实体了解当地条件的必要性对于优化"走向市场"战略至关重要，往往需要"实地"知识。诸如瑞士再保险公司[9]所提供的报告，详细列出了相对于GDP的保险渗透度问题。这些和其他类似的关键相关性信息使保险公司能够在保险市场增长方面获得更好的市场机遇的人口统计视角。宏观层面上，尤其有趣的是西欧保险市场与中国和亚太地区增长型市场比较而言的相对饱和。一些主要的保险公司在制定策略时考虑到这种程度的饱和/渗透性。有些人已经把亚太市场而非西欧市场看作增长引擎。

除此之外，保险公司还需要考虑其潜在客户和现有客户群的技术成熟度。与其他领域一样，保险公司最好从自身行业外寻求线索。展望零售行业，（商品或样品）"showroom"的概念已成为潜在零售客户在店内体验商品，然后在线购买的主要购买模式。这种跨领土行为存在很大的差异，"showroom"的中国购买者比北美和英国零售客户多出 6 倍（如表 6.3 所示）[10]，假设在线购买保险的方式可能会以某种方式反映出来是合乎情理的。

表 6.3　在线购买零售商品前的"showroom"倾向（2013 年数据）

加拿大	1%
美国	4%
墨西哥	2%
巴西	10%
智利	4%
英国	4%
法国	4%
德国	5%
西班牙	4%
意大利	3%
中国	26%
印度	10%
日本	10%
澳大利亚	1%

迹象表明，不同的地理位置的人对网络购买具有不同的态度。提供人为干预的代理人或第三方的角色在网络活动非常普遍的地方大大减少，但他们仍可发挥一定的作用。保险公司应注意客户在零售环境中的行为，并考虑将其转为对金融服务的购买。

6.4　细分

并非所有客户都是相同的。目前的细分方法试图将客户分为以下几类，如表 6.4 所示。

表 6.4　客户细分

		特征
Z 一代	18 ～ 27	低忠诚度
Y 一代	28 ～ 38	控制但反应迅速。受"生活事件"影响，即婚姻、家庭
X 一代	39 ～ 49	长期目标。积累财富
婴儿潮一代	50 ～ 67	节约和保存财富
年长者	68+	多个供应商，节约财富，价格

细分不仅驱动行为，而且有助于保险公司更好地了解哪一种分配模式最适合特定的细分市场。例如，Z 一代的年轻人似乎更有可能被网络运营商吸引，而老年人更有可能被保险公司吸引，因为保险公司的吸引力在于提供单独和个性化的处理（这也可能与其需求的复杂性以及自身的个人风险偏好有关）。这意味着，仅仅专注于一个特定分销渠道的保险公司可能不经意地（或故意地）将它们成长的机会限制在特定的细分队列中。

除此之外，时间的变化也可能导致接触方式的转变以及监管的次要影响。例如，在英国，保险公司的零售分销评估导致许多独立代理商离开市场，迫使潜在购买者更换顾问或转向不同的渠道，例如银行保险。

除了这些年龄的人口细分，在研究中，IBM 还确定[11]了他们所称的行为细分。

- 寻求个人主义者（我需要全面帮助）。
- 产品优化（我想要很好的产品）。
- 不感兴趣的极简主义者（不要打扰我）。
- 价格敏感型分析者（我想要最好的）。
- 以关系为导向的传统主义者（我想要可以信任的人）。

这些类别和年龄细分之间存在一些但不是绝对的一致性。实质上，保险公司正逐渐认识到，如果要将个人推入市场，那么每个人都是由自身环境和自身情况塑造的这些属性的复杂组合。所有行业的营销人员都渴望"营销到细分市场"，但实际上，只有提供系统的方法并获得规模经济，某种程度的细分才是至关重要的。

除了推动市场营销手段之外，还有文化和国家（地区）差异的进一步挑战。如果一种规格不适合所有情况，那么定制各种单一的产品可能是不切实际的。最基本的定制意味着能够在合适的时间以合适的方式并以合适的价格提供合适的产品。随着认知分析能力的不断成熟，计算成本下降，系统越来越自动化，那么实现这种目标必然越来越容易了。

6.5 推广策略

"推广"的表达是指提高客户对产品或品牌的意识，以增加销售和忠诚度。"推广"包括将品牌、产品或服务传达给终端消费者的一系列活动。

这其中很大一部分是直接或间接赞助传统广告。社交媒体分析能够将体育赛事的赞助与品牌知名度联系起来。可以公平地说，品牌与事件之间的关联并不总是明确的，有时候会留下很大的想象力。社交媒体分析可用于衡量与特定活动的品牌关联，并帮助证明营销支出的合理性。IBM 对首席营销官（2015 年）活动的观点是，传统形式的营销支出可能会降低，而数字渠道的营销支出将会增加，这种趋势可能会持续下去。

在数字营销的时代，越来越多的"推广"活动是由那些负责在网站上创建数字内容和做户外数字宣传的人进行的。这些专业人士通常被称为"内容营销人员"，他们不一定具有保险背景。特许市场营销协会编写了一篇论文[12]，指出了最有效的"内容营销人员"如何使用媒体以有效地推广商品和服务（如表 6.5 所示）。

表 6.5 媒体推广商品和服务的有效性

	最大效果	最小效果
白皮书	60%	5%
博客帖子	48%	23%
免费媒体报道	46%	23%
网络研讨会	46%	32%
信息图表	44%	18%
新闻稿	44%	64%
影片	44%	27%
实例探究	34%	14%
研究报告	32%	0%
其他	30%	36%

6.6　品牌与定价

品牌是将一个企业与另一企业区分开来的标志、颜色、设计、符号或任何其他的特征，在金融方面远可以被视为无形资产。

根据《福布斯》杂志，表 6.6 显示了 2015 年世界上最有价值的品牌。[13] 在保险或金融服务行业，2015 年最有价值的保险品牌是安联，排名第 87 位。

表 6.6　《福布斯》杂志 "世界上最有价值的品牌"

排名	品牌	品牌价值 / 十亿美元	1 年价值 变化	品牌收入 / 十亿美元	公司广告 / 十亿美元	部门
#1	苹果	145.3	17%	182.3	1.2	技术
#2	微软	69.3	10%	93.3	2.3	技术
#3	谷歌	65.6	16%	61.8	3.0	技术
#4	可口可乐	56	0%	23.1	3.5	饮料
#5	IBM	49.8	4%	92.8	1.3	技术
#87	安联	6.6	-6%	131.6		金融服务

关于这些结果的警告是，《福布斯》仅考虑了在美国运营的公司，因此排除了沃达丰和中国移动等公司，而它们目前是世界上最大的移动运营商。

福布斯计算很复杂，并采取了以下一系列关键步骤。

1. 根据公司报告、研究和专家以及过去 3 年的平均状况确定利息和税前利润。

2. 扣除其他地方可能获得的资本。

3. 在母公司的原籍国申请公司税。

4. 根据每个国家的品牌定位，主要品牌收入的比例分配。

5. 为了得出最终的 "品牌收益" 额，将平均价格应用于盈余倍数以获得最终品牌价值。

除了这种方法，已经存在衡量 "品牌资产" 的分析性解决方案，或者称为 "消费者增加的品牌价值超过其公平市场价值的无形价值"。[14] 随着越来越多的数据变得可用，品牌价值和品牌价值"波动"的计算将更容易进行实时计算。这意味着包括保险公司在内的企业将越来越能够了解它们的品牌价值，以及外部和内部事件对该数字可能产生的影响或潜在的影响。

6.7　价格优化

价格优化是保险公司制定保险政策的过程，这一过程不仅仅依赖承保风险，而且与现有客户或潜在客户的时间驱动需求有关。保险价格优化类似于航空公司航班的预订，航班成本取决于发出的请求到旅行日期的接近度。离旅行日期越近，费用越高，直到航空公司意识到需要再增加飞机时，在这种情况下，费用通常会下降。

在保险行业，价格优化涉及产品价格与客户价值的一致性。这旨在维持客户对可靠性、品牌、忠诚度和便利性的需求与保险公司的战略、风险偏好、收入增长和竞争环境之间的平衡。保险公司的关键目标是优化保险产品的价格，同时实现业务增长、收入增长和客户保留等关键的企业目标。专用的优化解决方案包括具有专利算法的预测分析。这为保险公司提供客户可能在任何时间准备购买保险产品的洞察力。

除此之外，即使实际风险评级保持不变，价格优化还可以确认潜在和现有投保人的购买模式，并根据客户货比三家的消费习惯提出不同的保费。因此，价格优化的概念不被普遍接受。加州保险专员（或"监管机构"）规定，这一过程"既是歧视性的，也是非法的"，[15] 即

保险专员 Jones 在一份声明中表示："保险公司根据对价格上涨的敏感性或货比三家的可能性向人们收取不同的价格是非法的。价格优化是对价格公平性的根本威胁"。

在英国，据说一半的汽车保险使用某种形式的价格优化工具进行定价，但是对于这种方法的适当性存在一些争议。建议消费者可以将价格优化视为对复杂产品进行开发的一种形式。这意味着，由于保险公司越来越依赖大数据和个人对定价事宜的个人需求而不是承保风险，因此，这有可能进一步影响投保人对保险公司的信任。

Test-Achats[16] 的欧洲法律案例主要集中在性别问题上，但也加强了保险应

以 "风险" 为基础而不是个人性质的建议。一些市场专家表示,如果按照这一趋势,消费者可能会 "宣布暂停" 价格优化,但目前分析性定价过程会保持不变。

6.8　服务交付对成功营销的影响

客户越来越多地要求从其选择渠道的多个相关职能进行轻松的过渡,而不必重复。迹象表明,保险公司仅仅需要做好基础,而无须做其他特别的事情。消费者似乎表示,如果他们无法快速得到问题的答案,他们可能会放弃网上购买。

表面上看,这似乎是一个简单的要求。做好简单的事情,公司很可能让现有客户满意,并赢得潜在客户。客户似乎表示,他们的时间非常宝贵,差的服务简直浪费时间。除此之外,客户响应所有渠道的统一体验,不仅仅是为了保持一致,还为了避免协调沟通差异等浪费时间的活动。

虽然保险公司在不同年龄段之间确定了购买和支持行为的态度差异,但是这些年龄段的客户存在着无法容忍服务差的一致性。当服务较差时,老年客户似乎与 Y 一代的客户一样无法容忍。

在线服务越来越多地满足客户快速服务的共同需求,特别因避免呼叫中心和其他运营费用而减少的运营商成本。这取决于自助服务流程顺利而有效地运作,虽然情况并不总是如此。如果其他事物都非常令人满意,那么较差的在线服务可能并不一定会导致客户对特定的保险公司留下不好的印象,但可能会给用户以后尝试自助服务造成不利影响 (因为担心再次浪费时间)。

6.9　快速开发新产品

目前,产品开发最重要的一点是 "敏捷性",这意味着 (除其他事项外) 保险公司要能够更快地将新产品推向市场,以满足市场和客户需求。由此产生的必然结果是当产品过时,保险公司会放弃这些产品,或者当竞争激烈、面临其他市场压力时它们可以快速修改。产品开发生命周期继续缩短,进一步造成新的和额外的压力。尽管这是创新的持续动力,但存在 "先发优势" 的问题。如果竞争对手未被合法地阻止，在竞争对手模仿之前，先行者只有有限的时间。

所谓"先发优势"的替代选择是"后进"或"后动"优势，这是零售行业众所周知的情况。一旦确定了需求并且品牌产品已经成功上市，零售商通常会使用自己的标签品牌来代替品牌产品。自有品牌在零售业往往价格较低，质量差异最小。因此，"自有品牌"的产品受到广大民众的欢迎。

在他们的报告《先发优势的传言》中[17]，IHS 咨询公司引用了一项研究，显示了 20 世纪的 46 项重大创新，引进产品和第二代产品的平均时间间隔从 33 年下降到了 3.4 年，下降了 90%。似乎在数字时代以前，创新周期的缩短已经急剧下降，所以预计这个步伐将会回升是合乎情理的。那些作为"后进者"的公司旨在通过改进的卓越运营、产品或创新进行竞争。IHS 的文章回顾称，第一个一次性尿布 /Chux 尿布被 Proctor 和 Gamble 的帮宝适产品所取代，甚至苹果和谷歌等公司都建立在早期"先行者"的概念之上。

以下 3 个关键条件适用于企业利用"先发优势"。

■ 学习 / 成本曲线，为努力追赶创新者最初发展和后续扩展的效益的"后进者"创造了进入壁垒。

■ 实施竞争战略的资源不足，虽然资源全球化不算什么问题。

■ 转换成本，"先行者"锁定客户，或者"后进者"需要花费额外的费用来鼓励改变。

在保险行业，那些在使用物联网方面采用"先发优势"策略的企业，可能主要在收集和安装用于收集数据的实际设备的过程中找到其"先发优势"。或者，或此外，优势可能在于如何使用该信息获得特定洞察力的专有技术。战略伙伴关系将越来越重要，其次是获得合作伙伴。随着保险逐渐以技术为导向，保险公司对数据分析公司等关键技术的纵向收购似乎更有可能。

这种纵向收购的一个潜在缺点可能是文化差异。大型金融机构以传统价值观念为荣，它们认为自己与更年轻、更有活力的技术公司具有完全不同的文化。

6.10 "敏捷性"的挑战

面向客户的企业，包括保险公司，其不仅在产品设计和实施方面能够非常敏捷，而且在其他业务领域也是如此。"敏捷"开发在信息技术开发中经常被视为是传统项目管理的替代方案，也是"瀑布效应"或顺序发展的替代方案。开发团队通过一系列称为"Sprint"的渐进迭代变化对变革做出反应。

"敏捷性"本身不是一个新的概念，它起源于 1970 年，当时一位美国计算机科学家 Winston Royce 博士提出了一篇名为《管理大型软件系统开发》的文章。[18]文章中，他批评了获取所有要求、创建规范并编写代码等的顺序流程。他认为，随着时间的推移，要求不可避免地会发生变化，这个流程会影响着正在编写的代码，因此，编写代码本质上是效率低的。由于这种遗留过程，在交付时开发人员为流程编写的代码并不适合最终用户的实际需求。（有些读者会认识到这种情况。）

在"敏捷性"环境中，开发的每一环节在整个过程中都会在更短的时间周期内不断被重新评估，因此存在不断重新评估的过程。如果最终用户的需求改变，则该流程允许开发改变方向。据说，这一流程的净收益是缩短产品上市时间，从而降低成本。

将"敏捷性"引入流程的一种方式是一种称为"Scrum（迭代式增量软件开发过程）"的技术，它强调反馈、自我指导团队以及在短时间内建立可靠的渐进式的改进。在这个过程中，团队依靠 3 个角色：产品所有者、团队、敏捷教练（这是全职促进者角色）。[19]"敏捷"和"Scrum"主要是来自技术领域的过程（或者态度）。理论上，也可能在实践中，可以在产品开发或营销环境中进行复制。这可以确保营销角色与客户需求之间更好的一致性。专业橄榄球运动员可能会认为"Scrum"的进展方式代表了一个团队努力的方向。智力过程和具有超身体接触的橄榄球运动的发展类似，"Scrum"一词出现的领域，稍微令人感到不安。那些了解比赛的人会知道，在争球时，"前排"的人身体受伤的风险最高。

"敏捷营销"[20] 以下列方式描述了这一过程。

■ 按照计划进行变更。

■ 快速迭代所谓的"大爆炸"运动。

■ 关于意见和约定的测试和数据。

■ 基于几个大的策略的海量的微小实验。

■ 目标市场上的个体和互动。

■ 筒仓和层次结构之间的协作。

6.11 "敏捷性"与更大的风险

除了风险理论需要不同的管理之外，关于风险管理如何在敏捷环境中发挥作用并没有真正的共识。如果"风险"是衡量可能发生或不可能发生的事件的负面影响的指标，那么一些人认为，在敏捷方法中，只有当"风险"成为"问题"时才会成为一个问题。此外，敏捷过程的迭代性质指意想不到的结果甚至可能产生有益的影响。

即便如此，有人建议即使是敏捷过程也应采用某种形式的风险登记，从而识别风险、概率、影响和暴露（概率乘以影响）。还有人建议在每次"Sprint"规划会议中对风险登记进行审查。[21]

在一个自然规避风险的保险公司中，采用这种"流动"的风险偏好型的工作环境造成了特殊的挑战。根据定义，这种"敏捷"方法能够容忍一定程度的失败。一些非保险公司同时运行多个"Sprint"，可能多达20个，但只期望有一个或两个发展成果。真正的问题是保险公司是否能够以敏捷、风险偏好型和"沙箱式"方式实际运作（这样可以实现创业和创新，而不会威胁主要业务）。这些迹象似乎表明监管机构可能在受控环境中对创新持宽容态度。

6.12 数字客户、多向和全渠道

最近的一个进步是数字通信的发展，实际上是"数字客户"的进步。这些客户受到数字媒体（如移动设备）提供优惠的影响，然后，他们选择通过直接回应或通过电话或面对面的方式与保险公司进行接触来采取行动。

保险公司旨在通过所有这些渠道提供的报价和建议的一致性的过程称为"全渠道"。以财务绩效管理形式进行财务分析不仅有助于保险公司了解这些渠道的成本，还有助于它们了解其考虑佣金和其他成本时的盈利能力。

数字媒体是一种特殊的技术，与保险公司无关，但与所有在线提供报价的实体有关。客户旅程的第一部分通常是一封具有针对性的电子邮件，提出者们认识到，这不仅仅是重要的吸引注意力的标题，也是报价的首行（因为客户即使无法看到整页，也能在屏幕上看到首行）。

网络创作专家热衷于在"登录页面"中利用颜色、字体、可视化和引人入胜的文字突出重点，并方便查看点击率。他们还意识到文本必须简洁明了，明确说明必须了解买方的需求和挑战，并保证保险公司的提议能够满足这些要求。潜在的客户需要品牌保证，或需要其他证据支持保险公司的说法。

这些都是复杂的问题，潜在的客户在打开电子邮件后仍然可以决定不接受报价。营销人员渴望了解为什么会发生这种情况，并可能会更改网站或邀约中的一个或多个元素，以确定这些元素是否会造成影响。巩固这一点的两个主要分析过程称为 A/B 测试和"多变量测试"（MTV）。A/B 测试是一种简单的方法，仅进行一次更改，并再次发送电子邮件报价，以查看更改的元素是否对转变客户的态度有任何影响。这种变化可能与简单的单一图形或图像有关。一些保险公司可能决定在试用阶段运行稍微不同的版本，以查看哪个版本是最有效的。"多变量测试"，顾名思义，涉及很多变量，测试可能包括跨越多个变量的基准测试，并查看哪些元素是最成功的。

消费者也期望各渠道之间的一致性，并且在营运孤岛之间没有差异。他们认为这是一个基本要求，可以轻松地在不同渠道进行查询，而无须重复信息并回答相同的问题。"全渠道"被描述为一种针对单一系统客户体验的多渠道方法。

佛瑞斯特，一家具有影响力的研究和咨询公司，建议[22]企业应该做以下几点。

- 将客户引导到最小的工作渠道，以提高客户参与的容易度。
- 确保技术基础架构可以实现跨越壁垒运动。
- 在实际可行的情况下，标准化工作流和跨渠道流程。
- 启用并授权代理商和第三方。

6.13 索赔服务在营销中的重要性

虽然服务通常与报价、购买和政策管理过程相关，但通常索赔流程最能反映保险行业的服务，对于大多数保险客户而言，这是"关键时刻"。处理索赔的方式不仅在赔偿过程中很重要，也是客户对品质认知的关键成功因素。即使产品基本相同，客户对质量的看法也受到服务的重大影响。

保险索赔的解除方式往往受到企业内外有关人员的数量和质量的影响。服务受到各方衡量的关键绩效指标（KPI）的影响，而这些关键绩效指标通常会驱动个人行为。数据分析提供了根据在关键决策点获得的关键绩效指标形成的数据点的洞察。

另一种替代方法可能是将客户满意度与每个关键绩效指标进行对比。通过修改某些关键措施和流程，可以优化客户体验。换言之，不同的方法可能使用数据分析来更好地了解什么是最合适、最有效和最让客户满意的服务交付指标和流程。这与现有内部财务措施的衡量指标相反。在这种情况下，保险公司如果将客户需求作为重中之重，围绕这些需求建立关键绩效指标，则有可能成为真正"以客户为中心"的企业。

越来越多地使用数据分析还有助于集成外部供应商并支持它们成为虚拟企业的一部分。考虑将供应链作为保险公司虚拟企业的一部分的能力允许以结构化的方式从保险公司的内外部收集数据。这为加强客户与供应商之间真实、信任和团队的合作关系奠定了基础，只有这样才能增强客户体验，也有助于营销。

除此之外，保险公司也在考虑客户服务的基本原则——索赔的"自助服务"。印度汽车保险公司——百嘉安联保险公司计划允许客户自行解决索赔，但在保险监管机构 IRDA 允许的范围内。常务董事兼首席执行官塔潘 · 辛格尔（Tapan Singhel）这样描述"自助"的流程[23]：

汽车发生事故的客户将下载公司应用程序并点击汽车照片。根据照片，保险公司将对损失进行计算……在此基础解决索赔问题。没有中间人……

持怀疑态度的人总是会表示这一流程可能会打开诈骗活动的大门，但是这一流程显然剔除了中介机构，从而能够优化客户体验。保险公司建议，这种方法也可以用于其他简单的索赔。

另一种形式的破坏性"自助"索赔处理程序[24]允许：

1. 邀请客户提供信息的某些关键要素；

2. 用图像补充信息，例如客户自己拍摄的照片；

3. 添加外部结构化和非结构化数据；

4. 远程诊断问题，并采取适当的补救措施。

如果保险公司认为客户服务是至关重要的，并且保险最终关乎"关键时刻"的服务质量，则很可能会出现新的、创新的，甚至是有争议的方法。这些方法是否成功将取决于对数据的分析，而这进一步加深了对财务绩效管理可靠信息的需求。

有一点可以肯定的是，保险业转型的可能性越来越大，不仅仅与保险客户的获取和保留方面有关，也与其索赔服务有关。

注释

1. 国际商业机器公司．"把握复杂性：来自全球首席执行官调查的洞察力"（保险业执行摘要），2010.

2. Pitney Bowe．"缺陷动力学"，伦敦，2008.

3. Sirohi, Niren and McLaughlin, et al．"超市零售商的消费者观念和商店忠诚意愿模型"《零售期刊》，1998，74（2）：223-245.

4. Larsen, James．"客户忠诚度"．客户心理学研究结果．第 199 条．

5. Bain and Co..小额银行业务的客户忠诚度：全球版．Bain & Co，2013.

6. Bain and Co..财产保险和人寿保险的客户忠诚度与数字转型：全球版．Bain & Co.，2014.

7. Hyken, Shep．"IBM 会议解释数据如何创造更好的客户体验"．IBM 为市场营销机构发布，2016.

8. Musico, Christopher．"客户体验：当今经济的救生艇"，由 Destination Cranblog 发布，2008 年（基于 2008 年 10 月 6 日 2112 名 18 岁以上成年人的哈里斯互动投票）.

9. 瑞士再保险公司经济研究与咨询．Sigma ＃ 3．"2012 年世界保险：走向复苏之路的漫长道路"．由瑞士再保险公司发布，2012.

10. 国际商业机器公司．商业价值研究院．"2013 年从交易到关系的零售：连接至过渡购物者研究"，由 IBM 发布，2013.

11. 国际商业机器公司．商业价值研究院．为客户及其顾客创造新的价值"．由 IBM 发布，2008.

12. Zinck, Barb Mosher, CMO 调查结果．"内容营销推广的新方法，营销分析的更好使用以及利用传感器改善客户体验"，2015.

13. 福布斯．"2015 年环球最强品牌"．

14. Joseph, Joy．"品牌资产"，由 MetriScientist 发布，2010.

15.《保险期刊》（未归档）．"加州专员告知保险公司停止价格优化"．

16. 案例 C-236/09，Association Belge des Consommateurs Test-Achats ASBL 等．

17. Pettit, Justin 和 Darner, Eric．"先发优势的传言"．IHS 咨询：2012.

18. Royce, Winston W 博士．"管理大型软件系统的开发"，IEEE WESCON 26 的程序（1970 年 8 月）：1-9.

19. "敏捷方法学"．

20. 敏捷营销（未归档）．"什么是敏捷营销？"敏捷营销 /（访问日期，2015 年 11 月 16 日）．

21. Vethill, Satheesh Thekku. "敏捷风险管理"．Scrum 联盟文章，2013 年 5 月 3 日．

22. Leggett, Kate．"便利服务的要求必须影响客户战略"．佛瑞斯特，2014.

23. Srivats, K.R. "目前，通过百嘉安联应用程序自行解决保险索赔"，由印度商业线报发布，2015.

24. 360 四通电讯．

Analytics for Insurance
The Real Business
of Big Data

第 7 章

财产保险

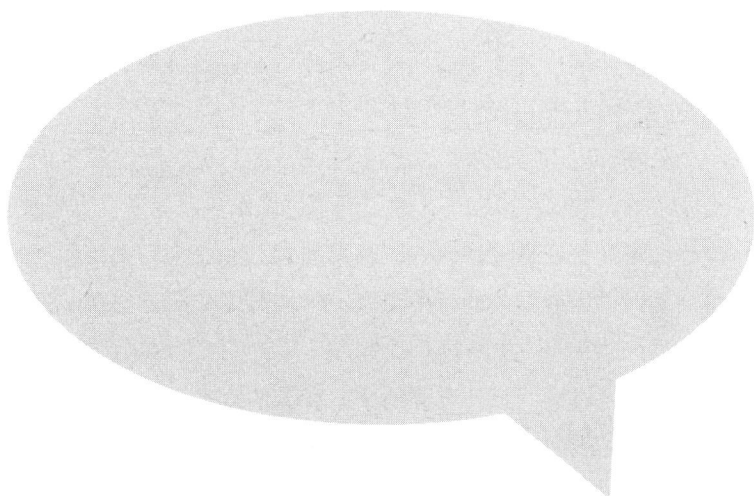

对绝大多数房主而言，他们拥有的关于保险公司索赔的经验相对较少。他们拥有较少的关于索赔的经验可能与车辆损坏、管道爆裂或房屋拆迁有关。他们是幸运的。对于其他人而言，也许他们的首次索赔体验是，房屋全部焚毁、遭遇洪水；或如果在英国保险市场，房屋因地面运动（如沉降灾害）而遭受重大破坏。所有这些都是创伤性的，通常代价很高，有时从财产和保险的角度来看，存在技术困难，还有情绪问题，所有这些问题都需要进行相应地处理。

当情绪高涨时，保险公司往往会试图对投保人表示同情。这很困难，因为索赔处理人很可能在其生活中从未遭遇任何灾难性事件。不大可能轻描淡写地说明投保人的情绪，有时候这种低沉情绪与丧亲之痛相差无几。许多家庭损失甚至家庭全部个人财产（这可能包括婚礼照片、家庭档案和传家宝）的损失可能是一件非常痛苦的事情。通常事故可能伴随着内疚——"我真的在那个炊具开着的时候离开了吗？"

保险公司还需客观地观察事件。显而易见，经过观察而不是数据分析，即使宠物主人故意在家纵火，他们通常也确保自己的宠物事先被安全带走。FNOL过程通常无法轻易捕获这些"触发因素"和其他因素，而经验丰富的人却能够培训质询过程或具体的行动步骤。一种数据分析方法在多大程度上能够找出这些问题，（如有），并调动不同的过程？

本章将讨论一系列重要的家庭和其他复杂的索赔。首先将审查每一索赔的背景，然后研究数据分析的影响，以帮助保险公司了解如何预测损失类型和程度。

除此之外，我们将考虑如何通过使用数据分析来优化欺诈管理和恢复等具体活动。

7.1 洪水

根据长期的判例法，有一个具体的"洪水"保险定义，即指突然泛滥的，而不是逐渐渗漏（如地下水上升）的水。对于保险公司而言，这是一个代价很高的问题。2007 年英国的洪水导致 185 000 个索赔的保险费用超过 30 亿英镑，是当年最昂贵的费用。"卡特里娜"飓风造成的新奥尔良大洪水以及 2014 年纽约的洪水似乎让英国的洪水事件显得无足轻重，但实际上，由于每个事件本身都是重要的，所以不存在可比性。除保险之外，这些都是深刻且具创伤性的事件，既有情绪上的烦恼，又有惨重的经济损失。除了对家庭的影响，还有对当地商业的社会影响。企业无法运转，有时还需要支付当地员工的重新安置费用。一些商店和街角小店永远关闭，整个社区最终受到影响。

这些都是涉及各方面的严重、痛苦且令人不安的事件。对于保险公司而言，它们自然会考虑财务问题，而且也是个人和情感"现实问题"的挑战。索赔理算人和检查员经常发现自己身边的形势严峻。他们可能因缺乏资源而受到挫折，有时由于事件规模巨大而感到无助，但有时还必须想方设法使自己能够在众所周知的"关键时刻"满足其投保人的需求。

洪水是肮脏的。它是侵入、破坏性的，经常发出恶臭，并在整个建筑物中留下一层厚厚的污泥。对业主、索赔检查人员和维修人员也造成严重的健康问题。（作者注："我记得 1987 年在圣诞节之后不久，我作为索赔检查员调查一个淹没的房屋时，看到还有精心包裹的礼物浮在水里，真令人心碎。"）

7.1.1 预测洪水损害的成本和可能性

很快，保险公司预测洪水发生的可能性会比当前的水平更高。预测洪水实际上会造成相当大的问题。"百年一遇洪涝"只是一个特殊洪水事件的统计描述，可能连续几年发生洪水。在最好的情况下，所有保险公司都希望了解某一财产在未来某个时间遭遇洪水的可能性，并相应地评估风险。

保险公司要考虑的典型因素包括以下几个。

- 房产的位置及其邻近的河流和其他水道。

- 地面以上房产的高度。

- 建筑物受到损坏的脆弱性。

- 过去的索赔记录。

- 临近和附近防御工事的类型。

- 地形和水位。

- 投保人的类型，例如老年人。

- 经常备用和溢出的排水系统。

- 天气状况。

通过天气跟踪和降雨／河流测量，保险公司将在损害发生之前（至少在一般情况下）逐渐提高其预先警告投保人的能力。随着气候变化导致越来越多的山洪暴发，这种前瞻性能力将逐渐成为保险公司作为竞争优势的关键成功因素。

经适当审批后，保险公司将很快能够使用远程实时图像或者无人航空设备（如无人机）以目测检查该房产是否在水下。如果没有更深入的物理检查，将会触发责任，索赔流程将变为诉讼。了解水的可能深度，房产的建设、位置、可能的价值以及房产所有者或占用者的可能期望或行为（将对内部饰面进行质量检查），甚至使保险公司能够对损失进行初步预估或"保留"。

就这方面而言，可将美国和欧洲进行比较。整个欧洲，甚至仅仅在英国，建筑施工的多样性比北美更为多变，整体上更加趋于规范。欧洲的多样化程度受到现有材料如石材、木材、砖块以及更广泛的建筑年龄范围的影响。从目前开始，保险公司可能会越来越多地搜集这些信息，并可能会共享，尽管需要支付一定的费用。

关于这类数据的实际价值有一个有趣的问题。保险公司或任何其他企业准备支付多少钱来更深入地了解风险，并最终能够在过程和索赔成本中获得节省费用？显然，这类建筑知识具有一定的价值（不仅对于保险公司，而且对于政府／财产保护者，以及其他既得利益者）。更好的数据分析可以提高数据的获利能力吗？

由于数据隐私目前更多地侧重于个人而不是财产，随着数字化发展的进一步增加，在对保险公司财产资产基础进行更全面的了解之前（尤其在成熟的环境中），这仅仅是时间问题。目前是否正在建立新的数据源以整理和分配这些信息？

7.1.2　数据分析和干燥过程

干燥是有效修复受洪水损坏的房产不可或缺的一部分。只有当房产干燥时，才能进行永久性地修复。干燥过程严重依赖于受损建筑物的施工性质。关于建筑干燥有很多指南，但许多维修者仍然依赖于直觉和经验，而不是采用数据分析方法。这是一个复杂的领域，水量、水流方向、建筑材料的渗透性以及房产在水中的持续时间长短都是需要考虑的因素。[1]

干燥的最佳做法应适用于干燥计划。这种计划包括从何处开始、如何进行抽水以及隔离问题（防止潮湿从建筑物的一部分转移到另一部分（造成二次损坏）），如何比较水分读数，且如何实施有效且科学的干燥，所有这些问题似乎都需要一种分析方法。

通常使用除湿机来加速干燥过程。它们本质上是从空气中除去水分的机器，将其作为水（或冷凝物）收集，然后清除。不同类型的除湿机具有不同的效率和能耗水平。这些类似于制冷的"冷凝"电器，或者是暴露于潮湿空气具有吸收性的干燥剂或吸收／干燥除湿机。这是相对于 20 年前的一个重大改进，当时只能通过打开窗户并通过自然蒸发进行干燥。作为干燥工具的除湿机越来越受欢迎，它们有时在开窗的时候一起使用。从损坏建筑物外的空气中除去水分而不是帮助干燥过程，这对设备而言是相对没有效果的。

有效干燥的核心是了解干燥动力学的要求。除湿机制造商通常会规定在给定温度下 24 小时内可能的除水量。然后通过湿度管理系统应用，确定干燥机的数量和所需容量以及可能使用的持续时间。以科学为核心，有效干燥似乎可以在附近或远程收集数据，然后远程管理干燥程序。

1999 年，英国损失管理协会（BDMA）的发展是建立并推广英国保险业最佳做法的重要一步。其成员已经扩展到洪水恢复承包商、保险公司和中介机构，如损失理算人员。BDMA 的宗旨[2]是"代表在损失管理行业工作的从业人员的利益，以增加教育、培训、技术支持、标准建议以及成员在公共、工业和商业领域的利益。"

在其他地方，洪水"学校"也出现了反映洪水和随后干燥过程的复杂性。故意淹没最先进的定制建筑结构，以允许作业人员在与大众合作之前获得相关问题和流程的第一手经验。

　　洪水造成的危害在于它通常涉及大面积领域的大量房产，尤其当河流泛滥时更为严重。这给恢复基础设施以及保险索赔部门造成巨大压力。主要供需不平衡的问题不可能消失，尤其是随着气候变化，这类问题似乎在未来更加频繁，也许会发生更多次洪水事件。温暖潮湿的冬季会造成残留高水位，夏季雷暴导致洪水泛滥。尽管气候变化的原因存在争议，政府机构，如政府间气候变化专门委员会表示，截至 2050 年，冬季降雨量将增加 25%，到 2080 年将增加 40%。[3]

　　如果将远程监控视为干燥过程问题的最终解决方案，那么人们应该认识到这些变化不会在一夜之间发生，相反，应该是逐渐地转变，也许受物联网的影响会越来越普遍。因此，可能不存在"燃烧平台"导致变化，而是保险行业需要转型为受更好的数据捕获影响的新运营模式。与沉降财产远程监控设备创新者的发现相同，现有的方法很难被改变。那些创新并引进远程湿度传感器作为洪水灾害管理方式的人也要了解，在充分了解保险界的本质之前，他们不仅要依赖方法，而且还依赖投资回报。

7.2　火灾

　　目前，我们已经考虑了洪水的问题，我们应该继续考虑同样具有破坏性的火灾。灭火通常与火本身一样有害。同样，由于年龄、类型和施工，被洪水破坏的房产受到不同的影响，火灾影响也明显受到施工性质的影响。不直接受火灾影响的建筑物可能会受到烟雾的影响，烟雾不仅脏，而且具有腐蚀性。

　　除此之外，造成火灾危险的主要原因是位置。如果该房产距离消防局有一定的距离或位于一个偏远的地方，则火灾的可能影响将会明显增加。灭火服务的位置可能会给保险公司带来严重的问题。

　　如许多其他公共服务部门，消防部门面临成本减少的压力。例如在英国伦敦，第五个伦敦安全计划（LPS5）[4]最近仅在伦敦就已经确定了 2 900 万英镑的节省款项。根据伦敦消防和应急规划局批准的建议，其成功地论证，Brigade "仍将保持现有的伦敦范围内的出勤目标，第一台消防车在 6 分钟内赶往现场，如果有必要，第二台消防车应在 8 分钟内赶到。因此，该指标似乎不一定是消防局的"绝对"位置（至少在伦敦），而是到达事故现场需要的时间。越来越多的道路拥堵必将增加实现这些目标的压力。

Ken Knight 爵士在其《面向未来：英国消防和救援机构的效率和运行情况的审查结果》[5] 报告中也表示，主要由于实际发生火灾的情况较少，英国消防局每年进一步削减近 2 亿英镑。关于这一话题并意识到消防局也参与其他事件（如洪水和汽车事故）的讨论较为广泛，但整体而言，这些数据表明火灾越来越少，而这可能给资源造成更大的压力。[6]

美国也似乎反映了类似的趋势。根据美国国家消防协会 "2013 年美国火灾损失趋势与规律"[7]，美国市政消防部门在 2013 年响应了预估的 1 240 000 起火灾。建筑消防总计达 487 500 起，占所有报告的事件的 39%。报告的火灾从 1977 年的 3 264 500 起下降到 2013 年的 1 240 000 起。从 2012 年（1 375 000 起火灾）到 2013 年，火灾数量下降了 10%。家庭建筑物火灾占居民火灾死亡的 85%。

显然，使用家庭火灾报警器可以缓解这个问题。英国烟雾报警所有权从 1988 年的 8% 迅速增加到 1994 年的 70%，近年来持续上升，2011 年达到 88%。从数据分析的角度来看，"连接"的火警报以某种方式与消防局联系起来可能会很有趣，但因烤面包片引起的虚假警报数量的潜在问题除外。

预测火灾索赔中的欺诈

许多意图进行欺诈的人认识到，火灾的原因并不总能够被容易地确定，尽管往往可以推测。专家，更具体而言，法医工程师，在某些情况下，能够通过非常详细地检查木材的烧焦程度和发生火灾的路面的大致情况来识别火源。通过逆向思维，他们能够朝着火源的"位置"移动，从而形成对因果关系的洞察。由于经常在法庭上披露许多保险报告，所以如果对保险责任存在争议，检查员和工程师经常将火描述为"可疑的来源"。通过索赔管理人字里行间的文字了解其中的含义。

与其他索赔类型一样，保险公司经常使用"欺诈指标"来协助调查过程。这些将因火灾是家庭性质还是商业性质而有所不同。保险公司通常希望"保留自己的立场"，直到因果关系明确，从而可以确定保险公司的责任。

保险公司和它们的调查人员通常会寻找动机。如果为商业火灾，可以从账目中寻找线索。这是现金流还是盈利能力的问题？库存的位置如何，是否有废弃的东西？即使保险公司怀疑有欺诈行为，可以证明吗？使用数据分析作为法务会计的一部分开始成为调查员的工具包的关键部分。

在商业环境中，可能与潜在的欺诈损失相关的典型欺诈指标包括以下几种。[8]

- 夜间，尤其是晚上 11 点之后的火灾。

- 假期、周末或未营业时的商业火灾。

- 消防部门报告的火灾原因为纵火、可疑、怀疑或未知。

- 出险时火灾报警器和 / 或喷水灭火系统发生故障。

投保人在家中故意纵火是不太可能的，但也有指标，如下[9]。

- 出险时待售的建筑物。

- 火灾时，疑似碰巧家庭宠物不在场。

- 调查现场没有具有情感价值的物品（例如家庭照片、奖杯）。

数据分析不可能让保险公司明确地了解索赔是否有欺诈性，并相应地拒绝欺诈索赔。然而，如果充分捕获这些"指标"，可能会使保险公司或其顾问掌握更多关于火灾的信息。事件的情况与其他信息的相关性，例如与行为或交易信息相关的非结构化数据，可能会提供有价值的线索，从而鼓励保险公司进行深入调查。除此之外，随着保险调查在本质上更具数据分析性，新的关联性有可能会出现。

个人行为可能是最关键的。为什么有些人想破坏自己的财产？2002 年，澳大利亚犯罪学研究所考虑了动机和可能的解决方案，[10] 表明纵火是由于以下一个或多个因素造成的。

- 利润；

- 敌意；

- 破坏；

- 犯罪隐瞒；

- 政治目标；

- 心理因素。

关于心理因素的具体项目，他们认为关键指标如下。

- 精神分裂症；

- 人格障碍；

- 各种形式的精神障碍；

- 药物滥用；

■ 情绪障碍。

通过非结构化信息（如社交媒体）可能在多大程度上识别出这些症状中的任何一种或全部？从个人可能在社交媒体网站上发布的信息中获取一些行为的看法似乎是可行的。这种技巧（主要是后见之明）经常用于调查其他类型的犯罪行为。

7.3　地面下沉

如果洪水和火灾都被视为造成重大损害和相对瞬时的创伤性事件，则地面下沉是一个完全不同的问题，因为它通常是逐渐造成损害。20 世纪 70 年代英国的地面下沉和地面运动损害的赔偿责任居高不下，当时并没有真正确定真正需要承保的危险范围。它的出现是保护贷款人免受基金会运营损失的需要，但随后转变成家庭手工业自身的权利。在 40 年的时间里，地面下沉损失使英国保险公司的成本超过了 50 亿英镑。

地面下沉通常并不总是与地面运动有关，通常是干燥天气和树根活动引起的粘土收缩。英国保险公司的索赔费用数字的高峰值与长期干旱的时期相对应，即 1989—1992 年、1995—1997 年以及 2003 年。在 1989—2003 年的 14 年间，英国保险业的总成本接近 48 亿英镑，年平均成本为 5.98 亿英镑。这与北美飓风造成的损失相比相对较少，但仍然是一个持续存在的问题。随着近年来气候的温和，年索赔额从 55 000 英镑减少到 28 000 英镑，平均维修成本低于 7000 英镑。即便如此，仍然可能存在大旱的年份，英国保险公司可能面临高达 10 亿英镑的索赔费用。

保险公司有义务根据保险条款向投保人赔偿"损失或损害"。这通常导致价值（或现金）结算或地基维修成本减少，从而变成一种优势。维修过程本身可能需要几个月，但事先调查的过程可能需要几年时间。在此期间，房主通常被"锁定"在该房产中，而他们自己可能直到第一次搬迁时才发现这一问题。近期，保险公司通过转让任何未决索赔的利益来释放销售过程，它们在调查和维修过程中变得更积极主动。

在最糟糕的情况下，住宅会滞销。与洪水和火灾一样，这可能是非常情绪化的时刻。如果销售涉及由于工作机会而导致搬迁，那么职业可能会受到影响，销售可能会失败。众所周知，婚姻的破裂是由于持续存在的问题。通常所说的地面下沉索赔往往是以其长期具有的性质以及其所涉及的情绪困扰为特征。

造成地面下沉的两个主要原因如下。

■ 树木导致的粘土收缩，使树木根部缺失水分，且这种情况经常因长时间的干燥天气而加剧。

■ 渗漏排水对地基以下主要沙质或粉质地面的影响，导致软化或冲刷效应。

地面下沉的预测

地面下沉损害非常复杂，涉及多个相互关联的因素，如图 7.1 所示。

图 7.1　地面下沉原因

■ 建筑物的结构和建造材料。

■ 建筑物的年代通常与地基的深度有关。

■ 地基的深度以及是否有地下室常常扮演着天然枢轴（中心点）的角色，建筑物的其他部分基于这个"支点"铰合在一起。

■ 建筑物的形状，在扩建过程中，随着扩展的结构逐渐远离主体扩建的部分，它们通常更加脆弱。

- 地面条件——沙土、粘土、粉砂、沙质淤泥等多种组合有时使地面具有非常特殊的局部特征。

- 排水管的位置和年限，以及它们与地基的接近程度。如果地面为特别的粉质或沙质，泄漏的排水沟可以软化或冲洗底层，导致下层土壤的强度下降。

- 鉴于不同的树木具有不同的"需水量"，树木的位置和类型及其对粘土土层的干燥效应。树木与受影响的建筑物的接近程度是一个关键因素。

- 树冠的大小是因为树根的需水程度与树冠的大小和叶子的水分的蒸发程度有关。

- 气候条件，通常是热量和蒸发量，用每年平均温度来测量。

最初由结构工程师协会于 1994 年发布有关地面下沉危害的明确指南可能是《低层建筑的地面下沉》，但该指南自那时以来又有了进一步的更新。[11] 该指南代表保险市场中众多从业者的利益，从保险公司到维修人员。它仍然是在更广泛市场上进行合作的强有力证明。基础材料最终导致了地面下沉论坛的形成[13]，该论坛已经发布了自己的指南，并与其他机构（如 Hortlink）保持一致。（Hortlink 是一家专注于树木对建筑物影响的英国园艺研发机构。）

树木的实际类型非常重要，因为不同的树木从地面吸收不同程度的水分，这对附近的房产造成损害。树木专家（也称树木栽培者）研究[12] 发现了不同类型树木之间的明显差异。例如，柳树被视为特别"吸水"，最有可能在建筑物基础之下造成粘土收缩。诸如英国的粘土研究组织（CRG）等机构经常持续地调查树木、地面条件和天气之间的模式。这不是一件容易的事情，但直觉上，他们通过追求数据分析导向的方法来解决问题是有道理的。

由于所涉及的变量，地面下沉问题在数据分析背景下特别有趣。此外，房主对可能最具有价值的资产的问题做出回应也有行为属性。一些房主对于相对较小程度的损坏反应过分渲染，而其他人对于看不见的严重损害可能会比较自满。贷款人和未来的保险公司也可能会就他们的风险偏好制定规则，无论其是否为他们准备进行抵押或提供未来保险的财产。

预测的准确性将随着计算能力的提高和更强的分析能力而提高。然而，目前的低水平和索赔成本不可能推动所需投资，也不可能在全球范围内解决保险问题的相对局限性。也许这一问题的初创领域存在利基机遇。

　　另一个需要考虑的问题是，绝对肯定地预测损害的能力对保险公司而言至关重要。保险公司只需要了解发生此类损害的可能性，以便它们以合理的准确性对风险进行评级。保险公司是否有可能在意识到自己在承保知识方面并未优于过去之前，花费大量金钱寻求数据并进行数据分析？

　　对保险行业而言，重要的是在数据分析投资中思考投资收益递减的概念。保险公司可以寻找额外的数据和洞察力，但真正的问题是，它们可以在定价或竞争优势方面获得什么程度的额外的利益或优势？竞争可能处于"承保的边缘"，但费用是多少？即使只是在情绪的氛围里，保险公司也需要了解投资回报率，以决定是否需要进行数据分析。

　　多年来，调查和维修过程也发生了很大的变化。一旦建议的方法是扩散性的，通常涉及被称为支撑结构的重大基础维修，当前的首选方案是考虑减缓行动和"拭目以待"的做法。这降低了成本，但延长了索赔期限。在相关的树木沉降的情况下，常常砍伐或移除树木，使房产保持稳定，而维修主要仅限于上层建筑。树木管理的性质似乎很重要，但仍然存在一定程度的不确定性。如果树木管理是灵丹妙药，那么也需要定期维护和形成持续的成本。

　　调查和成功补救的一个证据是建筑是否在继续移动，以及这种移动是否在结构上特别明显。远程监控运动的能力越来越多地取代物理检查。然而，物理调查的成本仍然很低，在许多情况下它比技术方法更加廉价。如果技术成本具有吸引力，则在物联网环境中的远程监控是一个有效的解决方案，但是如果强制将传统方法的成本降低，这种方法就会减少，甚至可能推动新的业务模式。

　　连续远程电报监控的一个强有力论据是它提供了移动和失真的持续记录。这与物理测量的独特性相反，只有自上次测量以来的变化程度或"增量"才能捕获为记录。连续监测可以帮助这一行业更好地了解树木的影响。天气条件和地面水分蒸发也是主要影响因素。更多的数据可能会使我们更深入了解所有这些影响，但在地面下沉损失的情况下，这如何改变市场的最佳实践？

　　从表面上看，至少从家庭索赔的角度来看，地面下沉是保险环境中最困难的情况之一。专家们已经收集并分析了多年的数据，仍然无法准确预测建筑物是否会遭遇下沉。这不是专家的错误，也不是信息收集过程的问题。相反，这是情况复杂的一个特征。近年来地面下沉保险索赔数量的减少已经消除了投资上的"燃烧平台"。这种影响可能是暂时失去重点，但是如果未来可能出现技能短缺或人才损失，可能仍然会对重大地面下沉事件造成影响。

这个相对平静的时期的索赔数字不应是自满的借口。它在一个更具控制性和风险较低的环境中提供了重新审视整个业务模式的机会。新的参与者过去曾经做过这些事情，但也许还有尚未发现的冒险方式，既创新又有破坏性。

7.4　冰雹

冰雹通常持续不超过几分钟，冰雹石可以重达两磅（约为 0.9 千克），因冰雹伤害造成的索赔费用很大，保险公司特别有兴趣了解可能发生的损害和潜在的成本。冰雹的形成机制非常复杂，涉及蒸发、对流，并最终导致称为"云顶"的云现象，这可以通过雷达进行检测（如图 7.2 所示）。

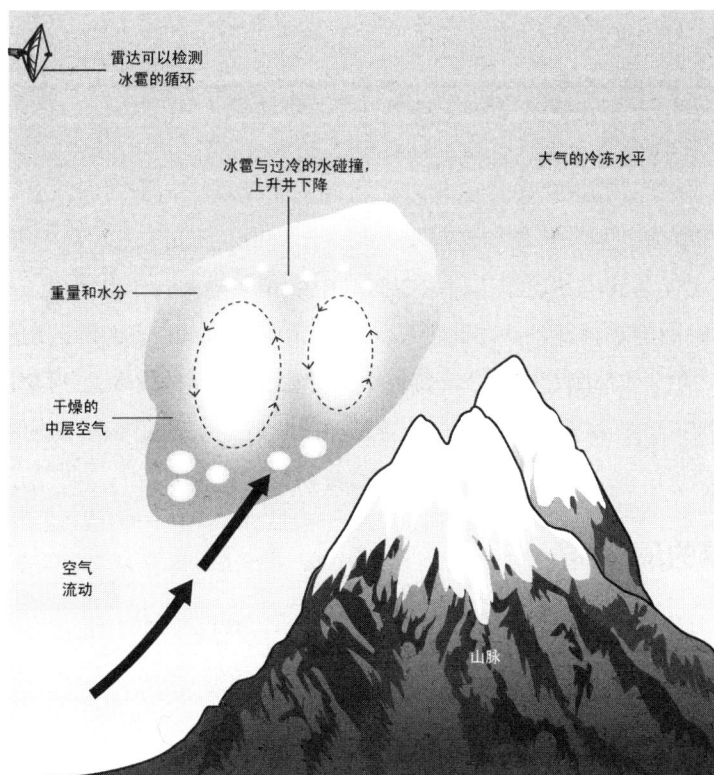

雷达可以检测
冰雹的循环

冰雹与过冷的水碰撞，
上升并下降

大气的冷冻水平

重量和水分

干燥的
中层空气

空气
流动

山脉

图 7.2　导致冰雹的原因

根据美国国家海洋和大气管理局（NOAA）的数据，美国对作物和房产的年度成本约为 10 亿美元。根据美国的数据统计，2015 年有 5411 次重大雹暴，当冰雹直径超过 1 英寸（约为 25mm）时，将冰雹事件描述为"重大"冰雹事件。表 7.1 列出了 2015 年美国五大冰雹事件。在美国，2011 年每 1000 辆受保车辆中，由冰雹造成的汽车损失赔偿 5.9 次，而 2008 年和 2009 年为 2.9 次，2010 年为 2.7 次。[13]

表 7.1　2015 年美国五大冰雹事件

排名	国家	事件数
1	得克萨斯州	783
2	堪萨斯州	519
3	内布拉斯加州	458
4	俄克拉何马州	349
5	南达科他州	283
	美国	5411

资料来源：美国商务部、国家海洋和大气管理局、国家气象局

2000—2013 年，在总计达 540 亿美元的索赔额中，美国保险公司支付了 900 万美元的雹灾损失索赔。这些损失大部分（70%）在过去 6 年内产生。[14]

这不仅仅是北美的现象，因为中国、中欧和南澳大利亚也经历了冰雹。在欧洲，德国南部和西部、法国北部和东部、比荷卢南部和东部地区发生过雹暴事件。在 2013 年德国北部的 3 次雹灾中，保险公司的预估成本为 32 亿欧元（约为 25 亿英镑）。在法国，2014 年，Hailstorm Ela 保险公司成本为 23 亿欧元（约为 17 亿英镑），190 000 辆车和 140 000 处房产受到影响。[15]

冰雹风暴的预测

通过对冰雹灾害的认识和分析，可以对冰雹灾害进行预测。

- 雹石尺寸；
- 现有损失数据；
- 目击者报告；
- 天气数据库；

- 气候变化模式；

- 遥感。

除此之外，损害成本受到人口统计、人口密度和事件发生时间的影响。"沃尔夫冈"冰雹事件（保险公司成本为 1.15 亿欧元）的主要因素之一是当时道路上很多车辆遭遇了风暴，雹暴发生时为上下班时间，所以大部分为对汽车造成的损害。随着屋顶太阳能电池板使用的不断增加，也可能会面临更大的损失风险。

在许多情况下，与其他承保事故一样，可能无法将数据进行比较，因为数据可能与不同的研究期间、粒度级别以及直接或间接获得的信息有关。越来越多地使用雷达和人群采购有助于提供更多的信息。卡尔斯鲁厄理工学院（KIT）等专家机构的工作和 2014 年伯尔尼第一届欧洲冰雹研讨会等会议正在抛出与这一主题相关的越来越多的亮点，并表明遥感预测"既实用又可行。"

7.5　飓风

我们不仅为飓风命名，像"卡特里娜"或"桑迪"，还赋予了它们一些数字级别。数字范围为 1 ~ 5，取自萨菲尔—辛普森飓风等级。[16] 气旋内的一点离地面 10m 以上的风速被测量。级别 5 是最强的，风速超过 157 英里 / 时（约 252 千米 / 时）。等级为 5 的飓风极具破坏性。

飓风等级为 5，意味着将会发生灾难性的毁坏：大量房屋将被毁坏，屋顶全部被掀翻、墙体倒塌。倒下的树木和电线杆将挡住住宅区。停电将持续几周甚至几个月。大部分地区将几周或几个月无法居住。

飓风灾害的预测

保险公司无法防止飓风，但通过利用数据分析，它们在事件发生之前和造成损害之后了解其影响力的能力已经大大提高。预测飓风发生的能力已持续了一段时间，且对飓风影响力进行建模的能力是一些专业公司的核心能力。新的挑战是如何更快、更准确地做到这一点。

由于 2005 年发生的"卡特里娜"飓风重蹈了分别在 1915 年、1940 年、1947 年、1965 年和 1969 年的洪水灾害，新奥尔良遭受了重大损失。继 1992

年"安德鲁"飓风（这是当时美国历史上最具破坏性的飓风）之后，灾难模型得到了大量的改进。

由于以下原因可以进一步改进模型。

■ 从之前的事件收集更多的索赔数据。

■ 更好的事故模拟。

■ 更准确的财产信息。

■ 考虑飓风在整个生命周期中的影响，而不是其登陆。

■ 模拟防洪防御的失败。

使用灾难风险工程以及业务连续性规划和应急程序有助于为保险公司提供更全面的灾难风险管理计划。在重大事故发生后，随着防御物的更换和对房产的维修，它们的弹性越来越强，并且疏散计划也正在改进。改进似乎相对较快。发生于 2008 年的"古斯塔夫"飓风，97% 的客户自行撤离，在该市的援助下共有 21 000 人完成撤离。[17]

这些并不仅仅是保险问题，而是反映了综合的公共 / 私人协作观点的需要。这不是新思路，而是这个想法反映了洪水灾害已经存在的挑战。

对于飓风，保险公司热衷于了解当前和预期的风场条件、事故的当前和预期位置以及两者对客户群的可能影响。根据这些因素，保险公司可以了解飓风对其业务的影响程度，这还有助于它们更好地了解其偿付能力资本要求，以及如何优化再保险安排。再保险和灾难债券公司也热衷于了解事件的财务影响，以及它们的政策对事件做出反应的程度。

就飓风事件而言，保险公司和再保险公司都渴望预测未来，以确保它们仍然有利润和偿付能力。然而，对预测损害进行有效的事后评估是很重要的。事后评估有利于它们使用可能无法实时提供的额外观察，以便对未来可能的预测有更深入的了解。当前的研究领域是为了更好地理解飓风中的"能量"，以了解其破坏力，而不是依赖于萨菲尔—辛普森飓风等级的方法，该方法实际上是一个"点方案"（一个移动的点）。

计算飓风的"能量"被称为综合动能（IKE）方法。它将飓风视为一系列具有不同风速，因而具有不同破坏力的同心圆。这种方法考虑了飓风的大小以及强度。移动飓风的总动能被称为"TIKE"，以题为《大西洋热带气旋的追踪综合动能》的论文命名。[18]专家正在研究从卫星、飞机和雷达等各种监测装置获得的历史飓风数据，以更好地了解数据与飓风实际损害之间的关联性，实际更新"TIKE"模型并进行改进。除此之外，卫星遥测技术还声称能够在海洋中较大的风浪之上测量微小的毛细表面波，以此作为潜在的飓风发生的指标。[19]

7.6　恐怖主义

根据定义，恐怖事件是不可预测的，因此造成了最大的威胁和恐惧。尽管如此，在评估风险和潜在损害程度方面仍然具有数据分析性观点。

首先考虑风险评估问题，数据分析可以用于对恐怖主义和政治风险的评估，专家组结合智力水平对政治和暴力事件进行评估。典型的数据分析能力包括"影响绘图、指标识别、情报收集、政治风险定性预测、情景分析和模拟"。[20]

政治风险本身也有一定程度的不确定性。通常在事后才能知道一个风险被夸大了，而另一个风险被忽略了。政治风险主要是经验和判断的问题，但越来越多的社会媒体在理解地方情绪方面发挥了一定的作用。专家组通常以某种形式的度量或颜色编码量化风险程度，从而提供基准元素和更好的可视化程度。

恐怖主义风险既可以造成物理伤害，也可以间接通过绑架进行伤害。绑架勒索保险（K&R）仍然是专业保险组合的重要组成部分，一些国际公司甚至对关键员工进行了承保，而未实际告知员工。除此之外，《孤独星球》指南甚至还向个别旅客建议，某些地区如果没有适当的绑架／人质保险，则最好不要进入这些地区。

在数据分析的背景下，政治、恐怖主义或人质风险的量化似乎只不过是量化事件发生概率的尝试。这可能是基于索赔历史、个人见解、媒体分析、人群评论或甚至只是"直觉"。也许这是非结构化的"黑暗"信息更多地用作数据分析组合的一个领域。

预测恐怖主义损害

存在着恐怖主义与物理伤害相结合的趋势，如轰炸的影响。越来越多的思想似乎认为恐怖主义并非重大事件，而是一系列较小的连续性事件的总和。保险公司不得不考虑以下两种典型情况。

■ 一个大型事件，影响附近的多处财产。在这种情况下，保险公司将考虑其风险积累，以及哪些财产可能受到爆炸的直接影响。对某些保险公司造成的特别挑战是，它们并不总是确定所承保的房产。这通常适用于有子公司（有多个商品名称）的大公司。

■ 多个较小的事件可能会造成破坏和困扰，但可能具有较少的物理伤害。与商业名称及其地点相关的相同问题也适用。

在单一物理爆炸的情况下，会出现一个单一的爆炸圈，规模取决于设备的大小，如果发生一系列较小事件，可能会重叠部分爆炸圈，使风险和危害的分析更加复杂。如果悲观地看，那么一些财产组合甚至可能被证明是不可靠的。

针对一个重大事件起草的应急计划在多起事故中可能会受到限制，因为在更大的范围内可能会发生业务中断。在所谓的"脏炸弹"的情况下，一般会长时间限制访问。当出现多个"脏设备"时会使问题更加严重。保险公司能否真正有效地规划这些最坏情况下的多种事件情景，包括运营回应、再保险或资本要求？当监管机构要求进行压力测试时，在当前不稳定的环境中系统应该承受多少"压力"？

显而易见，防患于未然是上策。越来越多的保险公司、经纪人和风险管理人员不得不考虑"最坏情况"，并越来越多地考虑预防措施，而不是针对性的解决方案。数据分析在这个讨论中发挥重要作用，特别是将财务绩效管理工具与位置分析整合在一起。也许这不是数据分析公司和 GIS 公司可能希望在其网站上展示的能力，但明智而谨慎可能不会出错。所有这些都不能防止事故发生，但可以减轻损失并改善恢复过程。

7.7　索赔程序和"数字客户"

所有这些索赔类型都是在"数字客户"的背景下进行的。有些人认为"数字客户"的概念只涉及销售、营销和分销流程（涵盖在其他地方），但投保人所获得的新的沟通能力具有深远的影响。我们探讨一个现实的案例研究，该案例涉及作者的一个家庭成员，其房子全部焚毁。

在这种情况下，幸运的是没有人身伤亡，但可能会造成很大的差异。在美国，

2013 年居民火灾死亡人数为 2755 人。相比之下，2013—2014 年，英国的火灾死亡人数为 322 人，比 2012—2013 年度减少了 20 人，是过去 50 年以来火灾死亡人数最低的。1985—1986 年的死亡人数最多，为 967 人。从 20 世纪 90 年代到 21 世纪，死亡人数呈下降趋势。即便如此，丧亲之痛也不一定会刺激投保人的强烈情绪反应。

尤其是在木房屋中发生火灾，造成伤害或死亡的风险更大。由于洪水通常会轻轻地渗上来，并且预测可以预示未来的恶劣天气，但火灾的发生非常迅速、急剧且意外。有小孩的家庭可能会发现自己处于黑暗之中，身上只穿着睡衣和善良邻居的外套。他们已经失去了家园，也许还失去很多"感情财产"。

这种灾难性事件也可能是保险公司第一次遇到。保险公司及其代表的行事方式对它们与客户的未来的关系走向至关重要。当尘埃落定，余烬冷却时，它们有时倾向于通过"达成交易"以现金结算的方式尽早提出索赔。这实际上将责任负担转交给投保人以清理现场、设计并安排重建。保险公司不应低估这种负担对工作和受创伤的家庭的影响。一些受影响的投保人甚至可以将其视为"不择手段的赢利行为"。

在发生灾难的情况下保险公司的负面行为很快就会被公之于众。即使家被摧毁，个人恢复的第一件事就是"联网"。虽然他们之前的 Wi-Fi 调制解调器可能成为火灾中的一堆灰烬，但房主将很快进行电话及网络的安排。就这一点而言，当他们上网时，保险公司潜在的问题就开始出现了。保险公司或其代表的不良或负面行为迅速并广泛地传播。社交网络的成员将受到保险公司报价、提案、行为和回应的打击。他们对索赔人感到同情，对中介机构的行为感到愤怒，或者甚至大肆地宣传。一些索赔人可能只有少数联系人，但其他人可能有数百、甚至数千个联系人。在这种环境下，保险公司应该知道它们正在处理哪些事情。令人不安的"数字客户"在索赔时是一个强大的实体。

保险公司及其代理商有时也含蓄地考虑到其受影响客户的"价值"。这一"价值"可以考虑总的寿命价值，即与个人未来关系所预期的利润、其商业利益（例如他们对企业的所有权）、他们的人寿和养老保险政策等。即便如此，许多保险公司仍然努力使其业务具有足够的透明度，并且对客户有单一的看法。传统思维方式的"价值"也许在数字时代也发生了变化，它是根据个人社交网络的规模和影响他人的能力来衡量的吗？

并非所有被火灾破坏的建筑物都是"相同的"。有些可能在结构上受到损害，而其他具有复原能力的建筑物则可能会受到烟尘的危害。烟雾和烟灰渗透房屋，进入抽屉、衣柜、橱柜、室内装饰品和硬装饰。快速开始清洁过程是重要的——但是在快速清洁和承认保单责任之间也存在着平衡。检查员或理算人对客户开始清污作业持"不反对"态度，但拒绝接受保单责任，直至调查完成，这是一个站不住脚的借口（但有时是可以理解的）。

同样，清理过程本身需要一定的敏感性。如果房产被焚毁，几乎所有的财产全部丧失，房主可能会仔细检查碎片，看看有没有可以"抢救"的财物。这是在过程驱动的时代需要的敏感性情绪。关键绩效指标非常重要，但可能不以牺牲"正确的事情"为代价。

这一过程在数字时代如何变化？是否需要以互联网速度做出更快速的决策，而结果是否会开始改变这一过程？在信息可用性和关于保险责任决策之间进行权衡的能力将越来越重要。保险公司很可能需要更快地承担责任，因此，它们在补救过程中变得更加主动、更敏感。

保险公司是否有可能根据观察资料和其他可用的资料进行决策，而不是仅仅根据实物证据？也许这将会越来越强迫保险业走上自动化决策的道路。

注释

1. Lamond Booth 等．洪水灾害．对建筑环境的影响和反应．CRC 出版社，2012.

2. 英国损害管理协会，2015.

3. E.P. Evans 等．"2004 年定性风险分析的未来洪水预测更新"．伦敦：英国内阁办事处，2008.

4. 伦敦消防队．"第五届伦敦安全计划 2013-2015（LPS5）"伦敦，2013.

5. Knight, Sir Kenneth．"面向未来：英国消防和救援机构的效率和运行情况的审查结果"，伦敦：汉城文书局，2013.

6. 社区和地方政府部门．"2012 年 4 ～ 9 月火灾统计数据监测"．伦敦：英国政府，2013.

7. 国家消防协会．"2013 年美国火灾损失趋势与格局"一站式数据库，NPFA No.

USS47. 火灾分析与研究部, 2015.

8. 俄亥俄州保险部. "红旗指标". 俄亥俄州, NA.

9. 社区和地方政府部门. "消防统计: 英国 2013 年 4 月~ 2014 年 3 月". 伦敦: 英国政府, 2015.

10. Koksis, Richard C. "Arson. 探索动机和可能的解决方案". 堪培拉: 澳大利亚犯罪学研究所. 犯罪和刑事审判的趋势和问题. 2002 年第 236 号.

11. Clancy, Brian 博士等. "低层建筑物的沉降". 伦敦: 由结构工程师学会出版, 2000.

12. Mercer, Giles, Reeves, Alan 和 O'Callaghan, Dealga "树木之间的关系, 与建筑物的距离以及粘质土的沉降事件". (2011)《园艺期刊》33: 229-245.

13. 保险信息研究所. "冰雹". 由保险信息研究所出版.

14. Verisk 保险解决方案. "在美国的财产冰雹索赔: 2000—2013 年". 由 Verisk 出版.

15. 威利斯研究网络. 伦敦, 2015.

16. 国家飓风中心. 迈阿密, 2015.

17. 威利斯集团. "Resilience Magazine" 伦敦. 由威利斯集团发布, 2005.

18. Misra, V, DiNapoli, S. 及 Powell, M.. "大西洋热带气旋的追踪综合动能". "美国气象学会每月天气评论", 2013, 141 (7): 2383-2389.

19. Misra, V 等. "有更大更好的方法来量化飓风的大小和糟糕程度". 由 "Conversation" 发布, 2015.

20. Wray, Robert. "对 Simon Sole 的采访". 华盛顿特区. 由 Robert Wray LLB 出版, 2013.

Analytics for Insurance
The Real Business
of Big Data

CHAPTER 8

第 8 章

责任保险与数据分析

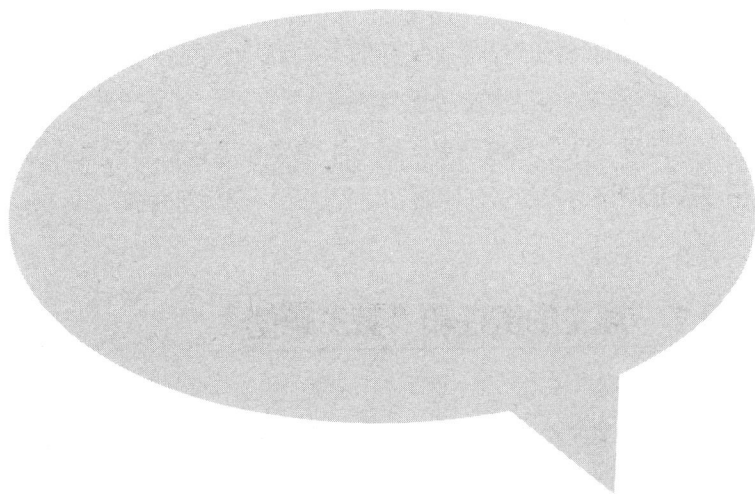

广义上的责任保险（与一般保险或业务中断保险不同）指通过如法律、妨害行为或疏忽等方面的法律问题为投保人提供保险。通常，付款方不是向投保人付款，而是付给投保人的第三方（或多方）。通常会排除通过故意行为或根据合同承担的索赔。

本章并非深入讨论责任保险，而是考虑数据分析如何发挥作用，或者将来如何发挥作用。

责任保险的常见类型可能包括以下几种。

- 雇主责任险，也就是美国的"劳工赔偿"。

- 公众责任险，扩展到遭受损失或因投保人的行为或疏忽而造成损害的公众人士。

- 产品责任险，与投保人提供的商品相关的产品责任，证明产品本身有缺陷。

- 第三方责任险，如发生车祸。

此外，我们还将简要回顾一下董事和高级管理人员的责任问题，尤其是网络安全漏洞引起的责任问题，尽管这是一个相对较新的关注领域。

8.1 雇主的责任和"劳工赔偿"

雇主责任和"劳工赔偿"保险在美国是一种旨在为受伤的员工提供持久的

工资和医疗费用的保险，可作为员工直接从雇主寻求补偿的替代方案。实际上并不排除这种行为的发生，但在某些情况下可能会降低此类法律行为发生的可能性。

涉及"劳工赔偿"（通常是缩写）的都是目前存在争议的主题。这些会话主要是为了实现适用性，以及保险公司将其义务委托给公共福利机构，称为"雇主对一般纳税人应尽的义务"。[1] 因此，"请求免除"越来越受关注，企业选择免除"劳工赔偿"并制订自己的补偿计划。争论主要是关于什么是适当的补偿方式，以及美国州与州之间补偿方式的差异。这是一个复杂的政治问题，但保险的核心是赔偿受伤员工和保护雇主的承诺。

欺诈是"劳工赔偿"极为困扰的问题——也许是最大的问题之一——数据分析是减轻和避免欺诈行为的核心部分。作为分析的一部分，大数据的使用越来越多地影响了欺诈的程度。

8.1.1 "劳工赔偿"索赔中的欺诈

欺诈可能包括以下 3 个层次。

1. 员工。员工欺诈通常涉及工作场所中不持续的伤害、伤害程度、纯虚构（通常是背部或颈部的伤害，如鞭打，这是难以准确识别的）或伤害期的延长。

2. 雇主。雇主欺诈主要包括员工、企业的规模或所涉工作性质的错误描述。

3. 医师。医师的欺诈涉及不必要的检测或治疗、想象的治疗或错误的诊断。实际上，我们在财产供应链的其他地方看到了许多相同的特征。在医疗环境中，这通常包括例如过度的 MRI 扫描。

法律规定"劳工赔偿"确定员工在受伤时有权享有的金额，分为以下五大类。

1. 医疗和福利。

2. 损失工作日的补偿金。

3. 终生残疾补偿。

4. 补充工作离职福利。

5. 死亡福利。

涉及的法定金额也是存在争议的事项，因为律师认为这些数额不具有代表性。另外，保险公司回应称，系统中的欺诈程度需要某种类型的上限程序。与其他类型的欺诈一样，它可能是机会主义或有组织的。专家们认识到，这种方法是一种不完善的科学，但相比员工在每一场合均需要进行法律诉求而言是一种更好的方法。

与普通保险一样，一些关键的欺诈诱因应表示关注"劳工赔偿"索赔。这些可能包括：

- 事故缺乏证据或证人；

- 工作的性质，例如季节性的工作，也许恰好在解雇或合同结束之前；

- 延迟通知；

- 所述的工作伤害与实际症状之间的不一致性；

- 恢复期过长。

在经济波动尤其是经济衰退期间，这些欺诈事件的发生频率也可能更高。

国家补偿保险委员会（NCCI）在 2015 年的《问题》报告[2]中，不仅着眼于目前的索赔，而且还关注 20 ～ 30 年前提出的索赔。他们发现索赔结果根据索赔人的年龄是明显不同。他们将这种差异解释为：

- 所需医疗服务的数量；

- 医疗服务的总体平均价格；

- 损伤组合；

- 处方药，尤其是毒品；

- 四肢瘫痪和截瘫索赔。

有 3 个关键的数据分析流程适用于这一类保险的欺诈检测。

1. 捕获结构化和非结构化信息。目标是尽可能多地获取有关雇主、员工和事故情况的信息。似乎某些事件或情况的异常组合可能会提醒人们这些是否涉及同一个医生？（通常情况下，保险公司之间存在转换，以避免任何趋势被识别。）

2. 根据所提供的证据，预测结果可能是什么，实际结果如何与预测结果相符？这需要了解一些类似伤害和治疗恢复的时间。治疗费用增加了吗？

3. 分类决定和证据告诉我们——这是否符合我们的期望，我们应该采取什么行动？早期干预有助于治疗。如果索赔是合法的，而且如果存在疑问，则这不仅对于索赔过程极为关键，而且当存在疑问时，对收集证据也极为重要。

与所有的数据分析过程一样，本质不在于洞察表示，而是企业在最佳实践方面可能会发生什么变化。有效使用数据分析可以使保险公司能够改正目前的做法，从而提高有效性和盈利能力。

最大的问题之一是伪造或装病。大量案例表明"特别调查员"对不法人员进行"追踪"和"拍摄"，是因为他们声称自己是残疾的或不适合工作的。调查人员越来越多地使用社交媒体来辨别差异。这通常可能会辨别出因残疾而无法工作的员工、因身体素质甚至能去滑雪的员工或二次就业的员工。

目前呈现出一种欺诈者试图保持比调查人员"先行一步"的趋势。事实上，很多欺诈者在本质上都是"专业"的。他们拥有最新的知识分析和调查技术。因此，对于保险公司而言，自然需要格外谨慎地不放弃所有的调查过程，而这种方法在本书中受到推崇。

有些人质疑以数字化方式"窥探"可能无辜的人是否合法。在目前的技术时代，保险公司可能会定期雇用"特别调查员"跟踪并监测可能有"问题"的索赔人。如今技术的使用仅仅是更新现有的调查过程。

虽然欺诈行为的捕获至关重要，但快速处理"诚实"索赔的能力也有明显的益处。保险公司早已意识到时间和成本之间的相关性。解决索赔所需的时间越长，所花费的费用越高。

提高反欺诈互助会对数据分析能力的认识具有关键优势。它不可能起到完全的威慑作用，但可能会影响那些处在欺诈边缘的人员。爱尔兰保险协会采取了一种有趣的方法，在提高对欺诈的认识方面非常公开。它们指出，保险欺诈对每个人都有影响，因此，团结一致是"共同的利益"。它们表示这样做，所有人的保险费用都会减少，并且它们在展示机场海报以及进行新闻宣传活动时也考虑了这一点。

成长型市场上的欺诈保险行为问题也毫不逊色。例如，在南非，以微型保险形式为群众提供保险的愿望，尤其是葬礼险，导致了伪造出生和死亡证明的新行业。从许多情况可以看出，系统是被创造出来的，但个人仍然可以根据自身的优势在系统中找到适合自己的工作方式。

这似乎表明，雇主、员工、供应链和投保人的欺诈可能在可预见的将来仍然与我们同在。欺诈是个人的一种不良行为，有时与保险业有着相当复杂的关系。

8.1.2　雇主的责任险

在英国，雇主有义务在工作期间或由于工作条件就雇员的伤害、疾病或死亡等方面进行投保。其他地区也有类似的法定要求。在英国，必须由授权的保险公司提供保险，保险金额可高达 500 万英镑。1969 年《雇主责任（强制保险）法》规定了这项要求。但也存在例外，尤其是公共部门的工作人员以及一些家庭成员，他们是由公共基金赞助的。根据法律规定，包含学徒在内的所有根据服务合同提供服务的人都需要投保。[3]

与前文所述的"劳工赔偿"条款相同，在此过程中也可能发生多次欺诈。欺诈没有地理限制。经济环境不可避免地导致新兴的欺诈趋势，2014 年，社会保健行业袭击索赔的事件明显增加。这主要是由于服务用户对雇员的袭击或雇员的持续性伤害。

2014 年，专业保险公司 Markel 发现在服务用户遭受袭击后，护理人员受伤人数同比增长 15%。关于在雇主责任保险下发生的全行业欺诈行为的数量似乎相对较少。这可能是未来将要进一步调查的一个领域，特别是紧缩的经济条件可能成为疏忽行为的催化剂。

8.1.3　预期损失索赔的有效分类

在"劳工赔偿"保险和雇主责任方面，早期干预是降低索赔成本的关键。保险公司越来越多地采用分析性影响的分类减轻伤害的后果和成本。分类的目的是：

- 在紧急情况下减少咨询时间；
- 建立早期干预治疗；
- 确定需要更详细的专业知识。

通常的流程是由经培训的护士或医学专家进行电话评估，以了解伤害的性质、发生了什么以及已经进行的任何治疗。经常使用基于数据分析的程序来确定最合适的方式。这种方法的本质在于，它有助于使保险公司将被动性索赔管理解决方案变成主动性索赔管理方案。

执业医生[4] 所述的主要优点如下。

- 损伤和索赔管理流程最佳实践的一致方法。
- 减少时间损失，并尽量最小化"失去的生产力"。
- 减少职业康复支出，降低索赔成本。
- 最终降低工人保费。
- 对于保险公司，降低损失率，提高盈利能力。

8.2　公众责任

在考虑"公众责任"的含义，即由于疏忽、妨害行为或法规造成的损失或损害的责任时，数据来源增加的优势日益成为一个重要的问题。

如果保险在公众责任保险方面的重点是投保人对造成损失或伤害的行为或不当行为的法律责任，那么基本推论就是投保人实际上负有法律责任，需要确认这一点的证明或严格的赔偿责任。对于保险公司而言，这意味着收集的所有证据和获得的参考点必须能被视为法庭证据。这种方法被称为"证据规则"，不包括传闻和轶事等证据。

在调查过程中，可能会出现不能直接利用的新的或其他证据，尤其是来自非结构化、匿名或传闻等的证据。保险公司可能需要考量这些来自社交媒体的信息是否可以被视为证据，如果不能直接使用这些证据，保险公司还需要考虑是否也可以考量这些信息涵盖的一些观点。

法院的匿名证据在一定程度上已经可以被受理，其中一个例子是匿名证人陈述。作为基本原则，潜在证人可以匿名提供证据，但这可能会遭到质疑。在美国，这些问题的考量似乎比其他地区更为成熟。也许这是因为美国在技术方面的成熟度更高。美国法院已将《联邦证据规则》用于数字内容。它们认为，数字证据往往更加丰富，难以被摧毁，更容易复制，更具表现力，也更容易获得。因此，一些法院以真实性、传闻和特权为目的，对数字证据进行了不同的处理。

对数字证据的常见攻击是它可以被轻易地改变。然而，2002 年，美国法院裁定，"有可能改变计算机中所含数据的事实显然不足以建立不可信度"，但美国法院经常裁定不予受理数字证据，因为它是未经授权的。

在英国，信息保障咨询委员会发布的一个重要信息来源是《数字证据、数字调查和电子披露：企业、顾问和安全的法务准备指南》。[5] 这是一篇冗长而全面的文件，涵盖以下问题：

- 受理；
- 证据效力；
- 证据的衔接；

■ 实践中的网络证据；

■ 数字证据的衔接。

由于其性质，越来越多地获得更广泛和更可变的数据来源将对证据的数量和范围造成影响。数据的普及和增加的可访问性将越来越多地增加作为责任决策的一部分进行考量的信息量。由技术支持的新的调查过程正在迅速蔓延，保险公司要考虑这些新技术如何最好地适合现有和未来的从业者。鉴于法院将会接受之前无法承认的证据，还不可避免地会出现新的先例。在新的大数据时代，法律职业便会有其用武之地，它们有可能需要确定新的先例。

传统上，甚至直到最近，包括数据分析在内的技术已经用于补充现有的调查过程，例如通过将物理证据与其他类似建模的场景进行比较。所谓的"第4个分析时代"——认知分析的到来开始创造一个"技术在调查过程中走向更核心的地带"的环境。虽然在数据和法律方面已进行了法律讨论，但往往更受关注的是数据隐私和网络安全等问题。保险公司也许需要考虑什么可能构成未来可受理的证据，尤其是美国法院领导可受理的证据。这可能有助于保险公司考虑如何最好地搜集附加信息来证明或反驳责任，或者调查是什么导致它们走向"僵局"。

重点关注责任问题的保险调查人员也必然需要改变，他们的技术必须更加精湛。这并不意味着调查员将被电脑所取代。然而，与其他行业一样，将研究信息和使用数据分析作为该过程的辅助工具，而不是将其视为个人贡献的潜在威胁的能力将变得越来越重要。

8.3　产品责任

产品责任险的本质通常是为商业企业的投保人提供产品损失、损坏或破坏的保险。这种责任可能不取决于实际制造产品的投保人。即使投保人的业务名称标在产品上，或者出现业务的维修或产品变更，也可能产生责任。

如果涉及食品，则使用远程传感器并分析现有的数据有助于调查产品损坏的过程。这可能是保险责任，也可能是相对的潜在代位权（针对"第三方的诉讼"）。就有缺陷的产品本身的保险责任范围而言，数据分析可能有助于了解问题的程度、分布或客户反应方面的缺陷。使用数据分析方法来接触可能受影响的客户也可能在这方面发挥重要作用。

常见的例子是使用远程信息处理技术来监测牲畜、进行跟踪，并根据状况和位置进行分类。这能够深入了解畜牧业本身，并且可以帮助解决牲畜的健康和状况问题，除此之外，它使有兴趣的利益相关者更好地了解食物链。在发生疾病或出现污染的情况下，这些信息将非常宝贵。了解存储条件、运输和分配的能力必然增加保险公司的洞察力。使用数据分析，由于供应链生态系统内正常流程的异常或差异，可以自动创建警报。

8.4　董事及高级管理人员责任

董事及高级管理人员（D&O）责任险已经越来越关键，因为董事、高级管理人员逐渐处于各项活动的第一线，并对其行为负责。随着时间的推移，政府对公司活动的兴趣也随着财务披露而增加，这导致他们需要更多的保险。监管和遵守是许多企业的议程的首要任务。由于企业股东的活动，股东也面临更多的危机，小股东也会寻求更多的参与。

管理不善、疏忽、欺诈、不诚实、诽谤与企业行为并存。巨大的破产以及损失惨重的收购和管理不善的收购已经发生了。外部、环境压力、道德规范和企业社会责任问题都叠加在一起。行为已成为公司声誉的重要组成部分。增加汇编董事和高级管理人员的责任的法规，以进行更多的说明，但实际上是让董事和高级管理人员对他们的行为负责。

D&O 保险是一个非常专业的领域。可以在许多领域进行索赔，如下。

- 不符合股东最大利益或以高价进行收购和兼并。
- 违法经营，例如，一家企业在无力偿债的情况下进行交易。
- 金融违规行为，例如内线交易。
- 合同事宜，包括违反保密事宜或违约。

更多地利用数据分析使任何企业的高管有更多的义务清楚地了解公司的情况和已进行的任何法律报告。所谓的数据分析"民主化"，即无须求助 IT 部门就能找到数据分析答案的能力，这意味着企业将有更高的透明度。因此，企业的董事和管理人员可能对他们根本无法找出哪里有不当行为这一事实有更少的辩护。

实际上，这意味着随着数据分析的使用在所有行业中变得越来越普遍，D&O 保险下的索赔风险也可能会增加。此外，有可能对董事的记录进行法务检查，以查看他们亲自调查的信息以及在何时进行的调查。或者，如果有需要进行调查，他们应就研究事实进行适当的尽职调查。由于这一额外责任，所有企业的高级管理人员可能要变得更善于分析。这也将扩展到可能合理预期能够获得并调查其业务事务的非执行董事。

索赔调查员对 D&O 保险的能力将包括询问公司的数据分析系统，以查看访问内容、什么时候被访问以及被谁访问的能力。这是保险行业附属专业人员也需要进行改变以适应这项新技术的另一例证。

网络安全是大多数企业的主要风险之一，许多企业也为维护信息和系统负担着大量成本，而其他企业则正利用网络保险作为其综合战略的一部分。受影响的利益相关者可能会适当地询问高管人员是否进行适当的网络风险防范并投保。了解网络安全的详细信息可能超出了董事会中个别高管的职责范围，但他们面前基于数据分析的操作风险指示板应属于自身的责任范围。就这一角度而言，他们应该能从最广泛的角度了解什么是适当的保护措施，以及应安排哪些或有利益的保险。两者之一或两者都失败的可能足以造成 D&O 责任保险下的漏洞。

注释

1. DePaolo, David. "劳工赔偿正遭受袭击". 由 InsuranceThoughtLeader- ship. com 发布，2015.

2. 国家补偿保险委员会. "NCCI：2015 年度工人补偿问题报告".

3. 健康与安全委员会. "1969 年《雇主责任（强制保险）法》. 雇主指南".

4. Overland Health，2016.

5. Sommer, Peter. "数字证据、数字调查和电子披露. 企业、安全顾问和律师的法务准备指南" 第四版. 由信息保障咨询委员会发布，2013.

Analytics for Insurance
The Real Business
of Big Data

CHAPTER 9
第 9 章

人寿保险与养老保险

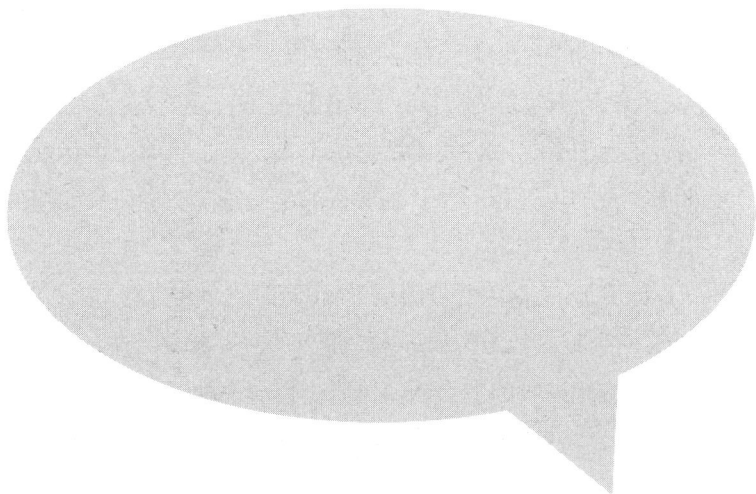

人寿保险，有时称为人身保险，是一种当投保人死亡、患绝症或受到严重伤害时进行偿付的保险。当"事件"发生时，保险公司通常以一次性付款方式进行支付。如果死亡的性质非常可疑，或当保险金额特别大时，保险公司可能会要求出具死亡证明等更多的证据，并且还要更仔细地研究这种可疑的情况。

养老保险在性质上与人寿保险类似，但其保险不是由死亡引发，而是在一段确定的时间内到期。在英国，许多购房按揭安排是以偿还贷款利息为基础的，在贷款期结束时，资金被作为一笔由养老保险支付的一次性贷款偿还。

人寿保险行业非常复杂，保险公司需要考虑很多因素。保险公司旨在使用精算科学，并根据地点、生活方式和其他因素来预测个人寿命，然后设置一个充分考虑到最终支出和行政开支的溢价。

团体人寿保险是为一群人，也许是员工、工会或合作社成员进行投保的保险。在这种情况下，保险公司无法考虑个人，而是将整个群体视为一体，它们通常会考虑企业的规模和类型及其典型的员工基础。选择性问题的使用使保险公司可以管理任何异常。

退休后，养老保险提供固定金额（有时为分期付款）。它包括"固定受益计划""固定缴款"或其他组合的形式。通常的"养老金"表示个人在停止工作或任何其他协议终止时收到的金额。可以由个人安排退休金，也可以通过公司计划提供养老金，作为员工福利计划的一部分。一些养老金规定丧失劳动力的残疾人可以在正常退休之前进入养老计划。

"固定受益计划"是一种基于预设准则而不是基于投资回报的养老金。这一准则可能基于员工的年龄、工作时间、退休年龄等因素。通常称为"最终工资计划",退休金支付的金额与退休时的实际工资或退休前几年的平均工资挂钩。这在美国被称为"美元时代服务"计划。

"固定受益计划"可能受到资助或无资助。在无资助的计划中,雇主不会把钱搁置一边,而是支付款项——无论是以什么方式并在什么时候支付款项。大多数国家的"固定受益计划",都是无资助的,因为养老金的费用支付来源于税收和社会保障缴款。一些国家,如法国和美国,经营储备资金的混合系统,或者在美国,有特殊的美国长期国债。

在"固定缴款"养老金中,缴款被用于个人的基金中。该基金投资于股票市场,投资回报属于个人。缴款可以通过个人、雇主或两者结合。这种方法具有很高的不确定性,尤其是不稳定的市场风险更高。虽然保险公司可以了解缴款数额,但最终的收益结果是未知的。风险和回报完全取决于严重依赖雇主提供建议的个人,而雇主往往负责选择资产管理人和养老金管理人。

9.1　人寿保险与普通保险的差异

普通保险有时也被称为"非人寿保险"。关于人寿保险和普通保险的相似性和差异性,纯粹主义者合理地认为这实际上是两个完全不同的行业。这并不寻常,尽管个别专业人士从一个行业跨越到另一行业并非是前所未有的。两者的相似性在于它们都依靠保险费收入、投资收入,并提供索赔付款和管理。然而,就保险的长尾特性而言,普通保险公司需要在短时间内管理业务。

无论是无辜还是欺诈,两者都可能会受到误导,因为每种类型的保险公司都依赖于了解重要事实(影响保险公司和保险条款或定价的事实)。

索赔时,两种保险都可能会出现欺诈行为。欺诈行为在普通保险中可能更明显,但在人寿保险中也有所反映。人寿保险中有种是丧葬保险,保险费的费用较低,保险公司为殡葬费用提供资金。这种类型的葬礼或"丧葬"保险非常古老,有证据表明,希腊人和罗马人的"慈善团体"可能存在这种规定。而在近代，所谓的互助保险协会也有廉价的保险。微型保险市场也出现了丧葬保险。微型保险是根据财富和条件为低收入家庭设计和分配的一种保险形式。由于管理费用很低，索赔通常根据由适当文件支持的出生和死亡证明进行支付，进而也衍生出伪造出生和死亡证明的新行业。

非人寿和人寿保险公司都容易受到重大事件的伤害。就财产而言，重大天气事件的影响会引起不同类型、不同复杂程度和价值观的许多损害索赔。对人寿保险公司而言，它们也关心重大事件，尤其是在发生生命损失的情况下。一般而言，它们最关心的问题可能具有完全不同的性质，通常是引起大量死亡的流行病。如亚洲流感或埃博拉病毒，但幸运的是，近来两者都未证明是保险公司（或一般公众）的主要问题。

保险信息协会在 2014 年 10 月的《关于埃博拉疫情的事实和观点》的报告[1]中描述了埃博拉疫情对美国的影响——即使影响到数以万计的民众——但它"非常易于控制"。它们表示人寿保险市场资本充足，并能重新保险，疫情充其量会导致利润下降。此外，报告中还提及这种疫情对医疗保险公司的重大影响，据称每一名埃博拉病人的护理费用预估为 1000 美元 / 时。它们还考虑到"劳工赔偿"保险可能产生负债的可能性，对员工的安全保障不足可能会使他们在某种程度上非常容易受到病毒感染。

就普通保险客户和人寿保险客户之间的差异而言，表面上似乎有两种不同类型的客户行为。普通保险客户（例如个人保险）更关心短期内的效果，因为他们会考虑每年的续约，并且客户流失的可能性更大。人寿保险客户更有可能考虑更长远的意见，通常会为可能持续多年的事件或生活方式的变化做准备。即便如此，经济环境也可能会影响他们准备投资的金额。例如，英国立法的最近变化，允许就客户行为方面"改变目标"的 55 岁以上的人以现金形式提取养老基金。传统上在普通保险市场出现的客户忠诚度和客户保留的问题在人寿保险和养老保险部门越来越突出。人寿保险公司越来越渴望了解潜在的客户行为，以能够为他们提供其他更灵活的养老金计划。

远程信息处理技术过去往往被用于汽车保险领域（虽然汽车行业本身在某种程度上已经成为有用的催化剂和自愿的参与者），该技术正在逐渐地渗透到其他财产业务领域。人寿保险公司还利用移动健身器材以及从健身房获取的信息，了解增加对客户洞察力的潜在收益。汽车远程信息处理系统由为人服务的远程信息处理所补充，这两种能力逐渐为保险公司更频繁地与其客户进行互动提供理由。

需要考虑的普通保险和人寿保险的相似性和差异性的最后一个方面是资产和负债管理问题。与人寿保险公司的风险管理和资本配置文件相比，普通保险公司在《偿付能力监管标准 II》实施方面具有不同的考量。普通保险公司更关注短期负债，尽管它们知道一些更复杂的索赔中需要考虑"长尾"特性。人寿保险公司需要考虑更长远的愿景，并随附所有不确定的因素。

9.2　人寿保险的基础

人寿保险的基础只是在约定受益人死亡的情况下，向约定受益人付款。还存在其他条件，通常是重大疾病。"以生命为基础"的保险单通常属于两种类型之一：一次性支付的保护政策或一种投资保单。投资保单旨在通过定期付款或一次性支付增加金额，这种方式是通过保险公司的精明投资来促进资本金额的增长。保险公司根据需要支付的费用以及行政费用计算所需的保险价格。

人寿保险公司的关键问题有以下几个。

- 预测未来死亡率并建立不确定因素的最佳方式是什么？
- 保险公司如何获取并保留客户？
- 如何估价未来的现金流？
- 哪些是合适的套期保值策略？
- 如何缓解风险？

9.3　死亡问题

几乎从一开始，数据分析就一直是人寿保险和养老保险的核心。第一个"死亡率表"也被称为"生命表"或"保险统计表"，创建于 17 世纪中叶。"死亡率表"显示各个年龄段的人在他们下一年生日前死亡的概率。根据这一信息可以推断：

- 存活到任何特定年龄的概率；

■ 给定年龄段的人的剩余预期寿命。

保险精算师的角色之一是将实际死亡率与通过数学模型预测的死亡率进行比较，并提出在该特定年龄的死亡概率。大数据时代使他们可以比之前获得更多的信息，创建更详细的预期寿命模型，并考虑到更具体的个人项目、实现更高的粒度级别。

Benjamin、Haycocks 与 Pollard 的《死亡率与其他精算统计分析》[2] 是精算师协会的教科书，作者指出，死亡风险包括以下因素："性别、年龄、影响人的体格或环境的其他因素，如出生地、居住位置、职业、婚姻状况"。

所有年龄阶段的女性的死亡率均低于男性，解释如下。

■ 婴儿时期的男孩更容易受伤，并且在参与更加活跃的活动中也会有受到伤害的危险。

■ 少年和中年期阶段，男性更容易因事故和暴力而死亡，且因呼吸系统疾病，如癌症和支气管炎死亡的可能性较大。

■ 在老年阶段，男性似乎比女性的身体恶化更快，脑出血、动脉疾病和癌症对男性的伤害要高于女性。

他们还指出，死亡率似乎随着婚姻状况而变化。这表明，由于婚姻伴侣的相互照顾和保护，已婚人士的身体状况更好，寿命更长。他们也强调了种族起源的问题。20 年前形成的普遍观点的准确性存在争议，而数据分析可能最终在推翻这些泛泛之论中发挥重要作用。

根据风险的严重性和频率，与标准风险状况相关的个人风险管理也是一个因素，可能包括戒烟或极限运动、定期检查、改善饮食，适量的运动和适当的药物治疗。这种主动方法的核心是在降低风险方面进行更好地教育和培训。

就行为方面而言，客户的风险厌恶与其购买人寿保险产品的倾向之间可能存在相关性。诺丁汉商学院风险与保险研究中心（CRIS）的 Stephen Diacon 在其论文《保护保险与经济幸福》中说明了这一联系[3]，文中，他把个人审慎作为保险购买过程中的关键行为问题之一。

其他行为问题包括"生命力"，Diacon 用它来描述个人采取缓解措施的动机。行为问题的高度不确定性在一定程度上受到人们生活价值的影响。表 9.1 总结了 1992 年美国人口和行为群体的风险规避水平。

表 9.1　1992 年美国人口和行为群体的风险规避水平

属性	低（更喜欢风险）				高（不喜欢风险）
年龄层	年轻人	老年人			中年人
性别	男性				女性
种族	亚洲人	西班牙人	其他	黑人	白人
行为	目前抽烟		戒烟		从不抽烟
	饮酒				不饮酒
	无人寿保险				有人寿保险
收入	最低	最高			中等
财富	最低	最高			中等

资料来源：Barsky 等 .（1997）[4]

　　许多人寿和养老保险安排是作为集体计划出售，而不是在个人层面上出售。保险公司的工作更加困难，因为它们无法就个人层面考虑风险，而必须考虑整体。

　　与本书的其他章节一样，本章的目的并非对人寿和养老保险进行详细说明（尽管有推荐读物）。相反，其意图是考虑与大数据和数据分析相关的新功能会出现哪些进展。

9.4　大数据在死亡率中的作用

　　死亡率主要取决于一系列的地域和行为问题。例如，附加信息在多大程度上可以让我们在寿命和健康方面具有更多的洞察力？附加信息可能有以下来源。

　　■　定位装置，它可以识别一个人的"运动"方式，可能是健康的反映。

　　■　俱乐部和社团的成员，其中一些可能比其他人具有更大的风险。

　　■　与工作有关的专业活动，例如，土木工程师可能在现场或在办公室工作，风险明显不同。

　　■　社会行为。

　　更多可能称为行为指标的信息可以帮助人们更深入地了解个人的"风险偏

好"。充足的证据也是一个促进因素，如宗教观点或种族背景。有些人可能不愿泄露这种细粒度的数据，但是我们已经看到，在共享信息的回应方面存在人口统计学差异。例如，只要有一些好处，千禧一代（1979—1999 年出生的人）更愿意分享位置信息。他们是否也愿意分享更多的个人信息以获得类似的福利？

因为流行病让人寿保险公司面临灾难性的死亡风险，这可能导致更大的支付和偿付资本问题。死亡灾难债券[5]是一个用于帮助保险公司提供额外风险管理的保险精算工具。与传统的再保险不同，它们不提供"信贷风险"，因为当一般人口死亡率达到一定水平时就会触发风险。一些再保险公司已经准备好将自然灾害和死亡风险融入单一债券中发行。[6]

9.5　在不稳定的经济中购买人寿保险

保险公司在说服人们将钱花在很多年后才可能发生的事件（例如退休）上面临着巨大的挑战。有时这被称为基于文学人物（一个不肯长大的小孩）的彼得·潘综合征，根据对 5200 名成年人的采访，2013 年第七年度苏格兰寡妇的英国养老金报告显示了全国各地对非政府机构养老金"广泛而根深蒂固的惯性"。有趣的是，他们发现过去 5 年来，无论经济衰退程度如何，储蓄水平保持一致，这表明经济波动可能不是影响购买人寿保险的因素。如果是这种情况，那么更需要了解保险人的行为动机。

总体而言，年轻一代对未来投资的倾向相对较低，这似乎与"风险厌恶"调查结果一致（表 9.1）。也许出人意料的是，由于英国政府的自动养老金参入计划，更多的年轻人比以往任何时候都愿意参与养老保险。根据英国国家统计局的数据显示，英国养老金计划员工人数从 2013 年的 50% 上升到 2014 年的59%。[7]

英国养老金计划成员增长率最高的是 22 ~ 29 岁的年轻人，从 2013 年的36% 跃升到 2014 年的 59%。一个称为"自动参与"的流程针对所有 22 岁到可退休年龄之间的人，每年赚取 8000 英镑。除此之外，16 ~ 21 岁不符合"自动参与"计划的人士也增加了他们对保险产品的参与，从 2013 年的 3.5% 增加到

2014 年的 4.4%。对精算师而言，这变得极具挑战性。收入增长很受欢迎，但也许保险公司希望这并非来自最可能冒险的人口群体。

英国政策研究中心研究员 Michael Johnson 认为，这种增长似乎对 2012 年的评论提出了不同的看法，他认为"私人养老金将在几年内不复存在，因为年轻人认为立刻获得储蓄比将金钱留到退休更为重要。"[8] 实际的增长幅度可能表明，这可能是一个立法问题，而不是促成人寿保险数量增长的行为或意见。然而，我们仍然面临交叉销售和向上销售的潜在问题。如果客户允许，作为死亡问题收集的行为数据是否可以被重新用于销售和营销？

将数据重复用于多种目的可能会出现问题。至少，数据的使用规则可能会因国而异，甚至在一个国家内也可能会从监管机构的不同人那里获得不同的意见。在某些国家，除非获得特定许可，否则保险公司只能根据特定原因使用客户提供的信息。因此，大多数保险公司在销售点获得许可，尽管有人认为这是否应包括"选择加入"或"选择退出"。金融服务公司具有其他并发问题。例如，如果客户允许保险公司直接发送邮件，这是否也允许同一家公司将其与集团中的其他产品（例如银行或保健产品）进行销售？这对银行保险业尤为重要，保险和银行业务在完全不同的品牌下运作可能会变得越来越复杂。

如果业务范围不同，那么可能适用不同的问题——向拥有汽车保险的人交叉销售养老金。当一个团体收购另一家公司时，问题会更为严重。这一许可成立吗，还是必须进行更新？

9.6 人寿保险公司如何与年轻人交流

人们正逐渐使用数据分析来了解客户、理解他们的终身价值，并将其应用于影响他们的忠诚度和购买更多产品和服务的决策中。鉴于年龄较小的群体的终身价值更高，对个人的终身价值评估变得更加关键，尤其对于那些来自专业群体或潜在的高收入行业的人。

另一普遍的附加因素是增加的透明度。年轻人和老年人对保险公司，尤其是人寿保险公司都具有根深蒂固的怀疑，因为他们的资金似乎被保险公司"锁定"了几十年。千禧一代当然是"新"数字客户。他们与人寿保险及养老保险公司互动的方式也必然与老客户不同。数据分析可以提高结果的透明度，并创造适合特定需求的定制解决方案的能力。随着时间的推移，这些解决方案也可能需要一定程度的敏捷性。

同样，保险公司已经开发了针对老年客户的特殊保险产品，针对年轻群体很可能会出现新的产品品牌。这些新品牌将以数据分析为导向，不仅关注人寿和养老金解决方案的精算要素，而且还关注千禧一代购买者不同的购买行为。千禧一代比普通成年人考虑自身复杂程度高 27%。45% 的千禧一代会称自己是冒险者，44% 的人认为他们的生活方式让人印象深刻。虽然这些并不会对保险公司或精算师具有吸引力，但仍然是一种市场机遇。[9]

如果考虑其他平行市场，则可以看出，千禧一代倾向于以 3 种方式购买保险。

1. 他们有意识地寻找一些"酷"的事情，可能是面向技术的或易于使用的东西。这相当于智能手机的巅峰。考虑保险产品如何满足这些想法是太难了吗？"酷保险险别"是什么样的？

2. 他们想去有趣的地方。老年人可能不太适合这种情况。

3. 也许最关键也最相关的是他们的社交媒体角色。整体而言，千禧一代想被视为被认真对待的理智的成年人，人们能听取且赞赏他们的意见。他们甚至想在"合作"中提高自己的地位，因为他们能够表明自己能在晚年照顾自己。（事实上，这可能不是一个很好的开放式热线交谈服务。）

这意味着保险公司要自己抓住千禧年机遇，而不是通过立法的后门。人寿和养老金市场将需要重新思考"走向市场"的战略，为新一代创造一套新的相关、灵活且令人兴奋的产品。

这可能不仅仅是增加现有核心保险提案的价值，而是重新思考保险的精神。有趋势表明，这是不可能的——但正如数据分析学倾向于改变商业模式（例如"优步"）。因此，我们没有理由认为人寿和养老行业不会经历同样的转型。

9.7　老年人的人寿和养老金

在生命的后期，投资决策变得越来越重要，也越来越相关。保险公司需要考虑的关键因素是更长的寿命、改善的医疗保健和支持。

IBM 和其他公司的工作表明，多模态客户 [10] 的现实情况是他们超越了与保险公司的单一交互点，转向从代理到网站的多个联系点进行搜索。这很大程度上取决于年龄和地点，并且还需要考虑文化问题。如果千禧一代为保险公司创造了新的挑战和机遇，那么年龄层另一端的人也可能会期待从供应商获得新的思维方式。那些即将退休的人（而不是缴款人）更有可能成为养老金的受益者，但当前立法规定有权提前退还退休金，也有机会投资一次性付款，例如，考虑到最近的已故父母。

如果千禧一代为养老金保险市场创造了新的"买家"类别，那么还有 X 一代和 Y 一代买家。X 一代代表 1965—1979 年出生的人。著名摄影师罗伯特·卡帕提出这一说法，加拿大作家道格拉斯·柯兰德在 20 世纪 80 年代创作了关于年轻人的作品。Y 一代被认为是 X 一代以后的人口群体，通常被视为 1980—1997 年出生的人群，X 一代和 Y 一代的划分界限似乎没有精确的标准。

X 一代和 Y 一代都可以进一步分为购买态度（所谓的"态度集群"）——从"面向安全的个人"（我知道我想要什么，并能自我规划）到"知情的优化者"（我花时间研究并找到最好方案）。由于跨大陆的全球复制行为，不同地方的行为正在大量受到损害。对于老一辈而言，个人联系和互动（通常是某种形式的保险代理人）仍然很重要，但他们往往不愿意支付咨询费。

无论是开始工作，还是工作结束时，保险公司如何与所有客户进行互动，数据分析都将发挥重要作用。如果 2000 年之后出生的千禧一代是"数字化"的并且富有冒险精神，那么 X 一代则是"模拟化"且具有警惕性的。他们已经变得非常玩世不恭，无法用数字来显示退休时可获得的金额。当然，保险公司是否有可能创造面向客户的解决方案，通过老年人的财务不确定性来帮助个人更好地驾驭自己的方式？

斯基普顿建筑协会（英国第四大共同（或合作）贷款人）[11] 进行了一次有趣的演习，以更好地了解 785 000 名客户的决策驱动因素。协会的客户群体大部分属于 45 岁以上的年龄段，而斯基普顿尤其感兴趣的是考虑投资与养老金之间的中间道路。建筑协会委任了一个三阶段研究项目，将传统研究与使用第三方（Sensum）生物识别设备获得的信息相结合。Sensum 拥有从可穿戴设备的数据流捕获、整合和分析信息的专业知识。

Sensum 根据"皮肤电反应"（皮肤出汗的电导率）来测量客户反应。这使他们能够识别身体反应，有趣的是这似乎与参与者实际上所说的不一致。调查结果显示，64% 的参与者记录了意识需求与潜意识之间的差异，大多数参与者对退休必须是"黄金年龄"或"故事结尾"的观点并不满意。

Sensum 进一步详细筛选并确定了退休中的 5 个关键角色。

1. 活动探索者；

2. 冒险家；

3. 寻求舒适者；

4. 知识追求者；

5. 工人。

由于个人角色包括所有这些角色的组合，Skipton 因此将这些特征组合描述为"DNA"，每一组特征对参与者而言都是独特的。他们当前正为其顾问配备"退休 DNA"应用程序，从而更好地了解个人客户的需求。这一案例研究于 2014 年 11 月向媒体发布，它是说明数据分析如何通过提供更精细和定制的产品来改善金融服务产品的极具说服力的创新示例。

9.8　数字时代的人寿和养老金福利

数字时代将是激进的：大数据爆炸、高级认知分析、来自云的无约束敏捷性、来自移动设备的需求洞察、更大的消费者加权、新形式的竞争、不同的商业模式、多次连续中断。也许在旁人的眼中，这是"乌托邦"或奥威尔《1984》的愿景。

当需要购买保险时，个人可能会考虑退休福利。参与者想知道可用资金是否能够支撑他们特定的生活方式、医疗保健或允许使用他们的车。在现实中，转型速度使我们不清楚二三十年内的生活是什么样的。如果根据创建的数据量衡量进展速度，那么当要求养老金福利的时候，世界将会如何？如果我们生活在汽车共享的世界里，汽车所有权甚至是自驾汽车的资金会成为问题吗？

我们的健康保险在多大程度上与个人行为有关？个人是否会授予健康保险公司权利，以让它们能够在结账时看到我们购物车里的东西？我们是否应该期待这样一个世界：当我们购买了过多的酒精或高饱和脂肪的东西，健康保险公司会阻止我们吗？一种替代方案——可能是能够反映客户饮食行为的"灵活"性保险费，并能够接近实时地进行调整——远程信息处理可以管理饮食习惯的信息吗？

数据分析可能对数字时代有其他的贡献，即更快速地开发支持更长寿命的治疗方案。即使在今天，癌症研究人员也在使用认知分析以在早期识别癌症症状，并确定更早也更适当的治疗措施。《时代杂志》曾将认知分析称为癌症工具箱中的又一工具。[12]

毫无疑问，预期寿命正在增加。21 世纪发达国家和地区的预期寿命从 50 岁增长到 75 岁，人们认为在 80 年代中期可能会呈平稳状态。联合国统计显示，在 2005—2010 年，日本（82.6 岁）拥有全世界最高的预期寿命纪录，其次为中国香港地区（82.2 岁）和冰岛（81.8 岁）。相比之下，世界预期寿命的平均水平为 67.2 岁，英国的平均水平为 79.4 岁。

很可能会有更多的人活到 100 岁。英国就业和退休保障部比较了 20 岁、50 岁和 80 岁几个年代的人，在其 2011 年的报告中对预期寿命进行了详细说明。表 9.2 说明了成为百岁老人的可能性。他们表示，20 岁的人达到 100 岁的可能性是其祖父母一代的 3 倍，是其父母一代的两倍。2011 年出生的女孩有三分之一的几率活到 100 岁，男孩有四分之一的几率。2011 年出生的婴儿成为百岁老人的概率是 1931 年出生的婴儿的 8 倍。[13]

根据出生年份的百年预期的完整表格列入附录 B。这些数据主要代表的是英国的，不同地点根据饮食和当地其他的因素可能会具有不同的预测结果。

英国养老金部长 Steve Webb 以有趣的方式表达了这个问题：

预期寿命的急剧变化意味着我们需要彻底反思我们对晚年生活的看法，我们根本无法将祖父母的退休经验作为自己的模式。我们会活得更久，并且将不得不节省更多。

位于英国伦敦的卡斯商学院与国际长寿中心认为预期寿命会持续增加，表明死亡年龄将逐渐集中于 90 岁，且男性和女性的预期寿命将会趋同。[14] 长寿存在很多缺点。国际长寿中心称，到 2060 年，许多东欧国家不到两名就业年龄的成年人要抚养一名受抚养人——日本目前每 1.61 名就业年龄的成年人要抚养一名受抚养人。

表 9.2　英国按出生年份达到 100 岁的可能性

达到 100 岁的可能性			
出生年份	男性	女性	平均
1915 年	0.3%	1.2%	0.8%
1920 年	0.6%	1.8%	1.2%
1925 年	1.2%	3%	2.1%
1930 年	2.3%	4.6%	3.4%
1935 年	4%	7.3%	5.6%
1940 年	5.4%	9.6%	7.5%
1945 年	6.6%	11.1%	8.9%
1950 年	7.9%	12.8%	10.4%
1955 年	9.1%	14.4%	11.7%
1960 年	10.2%	15.9%	13.1%
1965 年	11.5%	17.4%	14.5%
1970 年	12.8%	19%	15.9%
1975 年	14.2%	20.7%	17.4%
1980 年	15.7%	22.4%	19.1%
1985 年	17.3%	24.2%	20.7%
1990 年	18.9%	26%	22.4%
1995 年	20.5%	27.8%	24.2%
2000 年	22.2%	29.6%	25.9%
2005 年	23.9%	31.5%	27.7%
2010 年	25.7%	33.3%	29.5%

资料来源：英国就业和退休保障部。

　　当出现经济增长、国内生产总值下降或储蓄减少等问题时，预期寿命延长会及时明确地造成问题。英国特许保险学会的一份有用的报告与 Cicero[15] 题为《曲线球：2015 年及以后的全球政治风险》的文章指出"我们在政治、经济或社会层面都无法"处理人口老龄化的影响。如果目前更广泛的文明是真实的，保险业做了哪些准备？

9.9　人寿保险和银行保险业

银行保险是通常用于描述银行和保险公司之间关系的术语，有时可能是同一群体内的实体。实际上，保险公司使用银行作为分销渠道，这样就可以使保险公司通过银行向银行客户出售保险，并利用银行自身的品牌，也可以向银行自己的员工出售保险。

传统上银行和保险公司分担佣金，但这也可以扩展为保险公司利润的一部分。这意味着银行可能对保险公司解决索赔的方式感兴趣，可能存在过分优待的风险，尤其是在普通保险产品中可能会损害整体盈利能力。银行在保护品牌的同时，还有一个有趣的平衡点，即银行希望通过保险分得的佣金提高收入。就投保人从保险公司获得的服务而言，它们同样也是在保护品牌。如果银行业具有很多类似于跨越广泛市场的同质产品，那么在银行保险领域可能真正能够实现差异化处理，而银行竞争最终可能会得而复失。

银行通常在其第三方保险服务合作伙伴中提供具体的服务水平协议，以获得差异化服务。许多保险公司愿意签约加入，因为与简单的拓展相比，通过银行业务交易获得的业务量能更快地创造增长率。保险公司通常会将这些服务水平要求（有时需负法律责任）传递给自己的供应链，而不受任何价格差异的影响。服务支付的点，例如，在索赔处理或履行中，最终取决于只有少数几个很少受差异化服务补偿的企业。处于供应链领先地位的人一般会采取"一切都平等，但一些比其他人更平等"的原则。

针对更广泛的银行保险业模式，全球化进程中往往首先建立银行业基础架构，然后出现人寿和养老金产品，再出现普通保险。银行往往是银行保险的先锋，一般情况下，没有银行就不可能有保险。几乎没有证据表明保险业可以建立在没有银行的地方。例如，非洲银行率先推动经济发展，而保险业紧随其后。[16] 我们有充分的理由认为，转化率将加速这一进程。

虽然银行业经常被归类为"金融服务"，并且合理地认为银行与保险之间存在更多的共同点而非差异，但实际上两者是明显不同的行业。这体现在银行和保险之间的监管是分开的（例如，《巴塞尔协议Ⅲ》和《偿付能力监管标准Ⅱ》），每一资本管理都需要分开。有人认为将来它们之间可能存在一定程度的联合，但这不大可能，除非在最广泛的界限之外。银行关注于当前，而保险公司关注（尤其是人寿和养老保险公司）未来的情况。

但是，人们感到除了监管之外，还有能力的自然融合。如果一个人准备相信某一企业的薪水或储蓄，那么他们不应该同样相信通过养老金安排去获取较高的年龄吗？人寿和养老保险公司是否比银行更受信任？可能不是银行出售保险产品，而是保险公司出售银行产品？

或者作为第三种替代方案，也许将来可能会出现零售形式的新品牌主导产品，以便在保险业和银行业中创造以客户为中心的创新计划。如果是这样，那么这些零售品牌可能只会提供"普通"品牌，因为金融服务领域仍然保留核心投资专业知识。有趣的是，这些零售品牌将把面向零售的客户分析纳入金融服务领域。

2013年在伦敦，作者通过高街零售商向一些金融服务机构介绍了关于客户分析、会员卡和折扣的使用情况。这些零售商，一名著名的高街药剂师谈到他们的客户喜欢购买什么、在哪里以及什么时候购买。银行与保险参与者的反应非常特别——"我们如何能以零售业同仁能够实现的相同方式接触并影响我们的客户？"

同样，在一个以多行业的数据分析为特征的重要国际会议上，全球保险公司的创新主管花费其所有时间来研究零售、电信和银行等其他行业。简言之，他的目的是"了解同行所做的一切，但是真正的创新来自于了解其他行业发生了什么。"投保人以银行、零售商、公用事业公司和电信公司为基准，对保险服务质量进行评估，保险公司提供的服务质量通常为糟糕的第二选择。

那么这对银行保险业而言意味着什么呢？

1. 银行在保险需求方面能够很好地了解客户的要求，不仅在人寿和养老保险方面，而且在适当的时候能为自己的财产提供安全和保障。这要求银行对客户的当前和未来的需求具有更清晰的认识。

2. 银行和保险公司需要确定其服务活动的基准，以及它们将新的解决方案融合在一起的能力，不是彼此之间的融合，而是与金融部门以外的其他供应商的融合。当然，零售商可能不太容易理解资本管理的问题，但适时地遵守法规与其说是差异化因素（激励因素），不如说是保健因素。

3. 银行业需要考虑信誉问题。影响银行业信誉的许多问题涉及投资活动，但还未涉及大部分保险分配的零售银行业务。它们必然需要对付危机蔓延问题，但是银行希望确保向广大市民提供零售和投资产品的分离，从而创造一定的透明度，并赢得更多公众的信任。

整体而言，这意味着银行和保险是一枚硬币的两面，毫无疑问它们会更加趋同。的确，激励两者逐渐趋同具有诸多原因。如果发生这种情况，那么对客户需求的数据分析洞察力会越来越具体化，从而对客户更广泛的理财需求做出的反应也会更广泛。

注释

1. Weisbart, Steven N 博士．"关于埃博拉疫情的事实和观点"．保险信息协会．

2. Bernard, Benjamin, Haycocks, H.W 及 Pollard, J.H. 《死亡率与其他精算统计分析》，第 3 版．精算师学会，1993.

3. Diacon, S 和 Mahdzan, N. 《保护保险与经济幸福》．诺丁汉大学商学院，2008.

4. Barsky, R.B., Juster, F.T., Kimball, M.S 与 Shapiro, M.D. "偏好参数与行为异质性：健康与退休研究中的实验方法"（1997）《经济学季刊》112（2）537-579.

5. Huynk, Alex, Browne, Bridget 和 Brishu, Aaron. "死亡灾难债券．基本风险和套期保值有效性的分析"．A. Huyne, Booz 与 Co，澳大利亚；B. Browne 与 Aaron Brishu，澳大利亚国立大学．2013.

6. 新闻稿．"瑞士再保险公司首批债券将自然灾害与死亡风险相结合，获得了用于北大西洋飓风和英国极端死亡风险的 2 亿美元保护"纽约，2012.

7. 英国国家统计局．"职业养老金计划调查：2014 年"．HM 政府，2014.

8. Hall, James. "专家警告称，到 2050 年，养老金将不复存在"．《每日电讯报》，2012.

9. Denterprise, R.B. "千禧一代如何购买保险——一些激励因素"．零售业务发展，2013.

10. 商业价值研究所，国际商业机器公司．"加快挑战"．国际商业机器公司，2014.

11. 特许市场营销协会．市场商人．2015 年 3 月 / 4 月：22-24.

12. Saporito, Bill. "IBM Watsons Startling Cancer Coup",《时代杂志》，2014.

13. 英国就业和退休保障部 . "2011 年 20 岁、50 岁和 80 岁之间预期寿命的差异". HM（访问日期：2016 年 5 月 17 日）。

14. 国际长寿中心——英国 . "预期寿命和生命限制的 jamjar 模型". 国际长寿中心——英国，2015.

15. Cicero. "曲线球：2015 年及以后的全球政治风险". 英国特许保险学会，2015.

16. Christiansen, Benedicte. "非洲金融一体化对货币政策和金融稳定的影响". 商业、创新和技能部".

Analytics for Insurance
The Real Business
of Big Data

第 10 章

位置的重要性

万物皆有其位，皆属其位。这种表达可能是专为保险行业而编写的，而保险业可能是所有行业中最注重以位置为导向的行业之一。在普通保险中，所有财产都在某个地方，保险公司需要一直考虑这些财产是否有可能遭遇风暴或洪水。同样，在人寿保险和非人寿保险中，保险公司认识到，所有的投保人都在某个地方，因而使销售和保险的地理位置变得非常重要。

10.1　位置分析

当使用"5V"（大量、多样、速度、价值和精确性）描述大数据时，最后的"V"，即精确性或"真实性"毫无疑问以地理位置为基础。地图从不撒谎，位置可以说是大数据议程中的绝对真理。实际上，关于删除"地图"的表达仍然存在争议。地图"只是"具体位置数据的图形记录，并且通过可视化形式提供信息的不仅仅是快照，仪表盘也以相同的方式在某一段时间内记录事件。

与数据分析不同，处理位置地址有许多方式：位置分析、空间分析、GIS（地理信息系统）、空间时间分析等。最终，它是大数据的一个要素，通过地理编码，为我们的理解添加另一个重要维度。

10.1.1 地理定位专家的新角色

由于人们认为位置元素在数据分析组合中越来越重要，因此，位置专家的重要性也在增加。多年来，一直身藏幕后的位置专家正脱颖而出，并认识到他们能在大数据议程中发挥重要作用。

有趣的是，他们的典型角色并非来自保险业，而是来自其他行业。2012 年的伦敦奥运会和 2014 年的格拉斯哥英联邦运动会的顺利进行在很大程度上归功于地理定位专家。他们的 GIS 领导者之一就这一事实讲述了一个深刻的故事：在与商业领袖的讨论中，他以商业问题（群众运动）为主导，而并非以 GIS 作为解决方案。

这是一个很好的方法——个人将自己描述为特定类型的位置分析师时，承担着陷入技术或"能力"角色的风险。但他们最好能将自己视为通过有效利用位置分析来寻找商业解决方案的关键贡献者，从而能够提供运营支持或将业务与战略目标保持一致。与位置分析专家能够用不含术语的双方都能理解的业务线语言进行沟通一样，利基位置专家必须能做到这一点。

专业机构在这一转型中扮演着重要的角色。专业会议往往面向能力，而不是仅仅关注业务价值。有时推出新的 GIS 功能时掌声雷动，这更类似于"地图学教堂"，而不是对商业社会具有价值的数据分析能力。最近，英国的地理信息协会将商业领袖视为 2014 年和 2015 年会议的主要发言人，并希望这种做法能够继续下去，这是对传统的摒弃。这不仅对企业的地理位置的影响有重大的认识，而且也意味着与业务接轨的方式也需要改变。

10.1.2 共享位置信息

最近对美国移动消费者的调查表明，他们只要通过相关内容和推广方式获得回报，就愿意放弃有关其位置的具体信息。[1]英国最近的一项调查进一步证明了这一点，在英国 18 ~ 34 岁的人群中，只要能够获得一些回报，有 84% 的受访者很乐意分享个人资料。对 2000 名成年人进行调查，研究表明，只要他们了解自己的信息用于何处，近三分之二的人愿意分享自己的信息，且社交媒体登录让他们有机会在分享中拥有选择性。[2]

特定研究的资助者 Gigya（客户分析解决方案的供应商）指出，"社交登录让客户能够控制他们向品牌分享的内容，同时为他们提供便利并节省他们的时间。"这些调查和其他调查都是在消费品而不是金融服务的范围内进行的，但观点很明确。共享信息与获得额外的价值的好处之间似乎存在权衡。对于消费品，这可能相当于为潜在的买家提供优惠和折扣，鼓励他们"访问"附近的商场甚至商场内的百货公司。

保险公司从没有相同的报价。单次旅行保险在度假产业非常常见。然而，为增加位置"维度"，一家大型日本保险公司推出了高尔夫球场"一次性保险"的概念。推出这一保险的背景是，成功一杆进洞的高尔夫球手有义务为同伴购买礼物。通过位置分析，有可能在高尔夫球场上确定潜在的保险购买者，并向个人提出要约，邀请他们购买"一次性保险"作为应对一杆进洞的突发事件（通过电话账户进行购买）。

10.1.3　地理编码

地理编码是将地址（或人物）信息建立在一组坐标（如纬度和经度）中，以提供唯一的定位过程。通过添加称为"属性"的附加说明，可以识别例如特定区域中处于风险特定属性（例如来自洪水）的数量。反向地理编码允许使用坐标查找特定的邮政地址。"地理编码器"是一种能够实现地理编码技术的中间设备。

在最直接的水平上，它有助于将特定地理编码指标的属性数量进行分组。在这种方法中有一个泛化要素，通常被认为是"属性块"，而不是单体建筑。然而，保险公司特别热衷于在组别或"属性块"内获得更大的粒度，可能会存在从组别的一端到另一端的风险的变化。

"点级"地理编码对于保险公司而言尤为重要，可帮助它们了解与精确位置相关的风险问题，例如，靠近河流或在冲积平原内的精确位置。与本书的其他章节一样，本章提供的内容主要是为增加读者的认识，并不为深入了解这一主题。南加州大学地理信息系统实验室在其《地理编码最佳实践指南》的论文中提供了关于地理编码的入门指引。[3]作者的特殊兴趣还涉及更好地了解位置与疾病之间的联系。

10.1.4　欺诈调查中的位置分析

保险欺诈非常复杂，位置分析一般在预防和检测中发挥重要作用。在讨论中单独考虑位置因素非常有用。

将最多诈骗地点与抢劫和犯罪领域等同起来，实际上是将诸如犯罪机构等第三方的信息"混合"在一起。这当然是其中一个关键指标，但仅仅是一个指标，因为众所周知，罪犯常常会从贫穷区域"前往"具有"丰富的不义之财"的其他区域。同样地，在道路交通事故中，有证据表明某些区域比其他区域更好，例如事故多发的地点。

2010 年，英国防制诈骗行动处，国家欺诈和网络犯罪报告中心报告了保险欺诈局调查显示涉嫌车祸诈骗的主要"地点"，[4] 英国前 10 名如下。

1.伯明翰；

2.利物浦；

3.布莱克本；

4.曼彻斯特；

5.利兹；

6.伦敦东部；

7.奥尔德姆；

8.布拉德福德；

9.伦敦北部；

10.博尔顿。

然而，有组织的欺诈通常更复杂，涉及相互联系的更多"参与者"。网络分析可以帮助保险公司进行调查，但不能忽略位置元素。诸如英国陆地测量部以及英国欺诈局等机构的工作表明，在这方面还有很多事情要做，极少人会认为有效的威慑策略至关重要。

10.1.5　恐怖主义风险的位置分析

如其他章节所述，保险公司经常将恐怖主义行为（如大爆炸）视为重大事件。在这种模型中，了解模型中爆炸的影响区域就像简化的同心圆。简言之，损坏程度是爆炸程度与建筑物脆弱性的结合。

越来越多的人认识到，可能会同时产生另一种风险，但也可能是较小事件。因此，保险公司需要考虑累积效应和位置分析在这一方面发挥的重要作用。在这种情况下，风险累积成为重要的考虑因素，例如，个人财产的位置在该主题中发挥的关键作用。

虽然收入增长具有极大的吸引力，但这不能以偏离保险公司整体风险偏好为代价。作为保险公司运营决策的一部分，它们需要清楚地了解现有的位置风险。这种建模水平要求极强的位置分析和计算能力，而这一位置分析的核心是位置智能、财务绩效管理与预测分析之间的联系。

10.1.6　位置分析和洪水

证据表明，随着气候的变化，似乎发生了更多的洪水事件且频次增加。近年来洪水成本非常明显。2013 年，英国保险公司对洪水的成本花费为 12 亿英镑，目前估计（2015 年）洪水花费高达 45 亿英镑。过去 10 年中，欧洲大陆每年的洪水成本（不包括欧洲岛屿，如英国和希腊在内的大陆）已达 45 亿欧元，预计到 2050 年将达到 230 亿欧元 / 年。[5]

不仅仅对保险公司，而是对整个人类世界而言，洪水仍然是一个重大问题。主要的洪水事件包括：

- 2004 年，亚洲海啸；
- 2005 年，新奥尔良；
- 2007 年，英国；
- 2010 年，巴基斯坦。

洪水是最常发生的自然灾害，截至 2006 年，30 多年来，洪水已经造成超过 200 000 人死亡[6]，并导致无法忍受的痛苦和疾病。关于洪水的话题在其他章节也有涉及，但就位置而言，它能为这一主题提供更多的背景。

可能会由于许多原因而发生洪水。[7]

- 来自河水泛滥或"冲积"。
- 来自河道，如河沟或"河流"。
- 来自溢流式排水超负荷运行的地表洪水。
- 来自地下水位上升。

■ 来自人工水系的故障。

■ 来自海上，包括沿海和港湾洪水。

虽然保险公司掌握的关于洪水影响的知识有所增加，并会持续增长，在更多数据和更准确的位置分析的支持下，预测质量仍然存在挑战。主要问题似乎不仅在于所捕获数据的质量，甚至还在某种程度上依赖于准确预测雨水来临的能力。保险公司完全能够了解所有数据如何融合在一起以清楚地了解即将发生（或不会发生）洪水的条件。

预测洪水是否会发生的能力不仅仅是保险公司的问题，尽管保险公司这样做会有既得利益，对整个政府而言也具有极大的优势。预测洪水的方法已经被大大地改进。当前，运作中的洪水预测中心正在改变其方法，从所谓的"确定性"预测转变为与各个元素发生概率相匹配的预测组合，以及它们在环境中的相关性。这一过程称为"水文集合预测系统"或"HEPS"，并且在该过程考虑结构化和非结构化数据的组合并实现某种概率分析时，似乎与高级分析具有一些共性。[8]

抛弃"会／不会发生"洪水的预测方法不仅仅意味着存在技术和位置分析的问题，而且还涉及如何处理这些信息。如果只知道发生洪水的可能性，而不知道洪水发生的概率，这就够了吗？通过"信号灯"或 RAG 状态警告形式传达信息的方式至关重要。总而言之，"信号灯"似乎是重大破坏和损害发生的粗略但有效的代表。

是否发生洪水是一个概率问题，而保险公司尤其擅长管理概率问题。这一问题不仅仅是预测小规模洪水，而是预测不会经常发生的大规模洪水。创建预测模型是可能的，但是这些模型也需要根据现实生活的实际情况进行校准。就地理位置和保险而言，保险公司主要依赖地理位置来判断是否会发生洪水，从表面来看它似乎是一个粗略的工具。即使考虑附近房产发生洪水的可能性，也可能会造成误解，这可能取决于受影响建筑物的确切位置和高度，以及附近发生洪水的真实原因。

保险公司很可能会寻求一个基于位置的洪水模型，但这并非是孤立地仅由保险业解决的问题。找到有效的洪水模型的好处是投保人和未投保人的利益。需要解决的问题是，是否应首先在具有健全的房产、更好的数据以及更大潜在经济损失的成熟市场开发这种洪水模型；另一种选择是从不成熟的市场开始，通常这种市场建筑执行法规可能较弱（或甚至相对不存在）且数据质量较差。在这些地方，经济损失并不大，但人力成本更大。在经济相对落后的地区，许多制造供应链都是有基础的。越来越显而易见的是，答案——在某种程度上——依赖大数据和位置分析，以及需要与这些属性并行的大量的计算能力。

根据英国下议院公共事务委员会的统计，英国预估有六分之一的财产容易发生水灾，[9]由于经济紧缩措施以及节约成本的需要，有人认为对洪水防御的财政缩减让情况变得更糟。继2007年英国造成30亿英镑的损失，影响了4.4万家庭，13人死亡的洪水之后，英国政府授权了Michael Pitt爵士的独立报告。

Pitt(皮特)报告[10]为英国提出了92项主要建议，主要包括：

1. 确认环境署全面了解洪灾风险；

2. 进一步开发建模工具和技术；

3. 使洪水可视化数据更容易访问；

4. 与气象局更好地联系；

5. 为基础架构经营者建立更具体的洪水预警系统；

6. 改善当地应急人员的工作，提高洪灾风险地区的意识；

7. 与电信公司合作发布电话洪水预警计划。

保险界应该不断提醒自己Pitt提出的建议。报告呼吁公、私营企业相互协作共同应对洪水问题，保险公司需要认识到，洪水预警和管理问题的前进之路是通过更多的合作，而不是通过独立思考。反竞争行为的建议不应该影响公共利益。这样做的原因是，对于独立的公司（无论是何种规模的公司）而言，这种问题太过复杂也太大了，同样，保险公司也应共同合作，解决保险欺诈问题。

英国推出的FloodRe是由政府赞助和业界资助的支持机构，与PoolRe(英国分保集团)类似，由英国政府共同设立，提供恐怖主义风险保险。FloodRe的核心是为消费者提供可负担的保险，并为保险公司提供一定程度的财务保障。这并非是"全方位"的，因为该计划有许多例外，但这个想法用心良苦，代表了这一特定领域公共/私人部门合作的另一要素。

10.1.7　位置分析、货物和盗窃

考虑物联网环境中工作的定位设备是自然而然的，因为它可以帮助跟踪并追踪被盗的货物或车辆。此外，有很多车主通过跟踪装置了解到他们度假时车

辆被偷，而车辆已被带出境外的未经证实和报道的事件。

位置分析在这种情况下至关重要，但并非绝对可靠。美国乔治亚州调查局在对涉嫌货物盗窃执行搜查令后，恢复了干扰技术。[11] 虽然普通罪犯并不常常利用这些 GPS 干扰能力，但是偶尔也会使用，它们的存在提醒人们必须采取高效安全的措施来减少这种风险。

除此之外，保险公司需要具备了解货物位置的能力。保险公司最好对通过特定地点的货物数量或船只数量进行限制。虽然不能完全防止海盗行为，但可以缓解这种事件。这些风险中有许多与专业保险公司相联系，但是必须问及这一问题：其中有多少是主动措施而不是被动措施？

10.2　远程信息处理和 UBI

最近，大数据分析领域令人兴奋的进展之一是远程信息处理的出现，通常也称之为"现驾现付（按里程付费）"，但越来越多地采取"按驾驶方式付费"的方式。

实际上，在工厂内或安装在车辆内的设备可以使保险公司记录驾驶里程、速度、紧急刹车、时间和位置等信息。这一理念在于，保险公司可以更好地了解驾驶员的行为，并以更准确的方式承保或确定保险的价格。这可能导致保费的增加或减少。虽然营销人员向投保人表示这可以节省成本，但根据驾驶人的行为，保费同样有可能增加。

远程信息处理的主要营销提议之一是，它可以鼓励驾驶车辆的年轻驾驶员的良好行为，但随着年龄较大的驾驶人员越来越多地受到更高保费的不利影响，这种能力似乎也适用于各个年代的人和不同的用户类型。

此外，保险公司推荐该技术，试图表明远程信息处理也可以作为汽车被偷事件的跟踪装置以增加价值。此外，当驾驶员单独处于偏远区域时，该设备可能有助于充当事故警报装置。

实际上，远程信息处理包括以下 4 个关键部分。

1. 一个定位系统，允许保险公司了解驾驶员在何时何地驾驶汽车。这可以与所处的道路类型相关联，例如高速公路。

2. 一种诸如加速度计的装置，其提供关于汽车运动的信息——例如突然加速或紧急刹车。这有助于保险公司更好地了解驾驶员的驾驶行为。

3. 传输设备。

4. 数据分析能力，允许保险公司考虑所有关键数据，从而更好地了解承保风险以及适当的保费。

10.2.1 远程信息处理的历史

远程信息处理这一术语似乎可以追溯到 1978 年，由 Simon Nora 和 Alain Minc 提出远程信息处理一词。然后法国政府在《电信》和《计算机科学》结合的报告中 [12] 借鉴了这一词语，将其视为可以通过电信将信息进行转移的方法。当时并未考虑这一原则适用于汽车，尽管这一想法最初在追踪货物集装箱和拖车时受到关注。

汽车保险的远程信息处理的使用，由美国保险公司 Progressive 发明并获得专利。Progressive 在 1996 年 [13] 首次将该理念推向市场，将其称为"用于确定保险成本的车辆监控系统"。对专利本身的审查产生了良好效果，并且是对大数据分析的世界进行前瞻性思考的良好示例，当时它还未达到如今的能力和想象的成熟水平。该专利确定了基于基准费用并根据"车辆或操作者行为状态"的增加或节省费用进行保险定价的可能性。

该专利本身就是一种前瞻思维，它表示这不仅仅是管理保险费的过程，还为车辆和驾驶员安全增加了许多价值。该专利解释称，这项技术也可以用于以下情况。

■ 超速：实际上，车速传感器的读数将会判断车辆是否超过任何速度限制。时间的测量将显示这是否为一贯的做法。

■ 酒驾：使用空气含量分析仪或测醉器可以测出驾驶员摄入的酒精含量。

■ 不系安全带：传感器将检测到安全带的使用，这种情况将反映在保费中。

■ 不使用转向灯：很少使用或不使用转向灯可能导致保费的调整。

■ 无事故的 ABS 应用：即使没有意外事故，其高使用量也可能指示驾驶异常。

除此之外，专利还规定了其他"额外收费部分"，包括：

■ 事故发生；

- 需要道路救援；

- 需要锁定援助；

- 危险地带驾驶限制。

实际上，这是一个广泛而雄心勃勃的描述，表面上似乎创造了未来汽车驾驶的愿景。回想起来，这一理念既雄心勃勃，又标新立异。这一专利背后的人之一是西班牙发明家 Salvador Minguijon Perez，他于 1995 年在自己的欧洲专利[14]中捕捉了这些想法。今天，Perez 可能已成为科技界默默无闻的英雄之一。

截止到 2013 年，Progressive 的"快照"设备已经为公司的汽车保费收入贡献了超过 20 亿美元，但这些专利于 2014 年被撤销，并逐渐打开了市场开发的大门。根据协议，远程信息处理最早由诺威治联合（英国保险公司）于 2005 年引入英国保险市场。当时，远程信息处理主要作为提高年轻和风险驾驶员保险承担能力的机制。将北美和英国市场的市场成熟度相比较是一件非常有趣的事。截至 2013 年，英国的保险公司仍将其视为高风险驾驶员的利基市场，而北美的保险公司将其作为保险中的主流选择。美国和欧洲之间存在一个有趣的对比，因为 2013 年 Progressive 将远程信息处理称为"强行推销"。[15]也许没有达到他们所称的"强行推销"程度。当 Progressive 和参与者横跨 39 个州大约 30 亿英里（约 48 亿千米）累积数据后，Progressive 的竞争对手 Allstate（好事达保险）开始了他们的"六年计划"。新客户中，大约有三分之一的人签署了他们提供的折扣计划。[16]

英国当前的形势是，如果消费者对远程信息处理型产品感兴趣，则保险在线集合网站通常积极邀请消费者进行选择。尽管渗透水平仍然相对较小，但远程信息处理已成为主流。展望 2021 年，分析师 IHS 表示 UBI 的两个主要市场将是美国和中国。根据艾维商业评论，"2012 年，全球 11.4% 的汽车拥有车载远程信息处理装置；2017 年增加到 60%⋯⋯此外，根据预测，截止到 2020 年，超过 300 亿美元或美国全部车险保费收入的 25% 将来自于远程信息处理。[17]

10.2.2　欺诈检测的远程信息处理

因为汽车事故主要造成（乘坐汽车被撞引起的）颈部扭伤，这几乎无法进行准确地诊断，远程信息处理的使用逐渐成为保险公司必不可少的工具。颈部扭伤指的是因头部向后、向前或向侧面突然地移动而导致的颈部伤害，通常发生于汽车事故。这对于保险公司而言是一个严重的问题。2007 年，43 万人进行了颈部扭伤索赔，据称对每个人的保险费用增加了 14% 的成本。[18]

虽然颈部扭伤的疼痛在几天的时间内能够自行消失，通常可以用消炎药缓解疼痛，但实际上 50% 受影响的人可能会出现一定程度的持续性问题。关于这一话题已经有很多说明。伤病和年龄之间似乎存在一定的相关性，40 多岁和年龄更大的人更容易受到影响。[19] 此外，结果显示，驾驶员以 15 英里 / 小时（约 24 千米 / 时）或更小的速度行驶容易使颈部扭伤。这也不可避免地涉及意外或欺诈性的低速"变道"事故。在车速较低时使用手机也可能是造成汽车事故的一个因素。

这一主题尚有争议。据称，MRI、CT 扫描和 X 射线无法识别颈部扭伤。[20] 另外，一家大型保险公司在所有颈部扭伤索赔中进行强制性的 MRI 扫描，导致法律专家的激烈反应。[21]

尽管如此，这仍然有助于在远程信息处理环境中了解颈部扭伤和车辆事故之间的联系。

- 撞击速度似乎是一个因素。
- 位置可能很重要，因为可能会将事件的发生位置与已知的事故易发地点相联系。
- 车龄和类型可以作为指标。
- 个人之前的保险经历和索赔历史可能提高对保险的认识。
- 索赔人过去的病历可能有助于识别一些早期伤害。

虽然无法证明远程信息处理是汽车事故欺诈调查的最终解决方案，但它很可能仍然是保险公司的一个重要工具。

10.2.3　对汽车保险公司的影响如何

传统主义者最初可能将远程信息处理和 UBI 视为产品宣传的噱头，但是这种方法的快速大量使用绝不仅是处理汽车保险问题的暂时性方法或局部性措施。如今，远程信息处理和 UBI 必须被视为一种可行的选择，从而作为潜在购买者需要考虑的合理替代选择。事实上，正如我们所知，有人认为，远程信息处理的发展和使用速度可能预示着汽车保险的结束。

专利问题的放宽以及新的参与者实施成本的明显降低一定会使包括远程信息处理在内的 UBI 对传统的参与者构成威胁。在车辆内添加设备，或者更有可能在制造过程中嵌入设备，使汽车制造商实际上成为保险产品的新的分销渠道，甚至允许汽车保险公司创造自己的保险产品。

技术似乎不会存在任何障碍，主要问题也许是监管。ABC 汽车制造商是否制定汽车保险提案，它们将如何应对《偿付能力监管标准 II》、RMORSA 或其他当地监管制度的问题？新的技能、能力和关系必然会出现。同样，财产保险公司发现需要以供应链管理为核心竞争力，汽车制造商也发现需要开发更广泛的保险能力，包括将风险管理和合规性作为辅助工具。这并非是一条完全未经尝试的路——电动机制造商早已从事汽车融资业务，提供保险可能仅能证明是其金融服务思维和能力的扩展。

10.2.4　远程信息处理和车辆仪表盘设计

远程信息处理或更为准确的描述，UBI 已经开始影响车辆仪表盘的人体工程学设计。一些读者可能会记得 20 世纪 90 年代德国和斯堪的纳维亚某些汽车中使用燃油效率指标的原因。实际上，由于驾驶人将脚放在加速踏板上，并使发动机工作更快，仪表盘提供了 1 英里 / 加仑（1 英里 ≈ 1.60 千米，1 加仑 ≈ 4.55 升）的指示器。驾驶员加油越多，他们的钱包就越受到挑战（驾驶员花的钱就越多）。这是一个将传动性能与成本联系起来的简单设备，并证明可以通过简单分析纠正驾驶员的行为。这取决于驾驶员是否亲自为燃料付费——或者是否通过公司账户——但这一点很明确。

在类似的方法中，一些汽车保险公司已经考虑在仪表盘上安装某种形式的"保费成本"的指示灯。汽车行驶越快，指示灯显示保费越高。有一个建议是简单的红 / 黄 / 绿色指示灯的方法，显然这很难实时计算绝对数额的保费，但这一目标非常明确。

问题是这种指示灯会在多大程度上改变驾驶员的行为。月保费波动的表示是非常有趣的，或也可能通过年度调整的方式，但是这能够以"实时"的方式完成吗？尽管技术架构处于"阀盖之下"，但是关键因素似乎是"保费指示灯"的大小和位置——为方便起见，我们称之为"保险计量器"。最大的影响可能是驾驶员看不到指示灯——这引起大小和位置的人类工程学问题。如果过于隐蔽，则指示灯不会产生影响。如果太明显，那么在美学上可能是无法接受的。因此，在这一数据分析和远程信息处理的新世界中，人类工程学似乎也占有一席之地。

在更广阔的背景下，这种方法也可能取决于车辆本身。高性能、高价值车辆的车主可能会嘲笑在其仪表盘上采用保险费用指示灯的想法，因为对他们而言，保险金额并不重要。其他更注重成本的人也许会感激，因为较低的保费可能有助于资助他们购车的还款。对公众而言，保险是汽车运行成本的关键组成部分，而且在其他地方也是如此，消费者越来越愿意交易信息以获得利益。但保险公司和车辆制造商在多大程度上利用这种交易仍有待观察。

10.2.5　远程信息处理与监管

随着 UBI 变得越来越流行，或至少需要将这种保险视为可行的选择，我们还需考虑另一因素——监管。考虑直接进入保险业而无须与现有保险公司建立伙伴关系的汽车制造商，它们需要考虑资本管理的变幻莫测，通过《偿付能力监管标准 II 》和其他相同体制证明。汽车制造商在提供资金时还未受到阻碍，而更多承诺者不会将保险监管作为进入供应自身保险产品市场的壁垒。制造商和保险公司也需要考虑数据所有权等问题，以及数据是否可以用于其他目的以外的原因。警方可能会坚持使用远程信息处理数据作为合法调查的一部分，而诸如英国的保险公司可能不得不分享这一信息。[22]

在美国，保险公司还需要遵守可能采取更强硬立场的当地委员会。当地委员会的作用是保护消费者，并有权自主制定个别法律，以确保能充分代表并解决风险和消费者保护等问题。处理 50 多套法规使诸如远程信息处理等问题的管理非常复杂，特别是远程信息处理本质上涉及美国各州的大多数驾驶员。然而，保险公司必须处理这种复杂的问题，而全国保险业协会（NAIC）的有效工作有助于保证一定程度的一致性。

监管局局长 Eric Nordman 代表 NAIC 发言，特别指出：

"我们将远程信息处理视为风险分类的下一演变可能会更加准确，它有详细记录信息的潜力。然而，保险监管机构和立法者们仅将远程信息处理视为工具箱中的又一个工具。"[23]

欧洲的远程信息处理可能处在同一个混乱的地位，甚至更加严重，因为鼓励采用 UBI 的欧盟指令尚不成熟。目前，欧盟远程信息处理战略的使用甚至可能由医学界（欧洲医学机构）推动，这使我们重新回归到数据、位置和疾病之间的真正联系中。[24] 许多人寿保险公司将流行病视为所有保险最大的威胁之一。远程信息处理——或使用位置、跟踪和位置分析来追踪和管理跨界的医疗流行病——被视为医学界优先考虑的事项。

除此之外，新的欧盟数据隐私法还将有助于确保收集的数据用于预期目的。此外，虽然"先发优势"具有其优点，但欧盟法律阻止了企业（包括保险公司）利用主导的业务地位。这可能包括一些保险公司的远程信息处理技术远远高于其竞争对手，因此它们提供大幅改善的条款或保费。这意味着控制或垄断数据洞察的人实际上可能会增加其他潜在保险供应商进入的障碍，实际上这将是不公平的。在竞争激烈、市场产能过剩和品牌自信的背景下，欧洲保险公司可能仍然有义务确保"竞争环境"处于相持平的水平。

总体而言，这是一种较为复杂的环境。鉴于监管观点，单一的范围可能并不适用于实施 UBI 策略。

除此之外，保险公司和汽车制造商还需要考虑保险的一致性以及改进的索赔管理等其他更广泛的举措，例如"V2X"概念。这一概念是"连接汽车"想法的核心。"V2X"考虑了以下两个特殊方面。

1. "V2V"（车辆到车辆）——车辆之间的通信。

2. "V2I"（车辆到基础架构）——通常包括道路路边系统，但也可包括广告和与旅行相关的信息。

这一想法的关键在于，如果车辆能够与其周围的环境（包括其他附近的车辆）进行更好地"交流"，那么有改善安全性和其他好处的可能。"V2X"可以应用于交通流量、收费、货运管理和报警车辆的管理。如果市场尚未准备好自驾车，则其可能更愿意为"V2X"方法做好准备。

虽然这些功能本质上依赖于位置分析，但还需要考虑其他问题，通常是传输此信息的方式，以及将设备纳入环境的速度，从而使信息更有意义。朱尼普研究公司表示，需要占用 97% 的成本才能使该流程可行，而显然我们目前距离这一流程还很远。[25]

随着越来越多的人使用这些系统，驾驶员行为中也许也会出现连锁效应。当车内的嵌入式系统越来越依赖驾驶员从 A 到 B 的流程，驾驶技能在多大程度上开始变化？随着时间的推移，驾驶员的判断和反应速度是否会受到影响？ 同样，使用物理地图（和使用它们的能力）似乎已经不适应于驾驶员遵循"卫星导航"指引的习惯了，也许驾驶能力也会发生类似的变化。有一个类似的比较，英国的登山者逐渐放弃使用卫星导航设备的纸质地图，导致 2005—2012 年的纸质地图销售额下降了 25%，但与此同时，同期增加了 52% 的山地救援需求。这是否意味着能力和依赖性的转换？ [26]

10.2.6　远程信息处理——不仅仅是技术

当将远程信息处理视为由数据分析推动的选择性定价结构时，它很有可能被视为一种技术解决方案。支持远程信息处理解决方案的技术自然非常复杂，但该解决方案不仅仅是技术（如图 10.1 所示），需要考虑以下因素。

- 设备的成本、所有权和安装，以及保险转让或车辆出售的情况。
- 商业运作模式以及如何走向市场。
- 远程信息处理解决方案的商业可行性。
- 消费者接受度，可能与其他附加价值属性相联系。

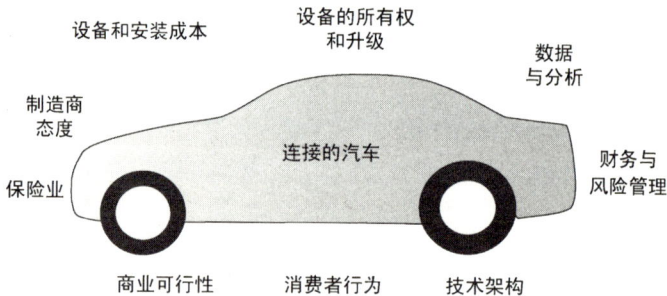

图 10.1　远程信息处理

鉴于初始投资和保费的降低以及这些可能对其业务重新定价的影响，保险公司需要了解并确认损失比率的差异（和可能的潜在改善）。由于这项技术，一些远程信息处理解决方案已经将其保费上限打了折扣，但有些消费者可能会有权询问这些上限是否合理。

远程信息处理也从根本上改变了保险公司和投保人之间的关系，使投保人比以往任何时候都能更好地控制保费。这也可能会使保险公司从被动转为主动。

这些价值主张对于这种新形式的关系而言非常简单，但至关重要，而且更重要的是，这种方法并不会在技术或定价中丢失。UBI 是对传统保险的重大冲击，它对资本管理等诸多领域均有影响。

初创的保险公司还将考虑实施成本，包括数据采集、数据存储、数据分析、承保和客户服务的成本，以及这些复杂性是否可能呈现出某种形式的实际或感知的进入壁垒。混合系统可能在这方面有作用，例如 OBD-II 设备的使用。"OBD"表示"车载诊断"，它是现代汽车内置的以计算机为基础的系统，用于监控与排放相关的控制，并从发动机控制器获取诸多参数和传感器。[27] 它与某种数据传输机制相结合，似乎为保险公司节约成本提供了基础。最近有关主要汽车制造商对英国 120 万辆汽车和美国 50 万辆汽车的排放进行诊断操作的事件被披露[28]，这不太可能对这种技术的使用产生任何长期影响，但质疑的人可能会有一些担忧，这也许需要更大的透明度。

10.2.7　其他领域的 UBI

在远程信息处理相对成熟的初期，可以设想使用基于远程信息处理的其他类型的保险，例如人寿保险和养老金保险或医疗保险。在个人层面，有许多常见设备可以记录个人活动，例如步行或跑步。有些是独立设备，而其他的可以嵌入安卓设备。独立设备存在的问题是用户可能会忘记携带它。有消息称，一家位于英国的精品珠宝商将具有这种能力的设备嵌入某些珠宝（包括手表），这可能会打开更频繁使用该策略的大门。[29]

如汽车保险一样，看到设备制造商如何改变个人行为并激励它们改变自身的活动水平将非常有趣。例如，一款特定的独立设备，如果使用者已经进行了一定程度的活动，则该设备将显示笑脸，尽管这种方法在昂贵的手表或首饰上可能有些简陋。

人们也正在考虑在医疗保健和远程医疗中使用远程信息处理技术。不断变化的人口和越来越多步入老年的人将逐渐增加传统护理方法的负担，且远程信息处理设备毫无疑问会在任何新的操作模式中发挥作用。远程患者监测（RPM）允许在正常保健机构之外远程访问患者，它被视为降低成本和改善服务的一种方式。除此之外，患者和家属也很安心地了解患者正在受到监测，并能够接受适当的护理，包括远程提供药物。当患者患有痴呆症时，具有跟踪装置的 RPM

可以帮助检测患者是否跌倒，或者可能检测到老年人在他们的住所周围正常散步。

可以从其他远程信息处理领域识别 RPM 的核心元素，通常为：

■ 无线传感器；

■ 数据存储——可能是某种形式的本地数据库，它提供更多的本地信息和更快捷的信息访问，以及更大的中央数据存储库；

■ 数据分析能力包括但不限于诊断能力。

"数字家庭一体化"的概念不仅仅是投机性的，因为公共事业供应商和其他人开始对各种房产进行仪器探测和数据分析，以评估电力、水和其他关键能源的使用情况。保险公司需要注意，不能单独考虑这些讨论和发展，而要将这些问题视为一个"整体"。供水公司检测压力的突然消失也可能向保险公司发出突发事件的信号。这种信息可能从一类企业传递到另一类企业的过程是什么？如果供水公司没有采取措施减轻损失，是否会出现新的法律责任？

物联网的持续发展，即设备在没有人为干预的情况下能够相互通信，一定会具有远程信息处理或定位功能。演变的保险行业也许会及时在索赔过程中提供一定程度的自动化，例如，车辆的快速减速加上某种东西的撞击将触发一系列活动。这些可能包括从保险公司向投保人发出呼叫电话，以检查投保人是否有任何伤害，到安排拖车和车辆更换。

10.2.8　商业保险中的远程信息处理

将远程信息处理主要视为面向消费者的个人工具是很有可能的，在商业环境中考虑远程信息处理型工具同样是可行的。这种能力可能会侧重于优化生产力、效率、降低成本和提高盈利能力。例如，当远程信息处理被用于车队和运输管理中时，可以让员工携带设备，通常情况下，远程信息处理的使用可以扩展到安全和可持续发展的问题上。对于保险公司而言，这意味着风险降低，因此，最终可能反映为保费较低，尤其是雇主责任／"劳工赔偿"保险。员工如何看待这种微观数据分析是一个猜想性问题。

技术研究和咨询公司 TechNavio 预测商业远程信息处理市场主要是车辆跟踪。2015—2019[30]年，受全球化加剧、燃油价格高涨和竞争加剧（尤其是亚洲市场）的推动，美国对该策略的使用增长约 16.7%。VisionGain 表示，2015 年商业跟踪市场的价值约为 132.1 亿美元。[31]

远程信息处理在保险行业的应用可能远远超出了在车队管理和预提保险中的优势。移动商务企业中的任何流程似乎在广义范围内应用某种形式的远程信息处理解决方案。如果流程改变，并且其能够被投保，或者失败的后果会造成可保损失，那么可能会出现远程信息处理的机遇。

这可能包括尤其明显的情况，例如航空或海洋风险，或较为不明显的情况，如下。

■ 机械故障及对产品责任的潜在影响。

■ 桥梁的过度变形导致公路和铁路被阻断，并导致业务的连锁效应。

■ 农业以及食物链中的事件或事故的影响。

实际上，任何事情发生，任何故障发生，甚至走向错误的方向（因而引起法律和潜在的可保责任）都会成为保险界关注的问题。当然，保险公司不仅关注"直接"的经济损失，同时还考虑到长期的法律判例，例如 Anns v Merton 伦敦市议会[32]，要求有足够接近损失的水平。

保险公司也希望对建筑信息管理（BIM）的关注越来越重视，以及它如何引起新的负债。这似乎意味着，虽然保险公司可以从数据分析中获得更多的洞察力，但另一方面，由于信息的可用性和数据分析"民主化"，可能会产生新的负债。例如，一个企业的董事和非执行董事面临的压力越来越大，他们没有能力有效地运作数据分析性企业，甚至糟糕的是，他们不愿意对这些数据分析提供的见解采取行动。

如果数据分析能够提供更多的洞察力，那么硬币的另一面就是可以访问——或应该访问这些信息的人需要承担更大的责任。在执行层面上，这总是涉及董事和高级人员责任保险，这些人不仅有责任了解他们的公司正在做什么，还需要了解公司的员工在哪儿、在做什么。大数据分析时代似乎是一把双刃剑，虽然它为保险公司提供了洞察力，但也可能导致新的索赔制度出现。公司股东很可能会问，为什么拥有周围所有技术和数据的公司高级管理人员没有（或选择不）给予他们可能影响股票价值的建议的问题。员工也可能会问公司是如何允许他们在危险的区域进行冒险的活动的。

除此之外，越来越明确的是，大数据分析不仅仅是针对可能依赖大量法律的汽车远程信息处理的零售保险公司，它也会影响到商业保险安排等领域。或许这个新的时代会鼓励甚至强迫保险业者在法庭让他们妥协之前思考他们的表达方式。

注释

1. JiWire. "移动用户洞察报告"，2011.

2. Davies, Jessica "Gigya 报告称，84% 的英国年轻的成年人愿意通过社交登录向品牌分享个人数据". Drum，2014.

3. Goldberg, Daniel W. "地理编码最佳实践指南. 北美中央癌症登记处协会". 南加州大学 GIS 研究实验室，2008.

4. 欺诈行为. "汽车崩溃骗局热点揭示".2010.

5. Jongman, Brenden 等. "由于大量洪灾，对灾害风险融资的压力越来越大". 自然气候变化 4，2014：264-268.

6. Guha-Sapir, D. "气候变化与人类因素". 气候变化影响国际研讨会. 布鲁塞尔，2006.

7. Lancaster, J.W., Preene, M. 及 Marshall, C.T. "发展与洪灾风险——建筑业指南"，建筑业研究与信息化协会. 伦敦，2004.

8. Wood, A.W., Thielen, J., Pappenberger, F.，等. "水文综合预测实验". 美国地球物理协会，2012 年秋季会议，摘要＃ H43A-1313，2012.

9. 通讯社. "MPs 报道称，六分之一的英国家庭遭受洪水威胁"，卫报，2015.

10. HM 政府；Michael Pitt 爵士. "皮特评论：2007 年洪水经验总结". 内阁府. 伦敦，2010.

11. 车队所有者. "FreightWatch 称，"从货物盗窃中恢复 GPS 干扰"．

12. Nora, Simon. "L' informatisation de la societe: Rapport a M. le President de la Republique". Seuil，1978.

13. McMillan, Robert J. "用于确定保险成本的汽车监控系统". 美国专利 5,797,134，1998.

14. Minguijon Perez, Salvador. "Individuelle Bewertungsystem fur das Risiko an Selbstangetriebene Fahrzeuge". 欧洲专利 EP0700009B1. 欧洲专利局，1995.

15. Golia, Nathan. "Progressive 发现远程信息处理是强行推销". 《信息周刊》，2013.

16. Voelker, Michael. "远程信息处理：运营商扩大使用保险之外的工具". 财产——伤亡 360. 2014.

17. Xu, Danielle. "通用汽车的新生命线". 艾维商业评论，2014.

18. BBC 新闻. "对颈部扭伤流行病的警告". BBC 新闻，2008 年 11 月 15 日，检索日期，2010/04/06.

19. Barnsley, L.、Lord, S. 和 Bodduk, N. "颈部扭伤". （1994）Pain 58（3）：283-307.

20. Farnworth Rose. "颈部扭伤和赔偿".

21. Rose, Neil. "MASS 反击 '有偏见的' AXA 颈部扭伤报告". Litigation Futures，2013.

22. Martindale, John. "保险公司承认与警方共享远程信息处理数据". Telematics.com, 2014. .

23. Kuchinskas, Susan. "保险远程信息处理：美国国家监管机构对 UBI 的处理". TU Automotive，2012.

24. 欧洲药品管理局. "欧盟远程信息处理". 参考 EMA／289808/2014. 欧洲药品管理局.

25. 朱尼普研究公司. "V2X：良好理念，实现需要多久？" Juniperresearch.com，2013.

26. Copping, Jasper. "由于漫游者依靠卫星导航，地图技能下降的警告".《每日电讯报》，2012.

27. OBD Autodoctor. "OBD Auto Doctor 是先进的汽车诊断软件".

28. Ruddick, Graham. "大众汽车排放丑闻：120 万辆受影响的英国汽车". 卫报，2015.

29. Trenholm, Richard. "Kovert 连接首饰既是高科技又高端时尚". CNET，2014 年.

30. 美通社. "2015—2019 年美洲商用车辆信息远程信息处理市场". 2015.

31. Visiongain. "2015—2025 年商用车辆信息远程信息处理市场". VisionGain.

32. 上议院. "Anns v Merton 伦敦市议会". [1978] AC 728.

Analytics for Insurance
The Real Business
of Big Data

第 11 章

数据分析和保险人

就保险分析而言，有一种倾向认为分析仅仅"面向外部"，即只关心保险公司以外的数据和问题。如果保险公司要想真正善于数据分析，并将数据分析作为企业的一部分，那么保险公司也需要进行内部思考。这意味着它们不仅需要了解成功所需的能力，还需要创造或开发人才库以保证这些能力：

- 符合企业的战略；
- 能够实事求是地了解当前情况；
- 能够优先发展。

11.1　人才管理

虽然并非针对保险，但如果只允许我们检查整个保险企业的数据分析应用程序，那么在保险的领域考虑人才分析是合适的。人才管理和人才分析的概念并不新鲜，已经存在了 10 多年，在一定程度上这些术语是可以互换的。然而近年来，员工管理分析软件的成熟度不断提高，也更复杂。

保险业是主要雇主。美国劳工局在其 2008 年的报告中指出，美国的保险公司雇用了约 230 万人 [1]，其中保险业人员占美国保险业职位的 62%，其余 38% 为经纪人、代理人和其他中介机构的人员。相比之下，英国保险业为欧洲最大规模，拥有约 29 万名员工，[2] 占金融服务业的四分之一，该行业的员工是水、天然气和电力等行业员工总和的两倍。[3]

大多数企业相对较小，但它们中一些较大的企业，尤其是主要的保险公司和代理商，员工超过 250 人。全球大型保险公司的员工数以万计。2014 年，安联集团在全球雇用了 14.7 万人；苏黎世保险集团在 140 个国家雇用约 6 万名员工。根据 2008 年的记录，金融服务业的失业率约为 3%。

20 世纪 90 年代，人才分析的概念以员工管理的名义出现，这种方式将员工管理负担从人力资源部门转移到员工自己的管理人身上。人才管理目前扩展到培训跟踪，通过在线模块和能力监控进行培训，并根据角色、生产力和员工流失管理的关键成功因素进行评估。

通过信息板形式的报告来有效地反映趋势的能力也有助于企业了解员工关键行为的趋势。

11.1.1　新能力的需求

传统的理解能力和运用保险基本原则的能力是保险业建立的基础。表面意义上，这似乎是简单的描述，但在保险行业中，传统能力正逐渐被新技术能力的需求所取代。因此，如果保险专业人员要在新时代生存和发展，只凭借传统能力是不够的。可以说，保险专业人员利用数据分析的能力与对 Rylands v Fletcher（赖兰兹诉弗莱彻案）和其他保险判例法的了解一样重要（甚至更重要）。传统的保险技能得到补充，它们在某些情况下被理解和运用新技术的能力所取代。

对于许多专业的保险公司而言，它们并不将技术视为推动因素，而将其视为一种风险（换言之，技术是一个问题）。对于一些人而言，这也是潜在的新业务线，因为保险公司和索赔理算人提供网络风险保险和网络索赔管理技能。[4]

随着保险业发生变革，行业内的个人能力也需要发展。这并非特殊情况，因为在数据分析领域，技术更加成熟的其他行业也有了类似的进展。比较而言，电动机制造行业已经通过数据分析、机器人技术和 Continuous Enyineering 进行转型。因此，更好的工程车辆具有更高的质量和可靠性，并具有更高的定制水平。这也造成了其他问题——现代汽车是嵌入了超过 1 亿多行代码的车轮上的计算机，这与 10 年前或 20 年前相差甚远，并造成与维修相关的各种问题。保险业没有理由不以相同的方式和相同的程度进行转型。

保险等行业的许多专业机构坚持认为，传统学习仍然有一席之地，而且能够融入它们的机构。毕竟，基础至关重要，并提供了使结构变得稳定的基石。然而，技术的快速发展正在加快保险业发生变革的步伐，重要的是专业机构不仅要加快速度，而且还需提供思想指导（某些情况下也是道德指南）。大数据分析和新方法不仅仅是一套工具，还是一种全新的思维方式。它要求个人和企业在业务中处理问题和挑战时，不仅要具有技术专长和市场洞察力，还需具有想象力。

本书的后续章节将更详细地探讨实施问题，但与此相对应的是未来专业人员所需具备的能力。未来保险业会出现新的责任角色，并且目前可能已经出现了。这些角色很可能是保险知识和数据分析能力的组合，甚至可能更适合于特定的年龄段或能力。他们需要考虑的问题是，这种新角色的最佳"起点"是什么？他们是否有可能成为学习新技术的"保险人"或是开始理解保险业务决策的精明的 IT 专家？谁最有能力占据这一新的中间立场？也许未来的保险行业的发展取决于年轻的竞争对手，甚至可能来自寻求不同方式的保险业务交易和风险转移的其他行业，如零售业和汽车行业。

但传统角色又会如何呢？这些变革并不意味着传统的索赔主管（例如）的作用完全消失，而是意味着我们目前了解的传统角色将需要进一步发展。他们可能需要快速发展，以适应正在发生的变革。例如，如果索赔主管特别关注的是索赔欺诈，那么他或她不仅需要了解新的反欺诈技术，而且还要了解在实践中如何最好地实施这些技术。这不仅将扩大到技术，而且还将扩大到数据保护、安全和监管问题上。

然而，这并不意味着索赔主管需要成为使用预测或网络数据分析进行欺诈检测的专家。相反，这暗示了索赔主管有足够的知识和意识，以及与这方面的专家进行有效对话的能力。如果索赔主管不这样做，欺诈者则越来越肆无忌惮，并将拥有较强的操控和利用优势的能力。如果保险公司需要保持领先地位，那么它们不仅需要和对手一样优秀，而且要强于对手。

除技术之外，当《英国保险法》于 2016 年 9 月生效，有人认为，这反映了英国 100 多年依赖保险合同法的最大变化，如果没有准确的措辞，索赔主管或副总裁意识到这些影响至关重要。例如，在商业环境中（消费者保险在其他立法中已被处理过），投保方（投保人）最高诚信 / 非公开的事项将被视为了解"合理检索披露"的有关业务的信息（法案第 4 (6) 节）。这意味着在能获取更多数据也更容易获取数据的新环境中，还有什么有待完全了解。

该法案还向保险公司提出了积极的调查义务。法案第 5(2) 节假定公司不仅了解常识，还了解与特定类别的业务相关的知识。这表明保险公司更加依赖于更高水平的洞察力。也许大数据世界将会就保险公司"假定"了解的内容而"改变目标"。

11.1.2 基本素质和能力

在大数据分析的新时代，保险行业可能会出现一些通用的品质和能力，如图 11.1 所示。最重要的可能包括以下内容（不按优先级）。

- 基础保险知识。
- 技术洞察力。
- 快速学习并适应。
- 解决问题。
- 协作与沟通能力。

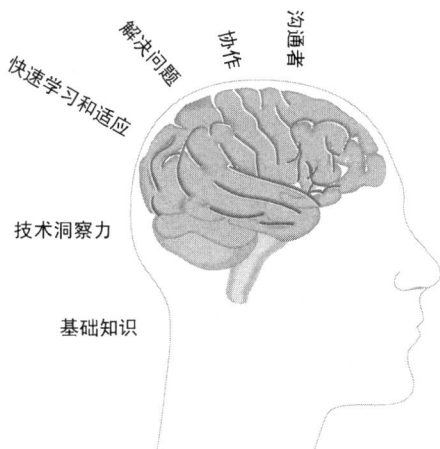

图 11.1　成功的品质和能力

1. 基础保险知识

事实上，大概没有人了解保险的所有方面。

普通保险与人寿保险、养老保险截然不同，甚至在一般行业内也有不同的行为。以英国伦敦市场为例，相对于零售保险行业而言，普通保险具有不同的流程和技能。因此，技术人员有必要了解保险知识的基础。

■ 最大诚信原则，投保人有责任向保险人披露可能影响保险公司价格的决定，或者是否接受这一保险，以及保险条款的所有事实。

■ 可保利益原则，投保人在购买保险时对保险有兴趣。

■ 赔偿原则，对投保人赔偿的金额不得超过受保的经济损失。

■ 代位清偿原则，保险公司有权从可能造成损失或损害的第三方追回款项。

■ 近因原则，通常视为造成损失或损害的最主要和最有效的原因。

■ 双重保险原则，如果有两种保险，则投保方追溯的金额不能超过实际损失，不能从每家保险公司索取全部金额。

2. 技术洞察力

同样，没有任何一个信息技术专家能够了解一切，他们是根据自己的专业知识或其所在的市场细分进行一定程度的关注。例如，在保险公司营销环境中工作的 IT 专业人员将需要训练就客户保留和增长而言的预测分析的技能。这并非指这些技术技能不能用于业务的其他部分（预测分析也常用于欺诈检测），而是指通过熟悉具体技术能力的专业知识可能占主导地位。因此，特殊的专业知识可以运用到业务的其他部分。

保险公司很可能会提出等同于"保险原则"的技术，这些原则包括以下内容。

■ "云"和存储的原则，识别数据大小和类型等问题，在何处以及如何最佳地存储，并适当考虑到访问、规范和安全性。

■ 数据分析原则，即将数据分析视为从数据中提取价值的一种方法，它本身并非"目标"，而是提高效率、降低成本并改善客户服务的手段。

■ 移动技术的原则，意识到移动设备无处不在，包括直接和间接使用的设备。

■ 安全原则，了解数据丢失的风险以及在日益复杂的世界中数据安全的挑战。

3. 快速学习并适应

与学术和技术理解相结合的保险知识和技术能力不同，未来的 3 种可取的能力主要是行为性的。

变革速度可能会很快，这是保险行业还未完全适应的问题。新的技术产品和解决方案将越来越多，使用成本可能会下降，创新速度也会越来越快。破坏性金融技术的日益增长——"金融科技"或"保险科技"公司——在保险行业尚未找到强大的牵引力。但是当这种情况发生时，它们可能会对既定模式造成创伤性的影响。

一些保险公司已经在思考破坏性技术的影响，如"Blockchain"（区块链）和"Sidechain"（旁链）（实际上是支持比特币的架构）及其对分销渠道的影响。与此同时，行业内的整体变革速度可能会随着新业务模式的出现而加快。虽然最成功的保险专业人员过去可能只跨出了一只脚，但他们仍需要清楚未来的目标。

4. 解决问题

由于新的市场条件和客户行为往往受到电信和零售等其他行业的影响，因此，新的问题可能会出现，进而需要使用现有工具或可用的数据集进行处理，也可能需要寻求新的合作伙伴。信息的新来源，例如"物联网"可能与保险问题的解决有关。因此，保险业人员可能需要一定程度的创造力和想象力。

这似乎暗示着保险业的新的参与者不一定具有技术或财务背景，他们可能来自招聘和培训等受到创造力影响的部门。这表明，关于"左脑"思想者（拥有更多数学和逻辑思维的人）或"右脑"思想者（拥有更多的创造力的人）的说法越来越遭到质疑，现在这些观点甚至被认为是过时的。然而，个人能够协调各种优势是显而易见的，而在新的保险行业中，解决问题的能力很可能是一个关键的属性。

5. 协作与沟通能力

滴水不成海，独木难成林。未来最成功的保险专业人士应相互协作，并拥有能够充分利用大数据的力量和能力，这将是最重要的内容之一。传统上，在许多行业内，业务和信息技术部门之间一直（有时仍然存在）相互独立。随着行业达到数据分析融入整个保险公司的临界点，业务部门与信息技术部门之间的关系也需要从根本上发生改变，而这种变化可能会从个人层面贯穿于整个企业。

此外，这种协作不大可能通过既定的企业层级或甚至在同一空间进行。任务使个人将逐渐地在虚拟团队中运作，他们也许很少参加实体会议，并利用协作工具。跨越跨职能团队的多个短期项目的"Sprint"式变革方式可能会越来越普遍。个人在这种环境中亲自运营的能力，而不是基于办公室的面对面的关系，也可能成为个人成功的关键因素。除此之外，个人还需要一定的适应能力，因为他们需要适应具有 300 年历史的保险行业，而这一行业仅受到 300 天技术的历史的影响。

这种新型保险专业人士将会越来越多地寻求新的技术和信息。这也给技术供应商确保以数字化方式获得最新和相关信息造成了负担。这些新的保险专业人士很可能具有很强的市场和技术意识，并有能力为它们提供所需的解决方案。外部供应商网站将逐渐易于访问、易于指导，并且网站上都是相关和最新的信息。随着行业的发展，解决方案的复杂程度、变革的速度和维护成本将是"买"（或"租"，而不是"自建"）越来越有可能成为首选。

这些属性可能会产生领导地位，也可能受到支持领导者决策的认知计算等新方法的影响。呼吁采取行动是个人转型之一，就如整个保险行业发生的变革一样。

"领导力"通常伴随着"追随力"，这意味着一个人可以制定议程，让别人遵循。两者无法单独存在，但是在数据分析的新范例中，可能会由于赋予数据分析能力而造成一定程度的调平。在这种新环境中，领导者将按照自己的惯例来制定战略，但在运作过程中可能会有更大的自由。新的自由将带来新的风险。这种转型需要得到专业机构和公司提供的教育和学习的支持，包括基础、技术、行为甚至道德规范——但最重要的驱动因素将是个人自身的态度、个人的动机和改变的能力。

11.2　人才、就业和未来的保险

在大数据分析时代以及"数字客户"的背景下，出现了越来越多关于未来保险的报告，普遍的共识是，变革的主要障碍之一是技能的可用性和充分性。毕马威会计师事务所在其 2014 年的《变革保险》报告中指出："一半的受访者认为，实施数据分析战略是人类的障碍，而不是技术限制"。

数据分析变革对保险行业就业水平的影响可能尚不明确。由于保险购买者渴望从数据分析投资中获取价值，因此，他们不仅将通过更大的敏捷性推动价值，而且也必然通过更高的效率驱动价值增长。

没有明显的统计资料可以帮助我们了解保险行业未来对就业水平的影响。也许我们必须注意其他行业，观察它们如何受到自动化的影响，这必然会成为保险转型的副产品。自动化最突出的例子之一是汽车行业，令人奇怪的是，

1995—2006 年该行业的就业水平仅有 1% 的适度增长。[5] 如果这是可靠的比较，则很有可能通过有效的人才管理行业将不会有大量人员流失。

由此可以推测，即使需要在某种程度上重新确定角色和责任，保险行业的员工人数在未来 10 年内也很可能会增加。这可能与大数据分析时代将成为劳动力和经济的净贡献者而不是诋毁者的迹象相一致。

人才分析与人力资源挑战

英国特许人事发展协会在其 2013 年的报告[6] 中将人才分析描述为人力资源（HR）部门"必须具有"的能力，并表明有两个实施的关键要素。

首先，一个战略观点——认识到人才分析是人类发展的关键推动因素。

■ 将人才分析发展为持续改进策略。

■ 将人员分析作为业务优先事项的中心。

■ 加快人力资源能力议程对人才分析处理的要求。

其次，侧重于人才分析技能发展的需要、招聘职业心理学家等新技能人才的需要，以及"人事议程"与可行洞察力之间更为一致的战略角度。

该报告与 Oracle 公司一起编写，也涵盖作者在人力资源领域（他们将人才分析称为"向后看"）所描述的"猜测和怀疑"。英国特许人事发展协会还关注以下内容。

■ 数据降低了人们的分析能力。

■ 对枯燥乏味的工作的持续期待。

■ 人力资源在技能比赛中是落后的。

这些都是英国特许人事发展协会真正关注的问题，并且它们强调了人力资源部门的特殊技能——以关系为重点，并且更多地用于处理歧义而不是人才分析的准确性。他们还认识到，人力资源部门虽然按照传统的特殊方式运作，但这种方式必然会发生改变，这将导致人力资源行业在一定程度上被重新定义。

11.3　学习和知识转移

当保险公司开始转型或者甚至只发生部分转型时，它们考虑如何确保员工赶上现有的数据分析和技术发展的速度，这至关重要。本节旨在思考学习和知识转移的过程及其在保险领域中的应用。

这一话题不可避免地涉及一些通用的方法。保险公司面临的转型挑战与银行、主要零售商或公用事业公司所面临的调整并无太多差异。它们开始转型时需要考虑人们学习的不同方式，因为这可能会是帮助它们更好地了解学习过程的最佳方式。

总体而言，我们首先要认识到，每个人的大脑都不同。因此，一种方法并不一定适合所有人的学习和培训。优秀的老师了解这一点，并能有意识地或不自觉地实施一种"友善用脑学习"的方法，这能够根据个人的需要调整教学过程。"友善用脑学习"部分是关于信息传达的方式，也延伸到教学或培训的环境中，它思考在安全或压力环境中是否能更好地学习。其核心是认可所有年龄段的人都有不同的学习风格，基本上分为听觉、视觉或触觉。这是非常简单的表达，实际上是神经科学——即理解大脑如何工作的科学。

商业企业越来越多地采用"友善用脑学习"的概念。作者在其由英国特许人事发展协会发布的《行为中的神经科学：向 L&D 实践应用洞察力》报告[7] 中，研究了这种技术如何为员工提供更多的洞察力，而且有助于改善客户服务和员工保留。

该报告包括一系列案例研究，包括对保险公司 Unum 的研究。Unum 是一家美国人寿和保障公司，是领先的残疾保险公司，雇用约 9000 名员工。案例研究具体指 2013 年为 160 万人提供保障的英国子公司。研究也提及了美国前 25 名产险公司之一——Chaucer Syndicates，是伦敦劳埃德（Lloyds）的领先管理机构及汉诺威集团的一部分。

研究报告的受访者确定了以下 4 种主要的学习方法。

1. 阅读材料，包括书籍、新闻、白皮书和期刊。

2. 通过资格认证或结构化教育进行正式的认证和培训。

3. 面对面的会议和网络。

4. 社交媒体和技术，包括 LinkedIn(领英)、Twitter(推特) 和 TED(技术、娱乐、设计) 演讲。TED 是由称为种子基金会的私人非营利机构发起的一系列全球性会议。

11.3.1　阅读材料

印刷机发明于 1440 年，自那时起就发生了巨大的变化。印刷更加科学，墨水和纸张质量更好，书籍在全球范围内都可以在线订购。数字化流程不断持续，在线访问历史印刷材料不断增加。读者将该文本作为物理对象或数字图像进行访问的事实证明，它仍然具有作为通信和学习渠道的有效性。问题不在于印刷媒体的未来，而是专门用于分析数据的学习。

对许多人而言，信息来源太多，数据分析也很多样化。信息量还有可能继续增长。在搜索引擎中输入"保险分析"一词可以获得 6400 万个结果。因此，将书籍和印刷媒体视为整个数据和信息领域的一部分是重要的。这一主题的参与者通常需要基础学习的来源，例如允许他们在休闲时阅读或学习，沉浸在具有特殊兴趣的领域或了解保险分析的广度的印刷文字。

如果只能做一件事，本书很希望能展示保险业务中数据分析的深度和广度。本书希望能够说服读者，数据分析最终既是普遍的、全面的，也是保险行业未来发展的重要组成部分。

一些保险书籍，包括"在线"形式的保险出版物也正在创造专注于技术而不是纯粹的业务"版本"。值得称赞的是，各种书籍正在根据业务需要（例如欺诈或客户保留）制定其内容。但风险是业务读者会认为"技术版本"与他们无关，他们也可能直接忽略这一"版本"。他们需要了解，未来的保险公司将会拥有绝对嵌入式的技术和数据分析能力，实际上保险业务与实现其运营的技术之间几乎没有差异。

11.3.2　正式资格和结构化学习

正式资格在保险行业中发挥关键作用，为个人和企业提供适当的证明。在相对专业的领域，这些因素可能与基础通用资格有所差异。保险公司的作用是支持和发展其成员，保持专业水平并提高保险业的知名度。

在许多情况下，专业机构提供的资质是以行业最先描述为"传统"的方式为基础，讨论承保、合同法和投资规划等基础问题。一般而言，目前无法了解技术和数据分析现有的影响以及将来会造成的影响。如果人们真的认为这些因素会对保险产生变革性的影响，专业机构是否有义务至少提供一些关于这些新方法的基础培训和指导？

　　未来的保险公司将扮演结合业务知识和技术能力的新"混合"角色。鉴于这一点，专业的保险公司有可能需要通过某种形式的技术工作流程做出回应。这更有可能由保险公司和贸易公司而不是信息技术部门进行驱动。即使未来保险行业的商业模式可能有所不同，在学习过程中嵌入行业的特定知识也至关重要。

　　结构化学习，即培训课程，可以位于专业机构内部或外部。它们通常由技术供应商免费提供，可以是一般的或具体的业务成果。这些可能是实际或虚拟的事件，例如网络研讨会，它有很多值得赞扬的地方，但参与者往往热衷于避免受到影响或接受培训。技术供应商经常提供一种前所未有的培训服务。

　　有些人可能认为，公司活动是自我服务，可视为一种营销形式。但总体而言，这可能是一种公平的权衡，而这种态度会对精明的参与者造成不利影响。专业机构可能会担心它们过于接近技术供应商，可能会出现偏见或偏袒，但是需要承认的是，如果技术供应商在事件的商业化方面不会过于明确，那么这可能是双赢局面。

　　对于许多人而言，结构化培训的本质在于，它允许个人和企业看到可能满足保险公司当前或潜在需求的特殊解决方案的证明，证明应合适并具有相关性。过去供应商因向保险受众展示零售展销而一直受到批判，反之，向零售受众展示保险销售也一直受到批判。由于保险公司向其他行业寻求观点并作为创新的基础，因此，其他行业的数据分析实例可能仍然具有一定的效力。公用事业行业资产管理是否显示了这样一个解决方案，它说明减少的故障时间和降低的维护成本与保险的风险管理有一定的相关性？银行部门的销售业绩管理在保险业中同样有效的证明可以作为一般销售队伍优化的证据吗？

　　展望未来，专业机构和技术供应商之间需要更多的尊重和培训关系。技术供应商可以从专业的保险公司中学到很多东西，反之亦然。

11.3.3　面对面培训

　　面对面培训有 3 种方法。

　　1.个别辅导。

　　2.较小的圆桌会议。

3. 较大的会议型活动。

以上这 3 种方法都各具价值，但原因不同。参与者的情况、个人和企业期望都会影响知识和信息传输的最佳方式。对这 3 种方式进行如下延伸。

■ 个别辅导和培训提供了允许按照个人的节奏进行知识转移的亲密关系，并允许进行询问、验证和口头测试以确保理解。

■ 十几个人的圆桌会议仍然能确保一定程度的亲密关系，但会反映组内不同阶段个人不同的知识水平。由于亲密度和多样性的结合，对培训师而言是不可避免的挑战。从好的方面来看，这种较小的活动确实允许十几个人进行共同讨论、探索思想并表达共同关切的问题。

■ 会议包括第三种类型的面对面活动。与许多其他类型的业务分析一样，会议过程本身就是一个行业。这有助于个人和公司确认自己的位置以及与同行的网络。会议通常由为展示和说明提供平台的赞助人提供资助，就这一意义而言它是有用的。如果赞助商没有获得软福利或硬福利的投资回报，那么它们不会支持这种类型的会议。

会议提供了一个有用的，但在培训中非常昂贵的功能。如果较小的圆桌会议中的个人关注提出问题、表达自己的关注点与或只是一般的不确定性，那么这一问题就会在更大的论坛上放大。就形式而言，作为较大会议的一部分，较小的分组的想法更有效。有些人可能会认为，会议与演讲中的参与者一样多。会议活动为利用这些活动的行业专家和思想领袖提供机遇，以提高他们的个人形象，增加他们的业务。仅仅因为这一原因，这可能是一种合理的权衡，尤其当演讲人自己花时间和成本亲自参与时。

未来的会议还必须具有辩论的自由。这具有明显的优缺点，因为数据分析和技术的采购决策越来越多地转向业务线，那么参与者的类型和资历也可能发生变化。有人表示，由于自身的"数字自我服务"，做出决策的人可能已经很清楚市场正在发生什么以及可以在市场获得什么。因此，会议不大可能显著地对他们有所启发。总体而言，会议组织者必须认识到"数字时代"客户不断变化的需求，并做出相应的回应。

11.3.4 社交媒体与技术

社交媒体既可能是干涉性的也可能是令人担忧的，或者是有洞察力、有吸引力的，这取决于个人的观点。当然毫无疑问，社交媒体创造了大量的信息。有些信息是至关重要的、有些是有用的、有些是复制的、有些是存在争议的——其余的只是"噪声"。

社交媒体对用户的影响是用户越来越容易被网络化，并对它的使用越来越普遍，且更少地受到地理或行业的约束。随着数据分析的发展，获取相关信息将变得越来越容易。数据分析将帮助读者确定感兴趣的主题，并及时向他们推送信息和联系方式。移动设备的使用——技术的一大趋势是将确保用户随时随地获得这些信息。认知计算将及时改变与数据和设备的互动，并将不可避免地对培训和知识转移造成影响。未来也许需要更少的培训，谁知道呢？

保险市场并不缺乏关于思想领导类的文章、白皮书、意见和评论等。与印刷页面不同，因为其参与成本相对较低且易于访问，每个人都可能成为潜在的参与者。一旦个人有对某个特定主题公开表达意见的前期恐惧，他们就会受到自身想象力的限制（有时也受到公司规则手册的限制）。只要没有越过某些法律、道德和道义的界限，他们就有可能会有几乎无限的潜力。

思想领导有时似乎可以通过内容的贡献数量来实现。数以万计推特的贡献能力是令人震惊的。也许由于如此多的信息，确定谁实际上是前瞻性思维方面的权威人物，而谁只是"响应者"更加困难。行业内利用的社交媒体的能力，是当代的另一种新的能力。

也许在隧道尽头仍有希望的光芒。如果行业受到庞大且多样化内容的限制，那么越来越多地使用数据分析可以帮助人们识别趋势，也可以提供过滤措施，让人们克服"噪声"的影响，并允许用户和观察者了解真正重要的内容，以及人们的大量评论。这也称为他们的"情绪"。

当考虑"友善用脑学习"时，我们发现人们可以通过听觉、视觉或触觉等方式学习。社交媒体和技术为所有这些提供了一种方法。人们可以阅读文章、观看视频、收听播客，甚至可以"尝试"在线呈现。社交媒体和技术可能不是学习和知识转移的灵丹妙药，但它们肯定是向前发展的重要组成部分。作为娱乐活动的游戏技术可能越来越多地发展成为学习活动。

这种信息的普及势必会改变保险公司（和其他业内专业人士）购买数据分析解决方案的方式。更快更好的获取信息将使保险专家在寻求所需的数据分析产品和服务以及他们从何处购买等方面变成自我服务。

那些更具想象力的人也将为自己确定行业之间的协同效应，使自己能够在多个行业中发挥作用，并且也能够确定现有解决方案的发展需求。投诉可以转化为群众的建设性意见。分析师或其他可能有助于设置评估标准的第三方可能会发挥作用，也可能会改变用户与供应商之间的关系，在许多情况下，这将影响技术供应商的销售流程。

11.4 领导力和保险分析

领导力一般很好理解。每年都有数百——甚至数千本——关于这一主题的书。领导力的重点是利用以下关键属性：

- 愿景；
- 文化；
- 价值观；
- 策略；
- 个人标准。

这些属性需要被分解为某一问题或机遇的单一一致的方法。有些人可能会认为，成功的领导者之所以会出现是因为那些支持他们的人的品质。而其他人则表示，最成功的企业不仅仅只有一个领导者和一群追随者，而是拥有一个团队，团队中每个成员都是自己的领导者。还有一些观点是，领导者的主要作用是制定战略框架，其他一切都将会随之而来。

越来越明确的是，数据分析的时代开始改变管理观点，导致以数据分析洞察和"数据驱动"决策为指导的决策顺序发生变化。那么保险领导者在未来又扮演什么样的角色呢？

11.4.1 知识与力量

"知识就是力量"这一表达越来越局限于过去的含义。由于技术的发展，在人们可以越来越容易洞察并获得信息的世界中，信息的"民主化"不断发展。如果卡克斯顿等的印刷机向群众提供知识，那么互联网及大数据分析的影响就会成倍地递增。

其中一个影响是创造包容性，而不是将知识限制在少数几个领域。因此，高级管理层和"工蜂"之间的关系正在转变，只有通过获得生产力信息和商业机密信息等，各层级才能得到保护。对于依靠个人经验被区分的人而言，这又意味着什么？

"知识劳动者"的作用在所有行业都有可能发生变化，在保险行业也一样。信息出现的规模和速度意味着个人的知识变得越来越不值钱，因此，"知识劳动者"的"智力资本"将会减少，尤其是如果我们接受认知分析将越来越普及的观点。知识正在成为一种商品。对于一些人而言，不分享知识可能是一种自然防御，但抵抗可能是徒劳的。在大多数情况下，"知识劳动者"最愿意分享知识。但知识本身几乎相当于未切割的钻石，也许基本技能将越来越在于如何应用知识，而不是知识本身。[8]

除知识之外，包括保险在内的行业都继续寻找新的思维。这种新的思维还有一个众所周知的名称——"破坏"，而且这种思维越来越以破坏性技术的幌子展示出来。破坏性技术往往被确定是小型初创企业。仅仅根据专业和具有吸引力的网页来区分已成立的公司和初创的公司是很困难的。企业应更仔细地检查资料、财务报表并追踪记录，然后做出判断。这不应排除将初创企业视为"正在运行"，尤其是正在这种日益敏捷的商业环境和"金融科技"的氛围下建立知识库。这些新的参与者通过一系列新的观念和新的有效的执行能力来处理传统问题。已成立的公司可以通过相互之间的关系，以及各方接受对方文化的意愿，为初创企业提供合法性。

11.4.2　领导力和影响

领导力通常与资历和所有权有关，但通常也与创造影响力的能力有关。当数据分析形成了一个范式的转变思维时，越来越大的挑战可能是"影响"能力而不是"指示"能力。

如果领导力相当于影响力，影响力究竟具有什么含义呢？通常它包括以下内容。

- 影响决策的能力。
- 掌握影响个人观点的知识和技能。
- 了解如何或怎样影响会议或个人群体。

■ 了解如何以最有效的方式确定某种观点。

这些都是标准的领导力问题，还有很多内容可以在其他地方找到，通常来自作家，如 Aryanne Oade[9] 等。

领导力和创新不仅在于把握浴室的"尤里卡"（灵感产生）时刻，还在于有能力把新的想法投入行动，并通过企业的策略实现想法。其中一部分可以通过"定向"实现，即在企业内按照职位高低给予指导或指示。另一种方法可能是具有某种"思想领导"的水平，允许个人表达，也可能有一定程度的自由，正如"知识劳动者"当前的角色一样。

在许多情况下，个人的组织状态或"权利"至关重要。"权利"可以让个人对企业、部门或个人需要采用的价值观和目标进行指导。它还使个人明确自身的工作量、客户关系的程度和质量，以及他们在更广泛业务中的互动。

可以通过以下一种或多种组合来对权力进行评估。

■ 受性格影响的技能。

■ 企业内的层次定位和奖励他人的能力。

■ 可能为业务带来一定程度的洞察力的专业知识。

新的大数据分析时代面临的挑战是，保险和其他行业的高级管理人员需要处理新水平的信息。虽然他们可能凭借上述特质而获得权力，但他们现在却面临着新的问题——如何成为有效的"影响者"而不受数据化时代的影响。领导者不仅需要能够辨别不稳定经济中的不确定性挑战，而且还需要了解信息"民主化"对同事的影响并分析在未来新商业世界中更广泛的影响。

在这种不确定的世界里，"相信我"的表达不够充分。保险领导者难免会寻求证据来支持他们的论点，并消除疑虑。证据仍然至关重要，但是保险公司不应仅关注它们下一步要做的事情，而应考虑客户的期望。

领导者和影响者不仅需要了解保险业发生的情况，还需要了解商业环境发生的变化。客户已经在使用诸如亚马逊和优步的功能，即使有些新的小规模初创企业开始破坏既定的规则，我们也不会立刻就看到大量的保险等价物。

在董事会层面，多种机制开始分析转型，但关键机制是财务和预算。这就是投资回报率（ROI）问题至关重要的原因。即便如此，辩论正在从企业"是否"应该这样做转向应该从"何处开始"？投资回报率越来越多地被用于确定起点，以及在企业内如何进行"数据分析型保险公司"的转型。保险首席财务官仍然是财务和投资的把关人，但越来越重要的是正确的投资。现实情况是，保险公司成为数据分析型企业的问题"是否"并不是一种选择。这是一个"何时"和"如何"的问题。

有人甚至可能觉得他们没有资格携带大数据分析信息。也许他们认为自身没有影响力、网络、地位，或仅是被不信任者超越。对于处于这一立场的人而言，重要的是要确保个人在正确的时间和地点快速果断地采取行动。在此期间，相关人员应继续在职场上获得知识、传播并建立信任和声誉。

关于如何成为业务中值得信赖的顾问，根据 Tom Peters[10] 等的工作，信任是通过诚信、善意和可靠性赢得的。当新技术似乎要打破传统思维时，这可能是一个微妙而敏感的过程。对于高级决策者而言，新时代的任务可能尤为艰巨。他们仍然有自己的"日常工作"，并且有义务使业务正常运行，但同时也面临着新工作环境的挑战。他们不仅要认识到行业和自身业务的问题，还需应对自身角色的潜在变化和挑战。

在动荡的经济中，由于快速的变化以及股东管理、客户期望、风险和监管的压力，高级保险管理人员必须拥有个人技术以使其能够站在灯塔顶端，并尽可能统览全局。他们不仅需要预测变化，而且要准备好积极向前迈进。对于他们来说，作为一个个体，他们站在灯塔下或站在岩石上，受到海浪的冲击，将无法生存下去。大数据分析不仅仅是一系列"波浪"，而且是扑面而来的海啸。管理人员不仅要制定应对策略，还要有远见卓识。

但重要的是他们对此不必太敏感。目前许多高级管理人员都是在技术水平很低的时候成长起来的，甚至他们现在看待社交媒体也是持怀疑态度。世界迅速发展，目前中型现代汽车中所需的技术甚至比把一个人放在月球上所需的技术更多更好。保险业的高级管理人员以及整个保险行业都需要做好走出舒适区的准备。如果要实现产业转型和个体化公司转型，那么应从个人转型开始。

11.4.3 数据分析和其对员工的影响

重要的是要考虑大数据分析的使用将如何影响到保险公司的员工。企业变革并非发生于真空环境。虽然在交付点存在授权和更有洞察力决策的争议，但保险公司必须考虑潜在的缺陷。总体而言，重要的是员工无须过于焦虑，也不要担心会影响其日常生活的其他问题。就商业和行业的本质而言，在某种程度上，文化本身就会发生变革。

这种变革可能会对保险员工造成什么影响，这会是一件好事吗？答案可能并不是确定的。也许指标可能来自其他行业和有助于改变商业模式的工业化的部分历史。考虑变革影响的一个明显因素是，汽车生产线的转型已由其他领域覆盖。一个不同的但也许更好的例子可能是由于自动化而造成的棉花产业的转型。

与保险业一样，棉花产业过去（仍然是）是一个全球性产业，但也可能受到"新时代"（以人工产品——机器和工厂为基础，形成于 18 世纪）的影响。Anthony Burton 在其 *The Rise and Fall of King Coffon*[11] 一书中表示，在此期间，英国（一如过去）经历了一场我们无法用文字来描述的根本和创伤性的变革。

当时，整个世界都受益于工业革命——或者有些人可能被视为工业革命的受害者。全球范围内出现了"富人"和"穷人"的局面。Anthony Burton 在书中讨论了工业革命之前的一个时期，当时人们主要注重维持自己的生活，而个人仅"勉强糊口"。工业革命后，发生了业务经营的方式以及谁经营业务的转变。

他认为，工业前和工业后的过渡是创伤性的，就像在没有麻醉情况下拔出牙齿，虽然之后感觉不错，但是拔出牙的过程非常痛苦。问题在于，保险业在从数据分析前的世界转向分析后的世界是否会感到非常痛苦。如果可以预见痛苦，那么如何进行最有效地缓解呢？并非所有员工都忍受痛苦，有些人可能会积极抵制。

当我们回顾棉花产业的历史时，它也受到技术的影响。飞梭和珍妮纺纱机是我们今天感到陌生的术语，因为"预测分析"的表达可能是我们自己的祖先。这两项"技术"都让纺织企业的家庭手工业转型或走向工业化，成为我们今天与棉花产业共同关注的工厂和车间。

除此之外，棉花工人的生活方式也从田园诗般的贸易转变为磨坊工作和与过去完全不同也无法预期的工作。并没有迹象表明保险分析的发展将使我们重新回到威廉·布莱克的《黑暗的撒旦磨坊》的技术，我们仅需反思潜在的变革可能是完全转型的事实，整个保险行业可能需要为灾难性的后果做好准备。

11.4.4 了解员工抵制的情况

也许与保险行业内部抵制变革的方式一样，棉花工人也是如此。"卢德派"

一词用于表示抵制工业化，引起骚动并摧毁设备的人。这一名字取自他们的领导人，他们利用了"卢德将军"的名字，以形成军事权威的印象。现在的"卢德派"主要被视为反对进步并抵制变革的人。

事实上，"卢德派"对机器本身没有任何争议，而是对业主和实施方式存在质疑。他们的争论与低工资和学徒制有关。当"卢德派"无法成功地在法庭解决纠纷时，他们就开始破坏机器。这里表达一个信息，保险分析的出现不仅会改变商业模式，而且还会改变工作实践。

在许多国家，由于经济压力，工会化或集体谈判的力量已经完全消失。有些人可能会说，它从未真正适用于保险专业人士，也许只是经济时代更加艰难的迹象。总体而言，保险公司会面临员工如何站出来，提供集体的意见，说明个人如何受到数据分析的影响等巨大的挑战。如果这样，将如何实现变革？或者，变革的"海啸"是否会对保险业产生影响？

鉴于 *King Cotton* 故事的完整性，最后考虑历史地位是合理的。美国内战导致整体生产的原棉量减少。因此，印度开发了新能力和资源，印度纺织品制造业增加，而其他领域崩溃。当前棉花行业的技能、产出、产能、地理位置等方面都是完全不同的。这至少提出了一个长期的问题：如果保险行业向前推进 100 年，会变成什么样子呢？也许未来的变革速度会更快，这也许是几十年后可能会看到的保险行业的景象。

总体而言，有些人可能会认为这并非美好的前景，制造业和金融服务之间甚至没有实际的可比性，即使其他人将保险视为产品制造和政策的一种形式。然而，也许它可以说明保险业的工业化、自动化和"分析化"可能具有转变这一 300 年历史行业的能力。也许在过去的 300 多年里，未来 20 ~ 30 年将会有很多变化。

保险公司、中介机构、专业机构和个人如何为这种变革做好充分的准备？与保险公司本身需要考虑将企业从描述性分析转移到认知分析的技术蓝图一样，它们也需要考虑对自身内部事务的影响。这需要它们能够以更长远的目光看待企业，并将"当前"的关注重点转移到短期的成就上。

宣称成为"数字"或"数据分析"型的保险公司需要考虑对员工的所有间接影响，并在企业的深度和广度上相应地管理转型过程。那些尚未宣布其意图的保险公司几乎迟早要在这条路上走下去。

变革过程中的部分员工参与包括工作人员／员工理事会、研讨会和其他代表性机构——通常会纳入当地的就业条例。总而言之，这超出了相对简单的内部和外部利益相关者管理涉及真正希望了解数据分析转型对保险员工的真实影响。这样做不仅有助于确定变革的界限和时间表，而且还可以认识到团队的问题、应对策略、个人能力和劳动力指标。

如果不这样做可能会有不确定、恐惧和抵制的风险。现代"卢德派"不会像其祖先那样破坏机器，而是会谨慎且秘密地抵制，这样依然会造成同样的破坏性后果。

注释

1. Casale, Jeffrey. "保险行业工作量下降". 商业保险，2009.

2. 国家统计局. "经济与劳动力市场评论". 第 5 卷，2 号. 伦敦：2011 年国家统计局.

3. 英国保险公司协会. "2012 年英国保险重要事实". 英国保险公司协会（ABI），2012.

4. 英国特许保险学会. "技术如何能够创造或打破我们的未来". 技术文件. 伦敦：英国特许保险学会，2012.

5. Ward, Terry 和 Loire, Patrick. "汽车行业的就业、技能和职业趋势". Alphametrics/Grope Alpha，2008.

6. 英国特许人事发展协会. "人才分析和大数据：人力资源的挑战". 伦敦：英国特许人事发展协会，2013.

7. 英国特许人事发展协会. "行为中的神经科学：向 L&D 实践应用洞察力". 伦敦：英国特许人事发展协会，2014. 参考：6620 c.

8. Donkin, Richard《血汗和眼泪：工作的演变》伦敦：Texere 出版社，2001.

9. Oade, Aryanne《工作中的管理策略》贝辛斯托克：帕尔格雷夫麦克米伦（英国出版社），2009.

10. Peters, Tom. Reimagine《重新构建．中断时代的卓越经营》伦敦：多林金德斯利出版社，2003.

11. Burton, Anthony. *The Riseand Fall of King Cotton*. 伦敦：Andre Deutsch 出版社，1984.

Analytics for Insurance
The Real Business
of Big Data

CHAPTER 12
第 12 章

实施

大数据分析与我们同在。当前我们正面临着实施的问题。从哪里开始，先做什么，怎么解决问题。或者静观其变，随着时间的推移，事情是否会变得更容易。人们很有可能思考这些事件的"先发优势"，而人们也会记得最成功的品牌带来了后来者，而这些后来者是创新者的模仿者。

当然还有"后发优势"的理念，从客户反应和竞争对手的问题中学习，以创建后续产品。"先发优势"并不总能保证成功。谁还能记得 1992 年世界上第一个搜索引擎"Archie"，或者 1997 年第一个社交网络 SixDegrees.com？

什么也不做是一个诱人的提议，但在大数据分析的背景下却不值得推荐。即使在短期内也有充分的证据表明，拥有这种想法的人开始快速、积极地区别对待他们自己，摆脱竞争。使用数据分析来改变企业并非简单的任务。有这样一句谚语，"千里之行始于足下"。读者在阅读这本书，甚至本书的部分内容时会得到一丝安慰，因为阅读本书就是"千里之行"的第一步。

本书已经考虑数据分析对某种特殊的保险类型以及特殊的保险问题（如索赔和承保）的影响。本书可能会表达一些什么"可能"构成不同类别保险未来愿景的观点。目的是让创意的"汁液"流动于保险行业的数据分析中。

在那些"有远见的"评论中，选择 2025 年的任意时限可能是现实的（也可能不是现实的）。事情通常不是尽如人意的，可能早于或晚于预期的发生时间，而时限通常受市场和竞争对手的行为、客户需求、创新和领导力驱动。重要的是考虑实施的问题，这不仅因为它是一个关键部分，还因为它最初可能是简单的，如果处理不当，它将成为最难处理的部分之一。

实施企业不仅需要了解自身业务和关键利益相关者的态度，还需要保持对竞争者及其他行业行为的高度认识。电信和零售等行业中的数据分析成熟度更高。保险公司应该了解其客户对自身判断的真实基准。由于数据分析的使用有可能改变商业模式并允许新的参与者出现，所以保险公司甚至可能需要将数据分析实施视为防御性策略。

在许多企业中（保险公司也不例外），C级高管和负责日常操作的人员之间经常会断绝联系。人们经常告知高级管理人员他们想要听到的内容，而不是他们需要听到的内容。虽然企业内部的领导者们至少可能会花费一些时间仔细考虑新的业务模式和破坏性技术的影响，而服务在"一线"上的其他人员仍然在电子表格、数据透视表和基本技术中挣扎。他们以怀疑、关注和不信任的态度来看待认知分析和机器人技术。传播和宣传成为实施的重要内容。

同样，我们也可以考虑会议在实施中的作用。会议通常是由供应商组织的，也可能由拥有很多发言者的第三方组织（此类第三方通常提供潜在客户的窗口）。尽管它们组织了许多分析会议，但人们通常担心这些会议对参与者和发言人是物不所值的。因此，会议内容的精心设计、有意义和相关程度变得至关重要。此外，参与者有机会接触网络并参与辩论变得越来越重要，会议需要专门针对这些问题进行规划。

这样做的原因是，买家比以前更了解情况，并且更加清楚可以解决问题的方法。总是会有处于学习的早期阶段的参与者，但这些人不太可能是真正的经济上的买家。赞助第三方活动的供应商发现，直接确定机会并确保投资回报更为困难，除非赞助商的主要意图仅仅是提高品牌知名度（可能以更有效的数字化方式完成）。

数据分析的特殊挑战之一是它们已经在快速演变。用户和技术供应商正在以"Wi-Fi"的速度进行创新。用这些术语进行思考。想像你站在车站的铁路站台上。大数据分析就像一列快车在你面前来来往往，火车上是你所有的客户，也许是你未来的业务。火车并不打算停在你身边，所以你有两个选择：在旅程中拼命地跳上火车，或等待下一列火车（这列车也不会停止）。这其实不是一个选择，但可以做一些使决策更容易的事情。

本章旨在帮助保险公司确定实施的路线图。本书是为非专业而不是信息技术专业人士撰写的，所以必要时会避免（并故意省略）使用一些复杂的词语。

这里将考虑以下 4 个方面：

- 文化和企业；

- 创建策略；

- 数据管理；

- 要求的工具和技能。

这些内容并非按照任何规定的顺序排列。事实上，有一个需要同时考虑很多方面的争论，这个争论似乎开始于数据。企业面临不确定质量的非结构化和可变数据的歧义。起初，数据就有其自身的问题。大量的金钱和时间可以用于数据中，而考虑所有情况之后也许没什么可以展示的内容。数据导向的方法可能会让企业失去信心。资金减缓，分析项目一成不变。

一个不同的出发点可能是情感性的。一个企业，或更有可能是企业中的个人，意识到数据分析是进步的关键，因此，他们可能会游说利益相关者或以其他方式赢得支持以获得资金。有时如果有许多供应商的热切帮助，资金并不是最重要的问题。

了解业务问题，然后回到数据中寻找洞察力，从而使企业可以更快地创建数据优先顺序流程，并尽早实现真正的价值。初级重点项目可以作为供应商以低成本或零成本开展工作，站稳脚跟的证明；或者使用"免费增值"分析产品，从而快速地使用户熟悉新的数据分析功能。（"免费增值"是指为用户免费提供有限的软件以用于个人或有限的商业用例，希望可以"吸引"客户并最终让他们购买一些附加服务。）

还有一个偏离于预算周期的财务限制，这取决于分析软件许可证的购买是否作为资本支出（Capex）的一部分，以获得"作为服务"的数据分析软件。实际上，它可以让客户按月或以类似的方式进行支付。优势在于当前这已经成为运营费用（Opex），并且使融资过程更加简单。资本支出—运营费用在数据分析实施中明显地改变了客户的目标。

从情感定位看待问题也是一个有趣的提议，尤其对于那些经过培训的决策者，他们在决策中通常不会情绪化，而是保持理性。情绪使人们想起非理性的画面，但实际恰恰相反。它代表了经验、直觉、竞争行为的结合，并使人们意识到需要采取某些措施的机遇。

关于这一话题的著作是丹尼尔·戈尔曼的《情商》[1]——为什么情商（EQ）比智商更重要，因为它考虑到驱动领导力行为的技能和特征。戈尔曼还提出将情的概念作为评估方法，这一想法自 20 世纪 60 年代以来一直存在。IBM 后来通过邀请客户将其 AQ（分析系数）视为分析成熟度的指标，稍微对熟悉的事物采取不同的策略。

在这种情况下，假设保险公司某个地方的某个人意识到需要一个数据分析解决方案，这可能是企业中需要解决的特殊战术问题的最高水平，也可能是最低水平。触发因素甚至可能是一个新招聘人员，也可能是最近加入的不同行业的人员。

至关重要的是，有资历的人不会将其视为时尚或炒作。甚至更糟糕的是，这是管理信息（MI）项目的延伸，而且整个大数据分析方法只不过是"涂有一层保护色的管理信息"。

保险公司不应仅就这些事情将自身与同行进行比较。消费者仍然关心其他行业（如零售、银行和电信）的服务水平。因此，保险公司需要像其他行业一样认识到它们正在发生的事情，并能从中看到机遇和威胁。数据分析为企业带来了快速进入市场的力量，同时，当认识到关于盈利能力和商业环境的真相时，快速离开它们。数据分析可以拨乱反正，但其本质也可能是破坏性的，对于具有 300 年历史的保险业而言，这是让人感到不快的事情。

根据 2014 年的 BearingPoint(毕博) 顾问的研究 [2]，《智能保险公司：不仅仅是大数据》，只有 10% 的保险公司实施了全公司的大数据战略。30% 的公司仍然在探索这个战略，大约四分之一的公司正在采取某种形式的部门性实施策略。它们的研究显示，71% 的受访者表示，到 2018 年大数据将成为首要任务，但根据 53% 的欧洲保险业高级管理人员表示，技能短缺是实施中面临的重要问题。除此之外，它们的报告还指出，16% 的人不了解大数据；53% 的受访者表示这是信息技术而不是业务问题，只有 37% 的受访者认为，由于拥有更多的数据分析洞察力，自己的公司才能够实施新的想法。

12.1　文化和企业

保险公司变革的重要步骤之一是将文化从经验和直觉转变为认识数据分析

重要性的问题。这并不是指不需要经验和直觉，而是当前关键的直觉属性必须越来越被更科学的方法取代。

在最近的保险事故中，需要保险公司在何种程度上使用大数据分析来实现承保决策的完全自动化，且保险行业是否会受到威胁？这是一个公平的问题，但实际上在新的大数据分析环境中，更好的问题是保险行业在未来可能会如何变化。一些传统的保险角色将会消失，这完全有可能，但同样可能会出现新的角色。新出现的商业模式将会改变保险公司目前的做法和工作方式。这已经开始发生，而变革的步伐可能会在未来几年加速。

保险公司进行变革的第一个考量应该是想象它们受到当前知识和技术的限制，最终会有什么转变。如果保险公司将自己想象成"数据分析型保险公司"，这实际上是什么意思呢？甚至探索这一问题也需要我们进入有趣的新领域。"数据分析型保险公司"也许指的是企业内不同的事物对应不同的人。

"数据分析型保险公司"的定义是：一个能有效整合数据、数据分析和经验，以创建满足其客户需求的差异化产品的企业。

在"数据分析型保险公司"开始对客户群造成影响之前，它们通常应审慎考虑对企业内部的影响。企业几乎所有的部门都可能受到领导层向下的影响。这可能需要新的技能、创造新的角色并设定个人目标。"数据分析型保险公司"开始看到内部孤岛分解，形成新的关系，劳动力之间的相互依赖性更大。

企业内部不可能已经具有所有技能，因此需要进行外部招聘。这种"新鲜血液"不仅将为保险公司带来数据分析技能，还可以带来其他行业的观点。保险公司需要帮助这些新员工了解保险，从而使他们在保险环境中顺利地工作，而保险公司也应该明白在其他部门的想法交叉的作用下，自己的行业可以进行什么样的创新。虽然有些想法显然不能直接转移，例如零售优惠卡，但是保险公司可能希望为忠实的客户提供无赔款优待的增值收益。

在招聘过程中，不可避免的是，保险公司将被似乎有更合适的职位的求职者所吸引。常见的可能是"数据科学家"或"首席数字官"的职位。在总体方案中，这些工作最多可能是适合当前时期的过渡角色，但不太可能随着技术的发展而持续下去。

为扩大规模，"数据科学家"是为处理数据分析工作的问题而出现的角色，它与"数据分析师"的作用不同。"数据分析师"处理预先配置的分析模型向其提供的数据,而"数据科学家"则创造自己的模型或直接从数据本身获得信息。[3]相比之下,首席数字官(CDO)是新出现的职位,反映了越来越多在线购买或在线寻求更多有关其保险产品信息的保险客户的数字性质。缩写"CDO"(首席数字官)毫无意义,因为它可能与首席数据官混淆,有些人可能认为它本质上是信息管理的角色。

与超过 300 年历史的保险公司的角色相比,新角色可能不会持续太久,暗示着:

■ 技术快速变化的本质意味着数据管理和治理将日益自动化;

■ 认知计算最终将提供最合适的数据分析能力,而不是个人需要的特殊的数据分析技能;

■ 所有客户最终将变得"数字化",这将成为连接的标准方法(例如,为什么您需要一个特殊的 CDO 角色)?

这可能有点夸张,但仅仅试图强调的是,在招聘过程中,保险公司应该承认角色的短暂性,在许多情况下,公司应理解缺乏与这一新范式相关的正式资格。

也许在保险和其他行业中最有可能的变化是业务决策者和信息技术部门之间的人的观念。这些人通常会了解运营部门的关键业务驱动因素、帮助支持和优化业务决策的最适当技术以及推动决策的最适当的数据。

业务线/信息技术专业线可能听起来像一个新概念,但实际上已经存在于许多领域。可以说,在全面掌握数据分析之前它也是一个临时角色。这些实际上已成为数据分析师的人已经附属于保险业务部门,例如在营销领域,他们也许从使用电子表格开始,但现在已经能熟练地使用更复杂和有特殊功能的工具。

一个亟待解决的问题是如何最好地创造这种新角色。拥有保险知识的人来学习技术,还是技术专家学习保险,哪条路更容易?从表面上看,技术专家学习保险比拥有保险知识的人学习技术更加容易。对于对技术感到困惑的保险专家而言,保险人员学习信息技术可能比骆驼穿过针眼门还要难。

行业中有很多术语都各有其特点,信息技术和业务线——这样的术语会给人们创造障碍。保险专业人员可能会被 Hadoop(大数据分析)、SQL(结构化查询语言）和 Hive 的"术语"所混淆，但信息技术专业人士对于赖兰兹诉弗莱彻案（1868）的保险案例法的复杂性也将感到不适，该案例是侵权行为法的基石之一，帮助确立《妨害法》。（美国对邻近财产逃避"危险"严格责任的法律观点基本上以赖兰兹为依据。）

在数据管理方面有经验的人可能认为数据就是数据，没有行业应用或观点。因此，他们可能认为，基础的保险知识根本无关紧要。在某种程度上，他们是正确的，虽然存在需要考虑的行业的细微差别，尤其在风险和合规性领域，或在承保时进行欺诈分析。

展望未来，专业保险公司的作用也将非常重要。目前，许多保险公司认识到技术是其成员的新业务来源。这主要是由于数据丢失而导致的网络安全政策的承保，以及新时代对董事和高级管理人员保护的义务所造成的责任的增加。这种创业方针是完全公平的，因为新的数据时代迎来了新的风险，而且远不止如此。由于数据安全性不佳导致的大数据丢失最终可能会导致前所未有的数据类型和规模的损失。对于保险公司而言，这也是具有有限先例和经验（虽然这似乎在增长）的新领域。近 10 年来，保险业已经开始为网络安全承保。同样重要或可以说更重要的是，专业保险公司也需要认识到技术对其成员的巨大影响，并在未来的专业资格课程中充分反映这一点。

一些保险公司可能会觉得学习技术是技术公司的需要（同样，技术公司也许会认为它们的成员不需要了解业务的驱动因素或营销活动在实践中如何运作）。但是，工作环境越来越要求"两者"不断折中。

一些企业似乎比其他企业的思维更加成熟。北美的保险会计与系统协会（IASA）在其年会上有独立的技术观点和工作流程。特许保险协会也发布了一些以数据为导向的讨论文件。在战略联盟开始出现于截然不同但越来越互补的专业机构和研究机构中间之前，还需要多久？

新的数据分析时代将不仅仅在保险界引进新的商业模式，还有新的专业机构？我们是否会看到远程信息处理协会、用户保险协会或保险分析专业资格协会？高等院校正在跟进新的数据分析时代的资金和力量。那些对适用于保险和金融服务的大数据分析尤其有兴趣的人，可能会关注伊利诺伊大学，美国最大的保险公司之一——州立农业保险公司，拥有提供学费援助和实习机会的研究中心。[4]

保险公司还应该尝试了解企业内部已经存在的技术和能力，并了解如何在更广泛的业务中利用这些技术和能力。一些任务本质上主要是数据分析性任务，例如精算工作，也可能是这些部门人员可以为新的数据分析企业创造技能基础。多个地区较大的企业可能会发现这些人在地理上具有多样性，因此，必须考虑寻找这些人共同有效工作的方式，以最大限度地发挥转型项目的作用。他们可能因为方向或基础的原因在企业的"孤岛"区域使用数据分析型工具。

在业务中使用一系列孤立的战术工具也可能存在问题。当需要做出更多关于工具和供应商的战略决策时，可能发生"非我所创"综合征，并导致内部抵制变革、缺乏标准化并无法获得整个业务的规模效益。人们正对自己正在使用的数据分析工具感到满意，有些人可能在大学时已经采用了这些工具。即便如此，在企业内使用数据分析工具的水平也将有助于更好地说明更广泛的企业变革的准备状态。

大多数保险公司希望在相对较短的时间内获得实际利益，通常在一年之内。保险行业外的一些较为积极的企业会寻求在 3 个月之内获得利益的实际证据。这不仅对于为变革提供财务说明非常重要，而且有助于在业务中赢得人心以及获得额外资金。保险公司很少进行"突发性"转型，而是制定实施计划（路线图），在整个计划中具有一系列增量项目，每个项目都具有可确定的投资回报率和可交付成果。除此之外，"敏捷开发"还包括一系列短暂"Sprint"作为概念证明的增长趋势。

因此，如果在财务方面取得进展是一个重要目标，那么保险公司需要了解当前起始位置的明晰性和确定性，从而可以有效地衡量变革的增量。如果对起始位置没有一定程度的确定性，那么对所获得的真实收益水平也会存在一些不确定性。

成功实施需要变革的方案，并且已经存在许多广泛意义上变革管理的内容。[5] 与任何转型或重建过程一样，必须有充分的动机让人或企业进行变革。典型的变革障碍可能包括以下几种。

- 文化制约和障碍——支持独立方案管理的企业结构。

- 对抗——包括潜在的劳资关系问题。

- 政治抵制——管理者认为变革会削弱其权力基础。

- 公司"倒退"——新实践推行不全面，人们恢复"旧方式"。

■ 拒绝"新订单"——并不是每个人都适应新的数据分析世界。

这些障碍以及其他障碍都可以通过协商的缓解行动的变革管理过程进行具体处理，但是不应单独考虑每一因素，而应进行综合计划。

12.1.1 传播与宣传

有效的传播至关重要，不仅包括创造和"推销"保险公司走向数据分析旅程的愿景，还通过定期和频繁的更新提供一系列内部检查点。企业也经常听到有关变革的外部新闻。理想情况下的传播应该是双向的，并考虑到包括视频、社交媒体和面对面的当前可用的所有媒体。实际上，这是一种转型的内部营销形式，因此，使用保险公司的营销技巧协助内部变革似乎是完全合适的。

有效的传播不仅仅让高层人物参与其中，而且还延伸到管理层和其他层面。无效的传播会滋生埋怨和抵制。数据分析本质上是授权，获得授权的人也能够充分了解情况是很重要的。在计划中尽可能快地传播也至关重要，因为恐惧和不确定性通常具有潜伏性，并进一步带动抵制力量。

保险公司并非从一开始就了解构成"数据分析型保险公司"的所有信息。它可能只是意图声明，但理想情况下，可能有助于保险公司分享如下见解。

■ 未来是什么样的？

■ 为什么需要变革？

■ 有哪些企业变革？

■ 涉及什么角色和责任？

■ 转型看起来是什么样的，即"路线图"是什么样的？

■ 变革的速度——变革的速度有多快？

有效的变革管理要求保险公司考虑其他问题，例如奖励和认可。这在创新和前所未有的活动领域中可能非常困难。数据分析似乎正在迅速发展，正如供应商在线内容的数量和创新速度所证明的那样。为了保持"前沿"以及与新参与者的竞争，保险公司可能需要承担风险——但在一个整体上风险规避的行业中，风险承担者如何得到认可（并获得回报）？

宣传具有重要作用。经常被用于商业中，是表达将客户和员工引到某种特定思维方式的一种方法。这是根除旧信仰，取代为新信仰的方式，并鼓励人们采取与以往不同的行为。并且，这并不意味着旧的方式"毫无价值"——这样做也可能会导致不满。

宣传和领导力通常与不仅提供赞助和支持而且还帮助创造未来愿景的领导人有密切联系。创造这种愿景在一定程度上是一种情感信息，但重要的是通过连贯的事实、适当的个人行为和强烈的行动号召来支持该信息。

12.1.2 利益相关者对未来的愿景

吸引现有和潜在利益相关者更有趣的"开放"问题之一就是询问他们对未来的愿景。通过这种过程，可以鼓励个人对"数据分析型保险公司"的概念表达希望、抱负和关切。这一过程可能会出现企业中许多部门常见的问题，通常是对品牌或声誉的影响，尤其在艰难时期。当然，也可能出现与特殊部门或位置有关的问题。

他们表达的观点往往可以与马斯洛著名的"需求层次理论"联系在一起，那些对自己个人地位和未来感到很有信心的人可能对变革最为乐观。另外，那些觉得自己最有可能处于危险之中，并会受到技术的自动化、工作条件的去技术化和变革不利影响的人可能会更悲观。受统计的一些人可能会保持"接受或放弃"的态度，尤其是那些处于较低年龄段的人群，而高层人士可能只是采用变革的想法在公司加强其个人的退出策略。

关于未来的问题不存在正确或错误的答案，但未来的可视化行动将有助于保险公司更好地了解现有和潜在的问题，并最终制定更有效的内部沟通策略。

利益相关者管理的一种特殊形式是使用代表性员工团体，这种团体能够跨部门最广泛地代表可能受到影响的员工。这种群体讨论可能最好在现场以外完成，没有日常问题的干扰，并使用公正、明智且独立的服务商。

要解决的一个具体问题是这种对话的保密程度。实际上，在一个企业，几乎没有什么是绝对机密的，而且往往保密会滋生不确定性和缺乏信任。虽然人们可能有责任不向同事透露其正在开展的特殊项目，但是这些人正在开展的秘密项目和特殊事件的事实往往足以引起其他人的兴趣或担忧。当企业需要考虑商业问题、形成新的合作伙伴关系或新战略时，有必要谨慎行事，但是当某种程度的统一是关键的成功因素时，企业内部的保密很可能会造成分歧。当出现只有高层才了解其秘密名称的新项目时，这些问题才会特别突出。

12.2　制定策略

企业的战略目标是确定其目标和优先事项。因而数据分析策略也制定了与改善企业绩效相关的分析转型的大的目标。

本节将考虑所需的基础行动，并旨在更深入和更详细地探讨最终使实施措施可持续发展的战略。它能够提供帮助，并赋予企业持久的价值。

制定有效的策略需要如下一些关键步骤：

- 项目赞助；
- 建立项目计划；
- 利益相关者管理；
- 将数据分析视为授权的工具；
- 建立开放和信任的关系；
- 制定发展路线图。

解决这些问题将有助于企业更快、更有效地实现成功和可持续的发展。虽然早期已考虑领导力问题，但领导者不一定来自企业的最高等级，例如董事会或 C 级别，而可能来自较低层级。

每个人（他或她）可能具有认识数据分析观点的价值和重要性的技能和理解力。这可能来自于相关领域或企业之外的经验。招聘这些人可能是因为他们拥有不同的经验，也可能是因为他们与最终的项目赞助商有关系，或已经直接或间接地被他们招聘了。

12.2.1　项目赞助

实施过程中最关键的部分之一是找到为变革提供企业支持的赞助商。这种支持可能是：

- 直接的，如在财务或预算控制的情况下；
- 间接的，如拥有高级管理层中有影响力和值得信赖的人员。

赞助商的作用至关重要，因为它们为方案管理提供适当和及时的支持，并且当内部问题妨碍进展时，它们可以作为应对这些问题的最终力量。赞助商的角色也具有个人风险，因为它们要支持特定的举措（如分析型授权），如果数据分析解决方案没有完成任务，那么赞助商可能会受到政治上的伤害。

关于数据分析计划的管理，赞助商不仅应将它视为过程的关键部分，而且还应将它作为在发展遇到阻碍时提供适当的缓解措施的资源。如果赞助商要离开，或者在某种程度上变得不可靠，那么还要考虑对数据分析性实施的影响。

对于赞助商而言，存在可以用于支配其他高管的常规性方法。提高竞争者行为的意识具有代表性，从而推动本质上"防御性"的行动方案。更适当且主动的策略是鼓励获得竞争优势——通过提高盈利能力、降低成本或降低风险等方式。

越来越多的高管正在走出保险领域，以更好地了解其他行业的客户行为。许多高管也鼓励使用外部顾问以支持某一战略，或至少认可已起草的战略。如果事情没有得到解决，这样做可以提供一些个人防守。

传统上，这种方法一直是了解项目投资回报率和以硬福利或软福利评估有形条款的财务利益（或两者兼而有之）的方法之一。随着数据分析时代的步伐加快，事情变得越来越不明确，企业和个人开始对是否实行变革做出更多的情绪化决策。有人可能会认为，对于一些保险公司而言，情绪化决策比财务决策更有价值，因为保险公司本质上是不激进的，并且有可能造成很多变革障碍。

保险公司可能会认为：

- 它们自身的业务与其他案例研究中的业务截然不同；
- 客户或产品组合不同；
- 它们自身在市场上具有独特的品质；
- 预期的改善是最为乐观的；
- 或者最糟糕的是，承诺可能是完全不现实的。

更高的信誉可能来自于值得信赖的顾问，尤其是已经实践多年的行业专家的建议。

在这一过程的某个时刻，当个人意识到数据分析不再是可选项，而是必选项时，他们将最终成为赞助商。实际上，他们已成为大数据分析的"信奉者"。他们的责任不仅表示他们会提供支持，而且会在企业内外进行宣传，还会鼓励其他人这样做。

12.2.2　建立项目计划

当前最有效的实施手段之一就是创建可以计划、评估并进行适当的资源分配的活动计划。数据分析项目的本质是其包含相互依赖的任务，这些任务结合起来提供坚实的结果。企业拥有一个有能力且经验丰富的项目经理至关重要，但对数据分析而言，说起来容易做起来难，因为该行业仍处于新的思考阶段。新的数据分析的挑战，它的相对接受速度及在多个行业的应用意味着企业很难找到合适的、具有技能且有经验的专业人士。迄今为止，许多行业重点关注技术数据技能，但也需要为这一相当特殊和创新的工作环境开发强大且专业的项目管理技能。

由于这些困难，项目管理不在于个人，而在于目标一致且拥有共同的成功愿景的少数群体。这种群体的名称可能会因企业或因行业（通常是"卓越的分析中心"或"技能中心"）而不同——但是这些群体通常如创建和维护实施规划一样，按照常规的商业模式运行。

创建实施项目的性质、广度和深度将因企业而异，并且取决于业务线、地理位置、复杂性和许多其他属性。创建详细的项目计划是成功的关键因素。

该项目的关键要素之一是对现状进行测评。如果没有测评，就无法对进展进行评估。评估的方式必须能对未来的无可厚非的"改进"进行评估。如果"改进"是成功的标准，则对"改进"水平的评估和协调能力似乎至关重要。尽管如此，由于单独使用数据分析可能难以进行评估，保险公司仍然在困难和不稳定的环境中运营。

由于以下原因，可能无法实现结果。

- 物理（如单一的大型索赔或天气事件）。
- 经济（如在经济波动的情况下）。
- 立法（由于新的保险条例）。
- 客户行为（如对声誉问题的回应）。
- 竞争行为（如新进入者或产品）。

例如，如果提高盈利能力是目标，那么技术储备的释放也可被视为目标。所有这些都提醒我们，如果数据分析关于创造"改进"，那么有时可能更难证明这种"改进"的措施。也许数据分析应该利用数据来显示可衡量的"改进"，向监管机构和类似的评级机构证明业务处于良好的控制之中，从而提高信用评级，最终提高股份价值。

同样，考虑保险公司内变革的远景也很重要。虽然保险公司可能会越来越多地将自己称为"数字保险公司"，但很少有公司会准备空白支票簿进行招聘、实施和管理业务。没有诸如"突发性"实施之类的事情，通常为一系列形成长期路线图的连续项目。这些项目中的每一个小项目持续时间都较短，实施的复杂程度较低，并具有明确的可交付成果。

这种方法有利也有弊。

■ 从积极的角度来看，每一步变革均可确保业务的速度可控。降低风险、保持控制并缓解潜在的失败。

■ 从消极的角度来看，零敲碎打的方法可能会在优先次序方面造成内部压力，竞争或其他行为可能会破坏现有计划。动力可能会消失，战术决策可能并不总是符合更广泛的企业的利益。

扩展路线图的最大缺点之一是其漫长的持续时间。事实上，最成功的保险公司很可能是那些快速转型、展示其创新和敏捷性的公司。这可能最终并非通过一个系统、渐进式的响应实现这种转型，而是通过单一或多个战略结合，可能是一些重要的外包，也可能通过现有商业模型的元素的重塑等实现转型。

越来越明显的趋势是企业开始具有进行短程调整的"敏捷性"，这使企业对失败具有更高的承受力。这与许多保险公司的企业文化并不一致，甚至不是它们的生存理念。除此之外，可能会出现企业或监管机构无法承受的运营风险。这些敏捷活动的栅栏原则通常被视为风险的最终解决方案，以避免风险蔓延。

数据分析的进展速度在于保险公司的自建系统不太可能与进展保持一致。这种情况让人回忆起 20 年前英国保险公司在选择索赔软件时考虑"建立或购买"期权，主要是选择"建立"期权，尽管北美已经开发了可扩展的索赔系统。随着美国软件公司在保险公司内部寻求更稳定的立足，英国和欧洲的这一趋势正在逐渐逆转。展望未来，保险公司很有可能需要与数据分析平台的供应商形成重大战略联盟，以实现重要的阶段性变革。

12.2.3　利益相关者管理

有效的利益相关者管理是所有实施计划的关键组成部分。如果不是因为许多保险公司（也许所有的保险公司）的关键利益相关者也将处于未知的领域，数据分析实施则可能没有什么不同。变革总是难以应对，而数据分析的变革可能带来与更高透明度、新工具和技术、新角色和改变现有业务方式相关的特殊挑战。

数据分析以不同的方式对保险公司的不同部门造成影响。且不同的人（和人口统计群体）对数字时代具有不同的反应，这势必会造成不同的后果。因此，经验丰富的保险业者或资产管理人员如何应对可能被具有认知分析能力的计算机取代的可预见未来？至少有些角色会被否认——毕竟，他们的"经验"怎么会被"按钮和字节"所取代？有些人可能会感觉受到威胁，尤其是当新的技术人员使用现有的保险从业人员无法真正理解的术语和技术能力进入其业务领域时。

此外，很有可能会出现不完全适合现任在职者能力的新工作角色。这些具有职务说明的新工作岗位尚未量化，但将始终处于技术与业务之间。就个人层面而言，这意味着什么呢？所建立的层级在多大程度上会被削弱甚至被推翻？最初，有些人可能认为这是对变革的过度反应，但现实情况是，方法可能发生天翻地覆的变化。比较一下商业世界的"先移动"和"后移动"，当某一著名的饮料制造商创造了"随时随地、任何地方……"的词语，它们一定没有在发展的环境中进行保险分析。

有趣的是，在最近的伦敦事件中，当将数据分析提交给一群资深保险专业人士时，他们也提出了伦理观点。他们表示，"保险难道不是通过许多人缴纳保费来保护个人？"当保险行业受到商业压力和普遍技术的最大威胁时，有趣的是这一行业仍然寻根溯源并仍然希望考虑伦理观点。

保险个人有很多需要思考的问题。如果保险个人不亲自参与运营或企业转型，那么企业就会面临沉默的"恐怖主义"，对变革敷衍的态度，规避充分参与变革的风险。尽管以一种毫无关联且微妙的方式，但这种方法破坏了流程和转型。不同的文化和企业具有不同的变革方法。有些公司比其他公司更"民主"也更包容；有些公司可能仅仅将任何类型的转型视为"接受或放弃"的方法；对于其他公司而言，不存在任何辩论。

利益相关者管理的本质在于，尽管就转型计划而言似乎是一个"软"问题，但它仍然至关重要。如果企业各级人员了解并相信变革，成功的前景则会大大增加。这种"相信变革的过程"的一部分是通过有效和多渠道地沟通方式。

通常由于内部沟通不畅，员工会向外界寻求更好的信息。对于某些保险公司而言，这是外部定位的行动，而营销成为员工获得信息的重要来源。因此，员工传送的消息有偏差，他们与客户持有冲突的观点，因而不能充分参与。变革的内部营销与外部营销一样至关重要，也许更为重要。因此，沟通质量成为成功的关键因素。

沟通策略需要与任何技术变革一样被有效地规划并实施。即使最终的结果存在一定程度的不确定性——实际上谁又真正了解一个完全有效的"数据分析型保险公司"真实的样子——保险公司将这种转型视为积极的事情而不是威胁至关重要。

一种替代方法是，保险公司可以非常刻意地将变革定位为令人振奋的意图。较大的企业采取这种方法可能比较小的企业更为有效，尤其是当降低成本时，利益相关者参与紧张的环境挑战也会产生自己的问题。这些新想法的推广一定强调积极——更多的赋权、更高的透明度——但个人也需相信这意味着更高的人身安全。马斯洛的需求层次理解将个人安全置于个人成就的基础之上。如果一个人对自己的立场感到不确定，就会影响其利用变革的能力。

现实情况是，如果保险世界由于大数据分析而改变，那么各级保险员工的工作环境同样可能会发生改变。另一现实是，我们不能确定变革的程度。在个人层次上，有些人可能会感到深深的不安。

12.2.4　将数据分析视为授权工具

"数据分析型保险公司"的主要特征之一是员工授权，尤其可以获得越来越多的可信任来源的信息。信息"民主化"这一表达会被经常使用。

数据分析型企业必然会有访问和安全等级，因此，在信息或报告创建方面这不会是"对任何人开放的"。除了信息保密的问题之外，会向个人施加控制，因为当（取决于部署的系统）工作人员被允许使用随机请求创建自己的报告时，有时可以看到，报告请求的复杂性使系统响应更慢。这本身就成为公司挫败和烦恼的根源——往往是用户对信息部门的投诉。

为避免这种情况，一些公司只允许其工作人员在规定的范围内访问系统，通常受到位于报告层下方的小数据库或数据层的支持，而不是允许员工访问主数据源。这样可以加快系统的响应速度。虽然可以限制一些对个人可用的信息，但另一方面，这种限制也抵消了个人的挫败感并改善了用户的体验。

随着技术的发展以及保险公司对外部数据越来越多的兴趣，在很多情况下，企业都需要考虑如何最大限度地使其员工聚焦于信息而不会分散注意力。一些保险公司和其他公司已经禁止其员工因影响生产力而使用互联网。这种互联网访问通常涉及检查个人电子邮件，但在新的大数据世界中，可能需要制定新的员工行为规则。

考虑所有情况之后，个人最有可能寻求更多的"洞察力"，使其能够开展工作。"洞察即服务"的概念将越来越广泛，通常也统称为"基于云、行动导向以及数据分析驱动的应用。"[6]

授权通常在个人行为中也会带来自身的问题。随着授权的增加，运行和执行风险也可能会增加。行为风险可以被粗略地定义为公司所有部门的个人履行职责的行为方式，尤其是与客户有关的风险。随着授权的增加，需要采用适当的控制措施和合适的方法，并建立新的风险框架。

如果"数据分析型保险公司"造成了新的风险以及更多其他的风险，那么我们也能利用数据分析进行额外控制。运行风险的的信息板帮助管理人员了解是否有足够的程序，以及可能需要采取哪些步骤来确保缓解任何风险。

12.2.5　建立开放和信任的关系

对许多保险公司而言，在整个企业中创建"数据分析型保险公司"并进行数据分析相当于进入未知的领域。这对业务模式、商业、客户关系、供应链和其他业务都有影响。还有一些人表示，角色会发生改变，新的工作岗位会出现，而个人将需要以新的方式与系统进行相互作用。

新技能将会被重视；创新技能、根本性思维、思想领导力和合作能力以及操作这些新工具的基本技能。

除此之外，传统的员工分层也可能需要改变。

- 组织结构将变得更加扁平化。
- 经验将变得不是非常重要，有利于认知分析。
- 直觉将由洞察力所取代。
- 新的行为、新的风险将会出现。

这种情况发生的速度与保险业达到转折点的速度之间的差异将不再仅仅是技术发展因素所导致。知识共享、跨学科、行业和地理位置正以前所未有的速度发生。也许有些人希望监管机构以某种方式减缓这一进程。可能在某种程度上最终证明是这种情况。

"大数据的时代"及其作为"新自然资源"的描述有时是相对 18 世纪蒸汽机的工业革命时代（以及分别在 19 世纪和 20 世纪的电力和石油时代）而言的。这是意外的巧合，同样的概念——"监管机构"是这两个截然不同时代的关键组成部分，但具有相对共同的含义。如今，保险公司需要满足"监管机构"（作为官方机构）的要求才能证明自己具有偿付能力。"监管机构"的概念起源于蒸汽时代，它具有与现在截然不同的含义。"调节装置"降低蒸汽机的压力，阻止系统过热或失速。在第一种情况下，它用于防止蒸汽机爆炸；在第二种情况下，它代表了确保企业不会因为倒闭而"崩溃"的功能。

所有这一切似乎都指出，近 4 个世纪前在伦敦咖啡厅成立的行业的整个系统正在转型。无法采取某种方式进行转型的保险公司将无法生存。有效的转型绝对依赖于人类——即使在这一数据分析和技术日益增加的时代——成功的关键因素将是人际关系的本质。这种人际关系意味着"真实、信任和团队合作"。

随着企业越来越关注变革，它们需要额外的时间来专注于创造"数据分析型保险公司"的社会学影响。个人越来越多地在面向销售或检查评估绩效的环境中工作，这反过来推动了特殊的行为。如果数据分析具有基于数据点的核心洞察力，而这些数据点实际上是评估绩效的指标，则数据分析世界将推动新的行为类型。员工会感受到更多的压力吗？员工能否通过绩效中的异常值确定压力？那么在这一新环境中缓慢地实施变革或表现不佳的员工是否能得到工人补偿金和责任索赔？

在这个"美好的新世界"[7]中，留出时间以考虑所有后果至关重要。保险公司，也许整个行业都可能会考虑反对者在审议工作中的作用。

这是以非对抗性的方式促进讨论。这种相反的观点不大可能促进企业改变其战略，尤其是对于"数据分析型公司"而言。然而，如果未能在这一过程中更进一步，它可能会造成需要解决的新问题。

保险公司和几乎所有其他行业的新业务模式必然会为所有参与者带来新的个人问题。但是由于过度关注技术和企业中的问题，行业可能会忽略显而易见的问题。在这种情况下，这种明显的问题不仅使变革对企业造成影响，还将对个人造成影响。

12.2.6　制定路线图

通常，保险公司最初采用某种形式的数据分析作为一种战略工具以满足特殊需求，例如欺诈管理、客户保留或更好的呼叫中心管理。对于工作于多个领域的保险公司而言，企业中不同部门使用不同的数据分析工具可能会解决相同的战术问题。在遵从《偿付能力监管标准 II》的情况下就会出现这种情况，在早期阶段，一些全球保险公司最初采用联合实施模式，并最初错过了利用企业规模和学习的机会。

如果保险公司使用不同的数据分析工具以不同的方式解决同样的问题，那么自然而然（可能会想像）会对每个解决方案进行基准测试，然后做出标准化的决定。不幸的是，这并不经常发生，并会出现"非我所创"的态度，最终导致战术方法的分裂。不同的部门可能需要相同的使用各种工具的能力。例如，营销部门可能使用预测工具，而另一部门（如索赔部门）则使用不同的工具。就这一点出现了有趣的问题，是单一技术供应商能更好地标准化整个企业，还是让多个供应商在每一领域中提供"最好的"解决方案？

也许使用多种数据分析解决方案的问题未来会变得不重要。竞争系统越来越能够相互合作，并且更容易实现从一个系统到另一个系统的数据交换。新的环境可能更加宽容，在多个最佳系统之间相互协调。随着数据分析技术的不断发展，控制保险公司做出购买决策的人员将最终需要管理多个具有多重复杂性的供应商。如果管理不当，对运营问题的多种战术解决方案将导致向新的数据分析型世界的分散过渡。这是否会造成原本可避免的延误和后果？

当企业退一步思考并考量什么可能是有效的管理实施计划，"突发性"的方法很可能比不上每次投资都有回报的一系列渐进式的变革。保险公司越来越意识到，它们需要跳到数据分析的列车上，因为它们无法承担不这样做的后果，因此，成为"数据分析型保险公司"几乎是一个情绪性决定。

当情绪性决定成为分析性决定时，投资回报过程将有助于保险公司了解从哪里开始数据分析之旅。了解变革的益处将有助于优先级划分，并确保资源被有效地部署。

关于从何处开始数据分析有以下 3 种想法。

第一种选择是，保险公司必须对财务进行分析性控制，因此，数据分析的起始点为财务办公室。通常情况下，其他行业也将公司的财务控制和规划作为成功的基础。实际上，许多保险公司已经牢牢把握自己的财务分析，但是仍然需要提高效率并降低成本。

第二种选择可能是开始于某一特殊的"痛点"，也许在汽车或保健业务的欺诈分析中。对于保险公司而言，索赔泄露是直接影响其账本底线的一个重要问题，保险公司可能自然想从一个能够立刻为它们节省资金的领域开始。

第三个开始点最好参考保险公司自身的策略。什么类型的数据分析以及哪一领域能够最好地协助保险公司达到其战略目标？这可能会驱使保险公司使用特殊的能力或洞察力。

所有这些选择都是明智的，但财务办公室也许是最明智的选择。如果在适当的位置没有有效的控制机制，保险公司仅仅是盲目的，而无法清楚地了解哪些产品、地理位置或渠道是有利可图的。没有这种清晰的见解，这些公司在有效规划和预算的能力方面将会更弱。

也许会有更加激进的思维的争论。对保险公司而言，它们能够意识到在 10 年内（可能更早）保险的性质将会改变是不可思议的。数据分析和技术将会灌输到整个行业，客户将会发生变化，产品可能会有明显的差异，交货机制将会完全改变。

竞争格局也将填补由技术公司支持的新的保险品牌。如果有人相信这种思路，那么保险公司可能希望超越一种渐进式方法，变得更加大胆——也许与合资级别甚至是某种兼并形式的现有的数据分析型供应商开展战略伙伴关系。

通过这种伙伴关系，保险公司仍然需要考虑实施路线图，但是这样可以使它们在实施范围和速度方面更具冒险精神，也赋予更多的控制。

12.2.7 实施流程图

附录 C 展示一套建议的实施流程图。它们使读者能够根据最适合自身的情况考虑实施的具体问题，让读者能在需要时清楚其内容。

12.3 管理数据

如果读者感到本书的任何内容都侧重信息技术，那么实际上就是如此。如果无法初步了解数据分析过程中的数据层技术，就不可能能够考虑涉及保险的大数据分析。

技术专家可能会对以下相对肤浅的各章节嗤之以鼻。这一主题的核心是技术性较强的，信息技术（IT）部门具有其自己的术语和专业。对于保险专家而言，重新审视这一问题会获得有限的理解，这将有助于他们了解数据和平台的一些核心技术问题。本书还附有让读者在后期深入了解数据这一主题的推荐阅读书目。

数据分析的核心是数据，数据是所有洞察力的源泉。传统上，我们以受控的结构化方式获得数据，然后将电子表格的优势转化为管理信息或商业智能。与当今更复杂的数据管理相比，这本身就比较简单。

数据可以被视为来自以下 4 个方面。

- 结构化和企业内部，例如数据仓库或电子表格中的信息。
- 结构化和企业外部，例如第三方政府数据和记录，或地理编码信息。
- 非结构化和企业内部，例如从内部社交媒体获得的信息。
- 非结构化和企业外部，例如社交媒体或视频中的流式信息。

有一些关键标准需要作为数据管理的一部分来考虑，还有很多更详细地考虑这些数据问题的书籍。但是，为完整起见，在保险领域内应简要考虑以下几个方面。

- 主数据管理。
- 数据管控。
- 数据质量。
- 数据标准化。
- 存储和管理数据。
- 安全。

12.3.1 主数据管理

主数据管理（MDM）是删除重复的数据，标准化数据和合并规则以防止错误的数据进入系统的过程。我们需要主数据管理，从而根据源数据创建真相的单一版本或 "主版本"。数据收集的错误往往源于企业的分散性，不同渠道和不同的产品线提供同一客户数据。此外，系统内仍然存在 "冗余数据"，这进一步使问题复杂化。

主数据管理是提供一种收集、聚合、匹配、整合、质量保证、维护并通过企业分发这种数据的方式，并以这种方式提供一致性结果的框架。它还提供维护及使用此信息的控制。如果数据分析从数据中提取价值，则 MDM 是提供货币的"中央银行"。[8]

12.3.2 数据管控

数据管控这一术语用于表示个人输入数据的控制环境或自动化过程的一部分符合商定的业务标准，例如商业规则、商定的数据定义和商定的数据质量。

根据数据管理学会的说法，美国厂商中立集团在 2003 年成立以建立数据最佳实践，数据管理是评估、管理、使用、改进、监测、维护和保护企业信息的质量控制规程。它是根据描述哪些人可以根据什么信息、在何时、在什么情况下、采取哪些方法、采取措施的模型而执行信息相关流程的决策和责任制度的系统。[9]

数据管理是建立数据真实性或精确性的过程。这对于保险公司在诸如《偿付能力监管标准 II》之类的监管领域尤其重要，因为准确的报告取决于准确的数据。这是一些数据集的状态，作为《偿付能力监管标准 II》计划的一部分，数据治理过程中的保险公司承担了很高的费用。有人表示，《偿付能力监管标准 II》合规总成本的 80% 处于数据组织和管理领域。

12.3.3 数据质量

数据也可能具有不同的质量，数据质量差可能会造成理解上的风险。如果能对数据质量有一定的了解，即使是糟糕的数据也比没有数据更好。一家大型国际银行通过赋予权重或分数来反映置信水平，进而确定数据质量的不确定性。此外，更精致的数据分析工具可以为源数据提供置信分数。

根据数据管理领域有影响力的管理顾问 Joseph Duran（1904—2008）的观点，如果某些数据适用于运营、决策和规划，则该数据是高质量的。

保险中的数据质量通常表现在客户和地址数据的问题上。拼写错误数据或输入错误通常会导致相同个人或位置的多个条目。这对于具有不同影响水平的保险公司会有多重影响，通常是：

■ 在旨在对客户进行 360° 观察的大数据世界中，如果保险公司接收错误的数据，则可能无法进行适当且及时的报价。

■ 如果报价与同一地址或家庭重复，就会为营销过程增加不必要且原本可避免的成本。

■ 客户本身可能会受到多个联系人的困扰，加上名字拼写错误，进而影响他们的忠诚度，这也可能是客户保留的一个因素。

目前已经有检查拼写错误和地址重复的数据质量工具。这些工具之所以受到批评是因为它们无法处理大数据环境中急剧增加的大量数据。降低的数据质量可能只会成为大数据爆炸的副产品。如果在简单的内部和结构化数据时代很难保证数据质量，则当保险公司考虑占总数 80% 的外部和非结构化数据时，必须面对重大挑战。

12.3.4　数据标准化

与许多行业一样，数据标准化是旨在减少或完全消除个别流程定制程度的过程。实际上，定制是一种妥协的形式——双方达成共同的互惠规则，从而形成更一致的产出。数据标准化的能力有助于确保在企业的一部分中输入的数据也对其他部分有益。

就保险而言，数据标准化的一个关键优势是围绕客户数据，通过营销获得的信息也可以帮助客户服务过程。就财务方面而言，数据标准化不仅有助于保险公司满足监管要求，而且使其更加确定地了解产品和分销渠道的盈利能力。

数据匹配或"记录链接"也是许多业务应用的重要过程。它涉及将不具有机制的多个来源的数据"记录链接"在一起，进而将它们自然地绘制在一起。就保险行业而言，其最常见的用途是用于创建客户的单一视图或有时用于欺诈网络的调查。

数据匹配的核心是输入数据的标准化。由于投保人在线输入自身详细信息的日益"自助"化，有时他们甚至对自己输入的数据也不太关心。拼写检查工具似乎并不存在于自助服务工具中，即便如此，这种工具也几乎不可能会捕获地址或名称中的错误。如果一开始没有确定数据标准化，那么在后面的过程中或后端难免会出现问题。

除此之外，保险公司通常需要合并数据来尝试从多个源系统创建综合的单一视点。根据最近的高级数据分析公司调查显示，[10] "企业中近 20% 的数据是重复的信息"。这一数据的很大比例是"不准确"或模糊的重复，这使检测并删除数据的过程变得复杂。

重复数据的问题对保险公司的声誉和运营具有重大影响。

- 在同一地址显示不同名称的客户的重复数据记录增加了发布成本。
- 客户沟通不畅或联系不一致。
- 由于缺乏事实的单一版本，可能错过销售机会。
- 合规 / 审核问题变得更加复杂。
- 检测欺诈活动变得更加困难，尤其是通过网络分析。

所有这些内容都涉及内部数据问题，但外部数据也存在重大问题，即大多数有用的信息可能在企业外部。外部环境中必然会出现更难以解决的数据质量问题。

ACORD[11] 是一个致力于改进保险行业数据质量和信息交流的全球性非营利组织。它致力于通过提供许多公共标准规范和文档来帮助保险公司实现直通式交易程序的目标。此外，它们还提供"仅限会员"的文档，以协助企业成员实施规范。

12.3.5　存储和管理数据

数据仓库用于存储当前和历史数据以进行数据分析。在数据用于如监管报告或客户分析的重点分析之前，数据也可以被存储于操作数据存储器或"数据库"中。

数据仓库侧重于数据存储的特殊业务问题，其最广泛的描述还包括数据的检索或"提取"，将其转换为可用形式，并以可用的形式将数据加载到其他的数据分析系统中。这一过程称为"ETL"或"提取—转换—加载"。此外，数据仓库通常具有"数据字典"功能，以确保数据记录的一致性。

1. 行业的数据模型

保险公司的数据模型是一种预先建立的物理数据模型，可帮助保险公司从多个源系统和业务流程（如索赔、承保和策略）中获取数据。它通常伴随着数据定义。这种能力的优势包括：

- 更易于支持数据分析要求；

- 减少数据的不一致性；

- 提高审计能力。

2. 数据平台

数据平台，有时也称为"数据管理平台"或"统一数据管理平台"，是计算系统的集中部分，整合并管理来自多个不同来源的大型数据集。通常它可被称为系统的"管道"，它提供收集数据、翻译、索引和存储的关键功能。

数据管理平台有以下 3 个作用。

- 导入数据。

- 查找细分。

- 发送说明。

3. 云计算

"云"旨在反映计算资产共享利用的计算表达。它涉及部署远程服务器和软件网络组，可实现集中式数据存储以及在线访问计算机服务或资源。"云"可以分为公共、私有或混合 3 种。整个原则是使所有用户最大限度地利用这些共享资源。这些资源的可用性也可以根据用户需求进行动态分配，例如，不同的企业工作于不同的时区，或者对特殊短期的事件（如监管报告）可能具有特别高的计算需求。

云计算不仅优化了计算能力，还考虑其他"绿色"问题，例如由于使用更少的电力，减少环境破坏。

从财务角度来看，保险公司"云网"的使用使其从"购买所需硬件，并允许资产在一段时间内贬值"的传统资本支出（Capex）模型转化为保险公司使用共享"云网"基础架构，并在使用时进行付费"的运营成本（Opex）模型。随着保险公司面临越来越多更加敏捷、更快地向消费市场提供产品和服务的压力，尤其随着安全问题逐渐得到解决，"云计算"的概念越来越具有吸引力。"混合云"的概念正逐渐受到关注，这是数据的内部存储和特定功能的外部部署数据分析的组合。

4. 计算机应用

以家用"电器"的概念命名，这些应用通常是具有集成软件的独立存储设备。通常会创建完整的"捆绑"解决方案以满足特定的功能需求。例如，应用通常包含预配的数据分析和映射功能组合。就保险而言，它们的使用特别适用于灾难建模等具体功能。

它们没有灵活性，却弥补了速度和"时间价值"——实际上是可以提供的数据速度以及客户获得的有用输出。

5. 技术词汇

就如此类书籍无法涵盖保险的所有内容一样，技术的深度和广度意味着信息技术术语词典的存在，将其描述为"涵盖数千个信息技术术语"。[12]

这种网站既有用又令人困惑。读者有时还可能遇到诸如 Hadoop(大数据分析)、Java 等许多术语和表达方式。除了 Hadoop 以外，其他术语的解释超出了本书的范围。Hadoop 是一个用于分配大型数据集的开源共享行业计划。人们普遍认为，主流用户不需要准确地知道它是什么或它如何工作，只需知道它消除了大数据管理的限制。如果读者设法接受 Hadoop，那么 Apache Hadoop 正在等待着他们的到来。

自带设备（BYOD）是一项允许个人使用自己的设备用于解决与工作相关的问题的公司政策，同时，它能获得以数据安全为核心的公司的支持。诸如 Pluralsite[13] 的供应商提供了 "20 条信息技术专业人员应该了解的最常见条款"的信息。

12.3.6　安全

数据安全是用于保护数据免受未经授权的用户窃取、损坏或篡改的表达形式。在保险的背景下，就身体损害和名誉损害而言，研究问题与其他行业一样重要。与本书的其他内容一样，这一主题涉及的范围太大，除了对保险公司潜在发展前景的特殊情况进行评论之外，还无法深入讨论。

未来的保险将是"连接"的保险。目前的发展表明，诸如远程信息处理和其他形式的基础用户保险（完全依赖于外部设备）的解决方案将持续增长。由于当前的重点是内部系统的安全性以及云存储的日益安全性，黑客的注意力目前可能转向设备本身的脆弱性，以及这些设备如何向大数据"组合"提供数据。

除此之外，由于结构化和非结构化数据的结合提供了前所未有的洞察力，因此，提供非结构化数据的系统的安全性将受到越来越多的关注。根据 PWC(普华永道会计师事务所)2016 年《全球信息安全调查》，2013—2014 年安全事故增长了 93%。[14]2015 年初，美国医疗保险公司涉及 8000 万客户记录的数据库信息大量泄露[15]，同年，英国的第二个较小的漏洞表明保险公司在网络盗窃方面仍处于最前端。[16]

12.4　工具和技能

第 1 章总结了以下标题下所需的通用的数据分析工具或能力。

- 描述。
- 预测。
- 规定。
- 认知。

这些都是技能集合的特殊组合，并不一定可互换。尽管可以获得这些附加的技能，描述性分析专家也不太可能拥有预测分析技能。此外，个人也可能专注于特殊的数据分析部分，例如风险或财务绩效管理。

12.4.1　认证与资格

认证与资格的测量通常是通过认证，尤其是品牌工具，为个人提供可证明的专业认可。这样可以使保险公司或任何其他潜在雇主更自信地进行招募。在许多情况下，雇主自己很乐意支持个人追求专业能力，并认识到这能够提高个人生产力和员工忠诚度。

通常，保险公司可以采取对员工正常工作影响最小的方式，虚拟地或在课堂上进行认证。个人 1—2—1 培训也是一种选择。可由技术供应商或经批准的中介机构进行认证培训。

还有一些替代认证的方案，个人可以通过加入英国的特许保险学会（CII）或美国保险会计与系统学会（IASA）（仅列出两个）等专业机构来选择或鼓励自己获得行业知识。CII 在 150 个国家拥有超过 115 000 名成员，它将自己称为"世界上最大的致力于保险和金融服务的专业机构"。在美国，有 40 多个邀请集团或成员的保险专业机构。

除直接保险专业群体外，个人也可能被其他专业协会吸引，例如拥有

34 000 名成员的特许市场营销协会或拥有约 30 000 名成员的美国营销协会。这些和其他机构都将帮助个人了解诸如"什么是数字营销世界"的内容，并允许他们将自身的数据分析学习情境化为超出其直接雇主的环境。

12.4.2　能力

第 11 章详细讨论了个人所需的技能和能力。本节旨在进行简要回顾，并思考成功的"数据分析型保险公司"所需的工具。

保险公司内部成功实施数据分析解决方案不仅取决于技术能力，还取决于广泛的行为问题，包括：

- 快速学习和适应；
- 解决问题的能力；
- 协作沟通能力。

雇主应该谨慎地尝试通过心理分析来了解员工的不同思考能力。根据 Richard Donkin 的 *Blood Sweat and Tears*：*The Evolution of Work*，[17] 对工作的大多数行为预测可追溯到 1949 年，"16 个人格因素"问卷以 180 个问题为基础，需要花费 40 分钟完成。到 20 世纪 90 年代，心理学家表示他们可以看到预测行为能力的"宝贵的证据"。Donkin 表示，测试的争议很可能会"持续下去"，尤其是客户分析供应商越来越希望在其解决方案中涵盖行为元素。

例如，"能力"是为了反映美国海军舰队最成功的船员的属性。他们通常会被描述为"具有更强的技能、更多的动机和特质，以及区别于常人的特征"。

Donkin 总结称，知识和技能可以被培养，但工作的"动机"会更难扩大。如果成功实施确实与"动机"有关，那么负担是否会不可避免地落在领导身上以"激励"或鼓励他们将数据分析、实践和创意相结合？

注释

1. Goleman, Daniel. 《情感智力》. 纽约：布鲁姆斯伯里出版社，1996.

2. 毕博公司. "智能保险公司：不仅仅是大数据". 毕博公司发布，2014：第 4 期.

3. Voulgaris, Z. 《数据科学家，成为数据科学家的最终指南》美国：技术出版物，

2014.

4. Henchern, Doug."大数据分析硕士学位论文：20 个顶级程序".信息周，2013.

5. Harvey, David.《企业再造：关键成功因素》伦敦：商业智能有限公司，1995.

6. Simoudis，Evangelos."作为服务的大数据和洞察力".特里德恩特资本公司，2012.

7. 莎士比亚威廉.《暴风雨》.第五幕，场景一、二：203-206.

8. Millman，Ivan，Dreibelbis，Allen 和 Hechler，Eberhard.《什么是主数据管理系统？》.美国：IBM 出版社，2008.

9. 数据管理学会."数据管理框架"，美国，2013.

10. Infosolve Technologies."重复数据删除功能".由 Infosolve 发布，2015 年.

11. ACORD."数据标准"，由 ACORD 发布，2015.

12. Whatis."寻找技术定义"，由 Techtarget 发布，2015.

13. Sumastre，Michael Gabriel."20 条信息技术专业人员应该了解的最常见条款".Pluralsight，2015.

14. PWC."2016 年全球信息安全状况调查".美国，由普华永道发布，2016.

15. Riley, Charles."保险巨头 Anthem 受到大量数据泄露的打击"，美国，由 CNN 发布，2015.

16. Kroll Ontrack."Aviva 揭示了二次数据泄露的细节".伦敦，由 Kroll On-track 发布，2015.

17. Donkin Richard. *Blood Sweat and Tears*. Knutsford：Texere，2001.

Analytics for Insurance
The Real Business
of Big Data

CHAPTER 13
第 13 章

未来愿景

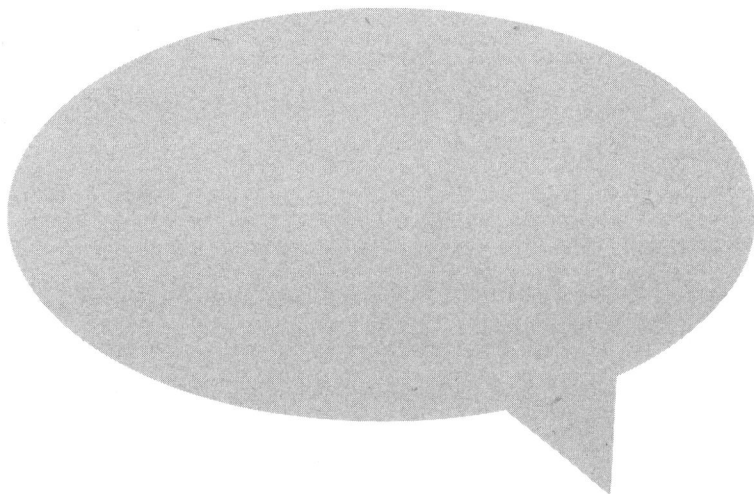

拿起大部分关于保险的书籍，书中的大部分内容可能都关于未来。很多观点（如果不是全部观点）都在本书得以体现。有两条经典名言浮现于脑海：

> "你永远也不能依照过去来计划将来。"
>
> ——英国政治家埃德蒙·伯克（1729—1797）[1]
>
> "想要对未来做出太多的预测通常是错误的。每一次我们只能抓住命运锁链的一个链结。"
>
> ——温斯顿·丘吉尔爵士（1874—1965）[2]

我们可以找到适合任何特定个人的观点。如果有人表示担心，那么其他人也会以某种形式表达这一点。或者，如果一个人是乐观的，那么同样有词汇可以表达，但总体而言，重要的是背景条件。莎士比亚在其戏剧《暴风雨》（*The Tempest*）中提到了"勇敢的新世界"，这具有讽刺意味。背景决定一切。

因此，有一些困扰因素是提出一些涉及保险的未来的数据分析的愿景，其目的是激励、反思和挑战。也许在很短的时间内，一些建议想法会超过终点线，而另一些可能甚至没有跨越起跑线。

我们考虑什么是"数据分析型保险公司"，答案应该是保险公司内部和外部的行为方式，它是如何在各部门之间，与其供应链、合作伙伴、客户甚至与同行之间进行联系的。

13.1　汽车 2025

　　到 2025 年，汽车保险业已经发生了重大变化，因为物联网已经真正发挥作用了。自 21 世纪初以来，车辆越来越依赖于计算机系统。因为汽车仪表盘可以提示司机需要机油保养，而需要用量油尺检查发动机油量的时代已经过去了。除此之外，仪表盘不仅提示驾驶员燃油耗尽的时间以及车辆在燃油耗尽之前能够行驶的距离，还能显示一些其他信息，如轮胎压力、驾驶员行为以及这些和其他相关因素将如何影响耗油量。

　　汽车制造商逐渐认识到购买决策中运行成本的重要性，因此，它们将保险费问题视为车辆所有权总体成本的一部分。福特和梅赛德斯等公司在 2015 年之前就开始将自己重塑为移动供应商，而不是汽车制造商的角色。这已经越来越多地导致"捆绑"的金融服务产品成为购买汽车的一部分，而且也涉及运行成本。对于大多数普通大众而言，汽车作为资产的想法已经淡化，他们转而使用更加实用的旅行方式。这给品牌电机制造商，尤其是著名的品牌企业制造商带来了重大问题，因此，它们越来越多地将品牌特征推广到车辆之外，并将其纳入生活用品的购买中，如首饰、服装和手表等。

　　到 2025 年，UBI 车险增加，目前占汽车保险业近 80%。过去 10 年中的怀疑和相对缓慢的接受程度已被忽略。保险营销人员逐渐能成功地销售这些福利，并且淡化了对许多客户而言保险价格上涨而并非下降的事实。对于保险公司而言，通过将保费与业绩联系起来，提高承保准确性的能力已经变得越来越有吸引力，并且越来越不利于寻求"传统方法"定价的投保人。

　　2019 年，一家代表该国汽车业务 20% 的保险公司决定不以传统年度保费形式提供汽车保险，而只提供基于驾驶行为的远程信息处理解决方案。有人认为这是一种勇敢的举措，不仅在盈利能力还在明显增加的市场份额方面均能得到回报。其他保险公司也会遵循这种方法，而诸如 20 世纪保险代理人每周在门口收钱的"一分钱养老金"计划会逐渐消失，传统的每年一次出售保险的方法已经被遗弃了。

汽车制造商也意识到即将来临的变革，并与保险公司形成了更深层的战略联盟，此时的保险公司对资产和负债管理的精算洞察力已能够帮助它们确定新的保险提案。对于监管机构而言，承担保险风险的人员将保持偿付能力，传统保险公司的作用日益成为资本管理之一。

欧洲的《偿付能力监管标准 III》也开始了其缓慢而不确定的旅程。直到 2018 年，保险公司才真正掌握与《偿付能力监管标准 II》相关的问题，这时保险模式已经开始变化。随着电机制造商越来越多地提供基于驾驶行为的保险，它们依靠保险公司来管理提案的风险因素。在日益快速变化和整合的市场中，没有人曾真正预料到全球汽车制造商和全球保险公司的合并。

对于驾驶员而言，商业模型的变化同样显而易见。汽车制造商了解驾驶员行为与保险费之间的关系，为反映这一点，它们已经开始通过在汽车数字仪表盘上保持"保费优化"，以实时更新保险费用。"保费优化"于 2020 年首次发布于法兰克福车展，并已证明它的吸引力。

保险费计量表的想法在许多方面是 20 世纪 90 年代的 Volvos(沃尔沃，汽车品牌)和 Saabs(萨布牌轿车)的回归，如果驾驶员过于用力踩油门，那么汽车将会更耗油。最大的问题之一就是仪表盘上的人体工程学。计量表应该设计得大而明显以影响驾驶员的行为，还是应小且不起眼呢？最终人们证明了汽车价值与计量表尺寸之间的相关性。现实似乎是，如果一个人能负担一辆昂贵的名车，那么保险费也不是一个令人担忧的问题。

将传感器嵌入车辆中越来越有助于减少撞车的次数和频率。与距离传感器相连的自动制动变得越来越普遍。虽然自动驾驶汽车在发达国家的使用没有像预期那样明显，但技术不仅有助于减少事故数量，而且有助于减轻事故的严重程度。询问汽车系统越来越多地能帮助调查员了解任何撞车事故、责任分摊，同样使他们能清楚地了解颈部扭伤的可能性。到 2025 年，颈部扭伤索赔欺诈的问题实际上已经被解决了。

如果发生事故，其影响达到一定程度的严重性，"相关"车辆会自动将事件报告给保险公司以及恢复供应商。并将自动预约汽车车体修理厂，随后由车主日志批准，还将自动安排更换的出租车。损毁的车辆将能够识别事故涉及哪些其他车辆。并连接到数字化汽车登记，所有权和保险详细信息会触发直接索赔处理，从而促使代位清偿（从第三方收回款项）取得 100% 的成功。

　　然而，汽车技术的数量增加也有其缺点。当发生意外时，损坏车辆的维修费用大涨。汽车评估员的职业已经转变为虚拟移动计算机检查员的角色。对于这一职业而言，曾经是在车身上观察凹痕的相对简单的任务已经变成更加复杂的操作。车身仍然需要修理，但是由于制造商越来越多地使用混合材料来改善其性能并减轻重量，车身修理也变得更加复杂。传统的汽车车体修理厂已经过时了，现在更趋向于出现新的、高级的维修人员，他们不仅能够维修车辆，而且汽车也能进行任何电气故障的自我诊断。

　　一种新的欺诈形式开始出现。车辆诊断解决方案被重新编码，以显示实际上看不见的缺陷，并形成不必要替换组件的需要。这种工作可能会开具发票，但从未实际实施。幸运的是，保险公司对维修成本和趋势的集中管理能够帮助它们确定异常值，并通过数据进行自动取证分析。

　　维修过程的复杂性也不可避免地造成汽车修理厂越来越少，但更专业化。传统的保险公司和汽车车体修理厂之间的合同条款更换为新的"索赔交换流程"，保险公司可以根据自身的能力、目前工作的进展以及自身的工作需要进行在线竞标。供应商经理和采购团队的角色已经发生转变。

　　汽车的复杂性也带来了维修能力管理方面的问题。保险公司需要"锁定"某些特殊品牌和技术领域的维修人员。因此，维修过程复杂性的日益增加，以及从一名维修人员到另一名维修人员转换成本的增加，意味着权力从保险公司向修理厂转移。

　　自动驾驶汽车从未真正达到 2015 年左右的炒作。撞车事件中对义务和责任的关注从未真正具体化。关于过错是否与制造商、驾驶员或其他当事人有关的讨论被证明为学术性而非真实性。一些自动驾驶汽车已经开始投入生产，但这些主要适合那些传统汽车不上路的中东和中国的新城市发展。这些车辆作为公共交通工具的替代品，仅以较小的速度行驶。根据事后反思，自动驾驶汽车更像是一种技术证明，而不是一个切实且深思熟虑的汽车行业转型的计划。

　　卫星导航技术也从 2005 年左右开始演变。公共空间中不断增加的设备数量势必会产生对旅行优化的更深入了解，不仅在时间上，还有客户价值方面。一家大型技术供应商提出的专利指导车辆沿着更为普遍的特定公告牌的路线来实现运营成果，虽然初期会使人们感到不安，但这又推动了卫星导航的"选择加入，选择退出"模式。"选择加入"模式意味着驾驶员允许车辆被引导沿着特定路线行驶，并且还将提供购买折扣。"选择退出"意味着买家将为所购买的商品支付原价，但会获得短途旅行的好处。零售和运输行业越来越多地寻找创造"捆绑"产品的方法。

13.2　2025 年的数字家庭——"房产远程信息处理"

家庭数字化是不可避免的，所以最大的问题是如何实现数字化，为什么会出现数字化，以及何时实现数字化？当然，远程信息处理这一表达对于不变的结构而言不是最合适的，但它是众所周知的。

作为汽车保险的主流选择，远程信息处理技术的出现在未来 10 年变得越来越普遍。尽管最初有人表示担忧，医疗保健行业对远程信息处理的使用也越来越普遍。一些美国保险公司的早期提议人声明他们对使用含有监控设备的彩色手镯具有一定程度的兴趣。主流珠宝商日益将添加监控设备作为一种选择。在短时间内，远程设备不仅是普遍的，还是时尚的，尤其是针对那些试图成为引领潮流的人来说。

尽管运营商努力拒绝接受这一趋势，但所谓的聚合站点的使用却增加了。聚合站点使用的增加不仅仅是因为消费者渴望进行价格比较的行为，而且也是聚合站点本身积极有效的营销。监管机构之前的担忧是，潜在购买者在购买时可能未能获取足够多的信息用以证明这些解决方案的能力。随着这些站点的增加，它们对中介机构和代理的影响被证明是一个问题，尤其是对中小企业是这样。技术不仅改变了分销模式，而且还影响了生活方式，正如 2015 年零售分销评估部门在英国做的一样，它们驱逐了许多不合格的独立保险经纪人。

大数据分析已经能够使保险公司更好地访问相关信息。因此，它们能够以比以往任何时候更高的粒度级别来自动完成风险评估。目前可以根据房产的位置，同时考虑到受保场所的高度位置准确地评估风险。这对于风险高于地平面的多层房产尤为重要。开源数据和更准确的房产信息，以及犯罪和社会研究机构等的记录，提供了一个深入了解房产遭受损失倾向的投保流程。近 10 年来，针对过去的风险太高、无法正常投保的事项，英国政府已经采取了 Floodre 的措施。随着气候变化的持续影响反复引发洪水，这已成为日益严重的问题。

投保流程的复杂程度不仅可以对冲积平原的地面和地形进行评估，而且保险公司也能够考虑地面地质和潜在的水位波动以模拟暴雨的影响。

导致严重的洪水问题之一是地表排水系统的溢出。许多城市地区的过度开发意味着排水基础设施达到了能力饱和，甚至相对适度的降雨量也可能导致排水和局部洪水泛滥。费用压力也导致排水维修人员减少，进而加剧了这一问题。尽管尽早制造避免洪水的自然排水工程，即所谓的可持续城市排水系统（SDDS）具有天然的吸引力，但这并没有得到普及。即使这种做法实现了减少水污染等其他好处，也并未充分解决排水量不足的问题。

因此，随着汽车与人之间的"联系"，汽车与家庭（房屋）的"联系"只是时间的问题。最初尝试的连接涉及电力、采暖、安全和照明。随着燃料成本的增加，人们越来越需要一种从远处进行取暖的能力。不利的经济环境已经造成一些社会问题，导致盗窃和财产失窃短期激增。业主从其奢华的安卓设备中检查报警系统的状态，从而能够安心。他们甚至能够看到是否有人进入屋内，即使当时还未能实现这一点。警力资源的削减也意味着入室盗窃已经不再是他们需要解决的首要问题。

"数字家庭"实现了各种与保险相关的福利。当检测到水压突然下降可能会造成漏水或水管爆裂时，它不仅能够实现自动关闭供水系统，而且能够自动调动修复专家以进行干燥。保险公司早已认识到索赔成本与早期干预之间的关系，并越来越希望尽早开始干燥过程。同样，如果家庭中有烟雾报警器，若房主没有采取行动解除警报（并且这样做表明"烟雾事件"受到控制），警报将同时发送到保险公司、消防队和修复专家。烟雾报警器、保险和灭火服务之间的联系似乎相当于 18 世纪的保险火焰系统，如果在受影响建筑物的外部进行适当的标记，参与的队列也会采取行动。

索赔过程也发生了变化。在英国，索赔理算人的角色已经发生改变，目前他们主要关注专业和商业事件。由于自动化程度的提高，出现了"索赔额"损失，这是许多独立理算公司的摇钱树，它迫使行业重组并创造新的商业模式。

由于还有更多以前的保险专业人员寻找有限的兼职工作，这使主要的保险公司和独立理算公司目前在每一区域都有代表，有时甚至每一个村庄或地区都有代表。如果发生可保事件，这些地方代表将"随叫随到"。他们将能够快速访问并使用传送到保险指挥中心的有效图像，受过训练的专家将在线提供任何承保范围的建议，以及除了修复专家之外，还需要做些什么。

如果为失窃或盗窃事件，高价值内容的记录已由保险公司以电子方式持有，且所有权证明是即时的。在早期，黑客已经在保险公司的网站上创建了"虚拟"资产，并声称从未存在或出售的物品被盗。这是一种巧妙的欺诈企图，但是国家网络安全局被动地发现了这一点，相应地向保险公司的特别调查组提供咨询。

保险公司的特别调查组也在不断发展。过去的警察领域已经转变成高技术且资金充足的中心。一段时间以来，保险公司已经能够识别哪些投保人最有可能具有欺诈行为——从保单生效时的错误描述到机会主义或有组织行为的索赔过程本身。

如果情况更糟，过去10年的经济危机造成的创伤从未消失。数据分析性的加油自动化导致蓝领工人失业，并保留了许多传统的白领专业人士。虽然有更多报酬较低的兼职岗位，但是全职岗位却有所减少。雇员工会权力的失去及其减少的活动意味着对抗变革的空间很小。实际上，除了个别事件，10年来，从未发生任何重大的员工罢工。

到2025年，保险公司能预测个人是否有欺诈的倾向，并相应地对风险进行定价。就索赔而言，保险公司仍然不愿意仅根据数据分析洞察力来拒绝索赔，它们会对更进一步的审慎调查给予更多的信息。结果是三方面的。

1. 特别调查组的运营效率更高。

2. 所采用的调查技术更加复杂，并且更适于年轻的情报人员而不是退休的警察人员。

3. 保险公司能够更有信心地应对非欺诈性索赔，改善无摩擦流程并降低成本和时间。因此，客户体验达到了历史新高。

所有这一切都是通过保险公司在欺诈管理领域的额外投资实现的，而这一领域之前被视为业务中很小的一部分。

以应急为基础，由于人们对房产严重损失的自动处理，对替代性住房的潜在需求出现了。投保人需要找到自己的替代住所的时代早已成为过去。保险公司、酒店和租赁公司之间的战略合作伙伴关系能够满足住宿需求并实现房间可用性的自动匹配。

过渡到"数字家庭"并不容易，但会受到保险公司向房主提供连接保费折扣的鼓励。这与汽车保险公司和医疗服务供应商采取的方法没有什么差异，如果汽车或人与保险公司和医疗服务供应商连接，它们也会将其保费进行折扣。如果为新建房产，创建"数字家庭"相对容易，建筑规范和法规的变化意味着设备必须作为设计的一部分。这对现有的房产而言有些复杂，但是政府的激励措施和公用事业供应商却引领了这条道路。随着保险生态系统的不断成熟，新的合作伙伴关系开始出现，合作方式开始能够为包括房主在内的所有相关者提供双赢局势。

索赔事件的管理受到越来越多的远程设备的影响，不仅在于在房产内部使用这些设备，还在于外部远程图像的使用，以及诸如无人机的空中设备。过剩的军事技术已经越来越多地用于商业和高清晰度摄影，进而帮助保险公司了解问题的大小和程度。因为相机从不同的角度拍摄相同的房产，甚至虚拟的三维图像也是可能的。计算机目前能够调整位置与方向，以达到 3D 效果。访问现场的需求逐渐变得不重要，尤其是在主要问题是外部受损（如屋顶）的情况下。

洪水等重大事件的管理也发生了变革。保险公司已经有能力预测天气状况，并向投保人发出有"附加价值"的警告，但有时这还不够，因为有些房屋的损坏是难以避免的。保险公司不仅有能力了解其业务范围受到多大程度的影响，还能了解可用的储备金，以及是否可能触发它们的再保险安排（或者确实如果适用）。

索赔系统预测损失成本的能力在整个 10 年中已经发展起来。目前，保险公司能够了解房产淹没在特定的水深中可能需要的维修费用，并且越来越能够管理出现异常值时的索赔过程。换言之，如果索赔成本超出预期的估计值，那么索赔系统会对其进行调查。在资金允许的范围内，将对其进行迅速地处理。在具有更高房产标准化的领域，该系统会更好地工作。

到 2025 年，人们几乎不可能购买诸如冰箱、冰柜或洗衣机等白色商标设备，或任何形式的通信设备，如无须嵌入式连接的电视机。同样，在 2015 年，冰箱识别托盘中的鸡蛋数量的能力已经成为现实，但还没有普及。房主还未能使冰箱自动重新订购食品，但到 2025 年，这些都将会实现。

更重要的是，对于保险公司而言，家用电器有能力自我诊断故障。通常情况下，它们往往是电子而不是机械故障。电器本身将触发保险担保保修索赔。维修将由制造商的认可代理商进行，从而确保已恢复保修。但也有一些负面影响，较小的独立维修公司在很大程度上会被驱逐出商业圈，尽管公平地说，技术已经进入了使它们更难了解和解决问题的层次。

这一"集成家电"领域的先驱者是具有保险保护的亚洲大型制造商。电器品牌越来越多地与金融服务供应商合作，创造打包服务方案。这对于每个人都是双赢局面。电器制造商确保维修部件是原始部件，保险公司创建新的分销渠道，房主从改善的服务中获益。

有趣的是，这一设备能够自我诊断操作性能的问题，指示可能发生的故障（即使不是实际故障）。这种对潜在故障的预测已经得心应手。大多数家庭曾经都是在其家电出现故障时做出"反应"，而不是预测故障并避免这种情况。与许多变革问题一样，保险公司面临的挑战是文化观念和传统行为的变革，而并非技术能力。

13.3　商业保险——数据分析转型

历史上60%的商业索赔需要花费3年时间解决，并对受影响的企业施加巨大压力，专业理赔人员和理算人员更多地使用数据分析，采用之前使用的很少一部分时间解决营业中断的索赔（之前称为后果性损失）问题。

到2025年，许多大型甚至中型企业已经习惯于高级的财务绩效管理方法（FPM），使用这些工具不仅可以了解它们为何能够获得这些成果，还能获得对产品和渠道盈利能力的更深入了解，进而能够模拟预期结果。保险公司和理算人员以这些不算太新的技术来加快速度已经变得至关重要。

关于企业实际持续成本可能涉及的"零工时"合同的增加，也出现了并发症状。"零工时"合同是雇主对管理劳动力供需失衡的合理回应（虽然有些值得怀疑）。这种就业方式避免向员工保证每周工作的最短工作时间。然而，这同样反映了许多原先的工作人员的做法，如果"零工时"导致个人缺乏灵活性，并且对其"工作生活"平衡产生不利影响，那么他们可能不太愿意接纳全职或甚至常规的兼职角色。

最高级的财务绩效管理工具已经具有预测功能，并具有"沙箱"或创建业务场景模型的能力。保险公司使用相同的工具和能力，可以对可能的收入损失以及保单所涵盖的毛利基础的损失进行更准确也更快速地评估。

这种工具能够以更高的准确性更快地计算经济损失，也能够使保险公司更快地解决复杂的财务报表中的问题，或者更有信心进行预付款或"临时"付款。这对受影响的商业投保人的有益影响非常大，使他们能够更快地恢复业务。

正如许多其他行业受到更复杂的数据分析影响一样，这些新功能对索赔管理和理算职业具有冲击效应，它们必须对中断索赔从传统的电子表格分析转向更高级的方法。对保单条款和条件的理解仍然至关重要——如何在"措辞"的条款和条件内进行索赔的"调整"？但现在，索赔专业人员需要与索赔人自己的财会办公室的数据分析技能具有相同的能力水平。

更高的透明度和标准化数据分析方法的使用也能够实现更迅速和更少争议的谈判。与 2025 年一样，市场经济比 10 年前更加波动。对于具有全球影响力并依赖全球分销和全球供应链的业务，保险公司解决的一些较大问题更多地是对宏观经济与微观经济学的影响。一个长时间全部或部分停产的企业如何应对这种全球波动？当人们计算最终损失时，总存在一定程度的不确定性，但数据分析明显降低了计算中的怀疑程度。

在 5 年内，保险公司还将创造复杂的算法，使索赔部门能够使用自然语言而不是编码来"访问"认知系统、损失的程度（相对于恰当的保险）以及对计算的信任程度。

更好地了解后果或业务中断损失也使保险公司和企业能够更好地考虑加速维修或重建工作的成本效益。这使它们能够以高保费资助材料的成本，并酌情鼓励加班以确保较早完成工作。供应链的全球性质以及"准时化生产"制造方法意味着钢铁的成本和建筑维修的成本可能会受到如其他国际建筑项目等的影响。虽然物联网提供了更多的数据和洞察力，同时，连通程度和全球供应链也导致了更高的相互依存关系。

同样，许多保险公司将供应链管理作为 20 世纪 90 年代中期及以后的核心竞争力，保险公司也越来越了解商品价格对维修和索赔的影响。一些具有大量购买力的富有经验的保险公司已经开始使用材料成本的"套期保值"。虽然最初这被视为一种索赔成本的管理方法，但是当市场状况持续无法提供足够的投资收益时，它也为投资管理提供了有用的替代方案。

不仅仅是索赔所在的领域发生了变革。风险理算人比之前也了解更多有关房产、风险类别和投保人历史的信息。遥感数据的使用已经变得司空见惯了。

在那些可能要经因为无法到达而产生不确定性的地方，目前可以使用远程控制无人机提供更清晰的图像。

风险理算人的建议，例如将仓库材料存储在地面以上的一定距离或喷头的维护，更容易通过使用远程设备进行检查。如果这些要求以对保单的保证、认可或特殊条件的形式出现，则允许保险公司自动查看是否发生违约，以及这种违约是否对损害造成重大影响。保险人也能够实时识别违约情况的发生，即使在发生任何损失之前，也主动向投保人提供建议。

这种远程设备并非旨在作为惩罚措施。实际上，它们旨在确保符合所有投保的要求也符合投保人的利益。保险公司及其客户之间的业务联系现在已经达到一定的程度，即保险公司不仅仅是风险的承担者，而且在风险或损失缓解方面发挥了有效的作用。将这些操作与喷头和其他系统的预测维护相匹配，进一步加强了保险公司与客户之间当前成熟的关系。

除了提供风险管理服务之外，大多数商业保险的经纪人在采纳更广泛的数据分析议程方面速度较慢。与理算人转型的方式大致相同，经纪人社区越来越多地开始使用数据分析来了解客户的最大可能损失和风险暴露程度，并优化保险和再保险安排。

13.4　专业风险和更深入的洞察力

诸如恐怖主义、海洋、航空和"高净值"等"专业风险"的保险公司对大数据分析的主题接受相对较慢，这主要是因为这些公司认为自己已经很好地深入了解风险的性质，以及用文字进行表达的最好方式。它们认为，当数据分析应用于"大数字"的规则（即索赔额）时是最有效的，而且这是与利基专家风险行业截然不同的市场。

由于未能预期少数严重的事故，许多人的看法已经改变，这迫使他们考虑转变思维。

大城市的恐怖主义挑战已经存在了几十年，但肇事者的能力和创造性却使风险提高到更高的水平。因此，潜在的危险越来越大。保险公司已经对重要的单一事件及其对邻近建筑物的影响建立了风险模型，并将数据分析与位置相结合进行预测以避免风险积累。

然而，恐怖分子越来越认识到在多个地点同时发生的事故的破坏性影响更大。这种方法更难进行建模，而保险公司则不可避免地将其视为几起事件而不是一起事件（即使是同一集团的计划），这也使可能的最大损失的预测变得更具挑战性。

一些专家甚至提出采用多个同步事件发生的方法，一些财产的组合变得几乎无法进行投保。由于这些保险公司越来越多地与投保人合作改善风险管理，并通过帮助他们设计及维护建筑物和其他资产而变得积极主动。这导致专业保险公司和一些主要经纪人增加财产设计作为减轻恐怖主义损失的新核心能力。过去忙于保护公共建筑的知名专业公司数量相对较少，但其价值迅速增加。那些获得这种专业知识的专业保险公司和经纪人能够在市场上形成明显的分化。

其他具有这些技能的重大工程实践也发现自己与之前不存在这种关系的保险公司和开发商形成战略合作关系。到 21 世纪 20 年代中期，专业保险的主要认知趋势是在之前不同类型企业之间出现的新合作之一。

对于海运市场，保险公司也承认了风险积累的问题，并且能够使用特殊的数据分析来了解受保船只和货物在任何时候的位置。RFID（无线电频率识别）标签的使用使它们能够监测运动，保险公司在指示货物交通方面已经变得更积极主动，这是保险公司变得积极主动的另一转型标志，并且实际上海运方面的变革相当于过去 10 年间汽车远程信息处理的转变。

航空保险公司不仅要了解故障原因，还要降低风险，同时，它们可以利用数据分析来更好地了解维护计划，更深入地将预测性维护的概念嵌入保险中。客运航空公司和主要舰队已经对维修问题采取了严格的措施，但并没有体现在小型私人飞机中。

对于高净值保险公司，创造贵重物品安全在线记录的能力已被证明对保险公司进行风险价值评估而言是极为有用的，并允许保险公司更好地了解个别物品价值波动的影响。这也有助于保险公司在购买记录较少或没有购买记录时，或者当财产遭受重大毁灭性损失（如发生火灾）时进行的损失评估。

这种方法也有缺点，网络犯罪分子能够通过这种方式确认最适合犯罪目标的新机会。除此之外，纳米技术的发展导致一种非常薄且不可检测的膜形成，这种膜可以应用于昂贵的物品，并在发生损失时进行跟踪。但是，接受程度受到估价者的影响，表明这损害了项目本身的价值。然而，保险公司越来越坚信这是承保的条件。

那些具有足够吸引力的投保人作为容易遭受绑架的目标人群，承受着在皮肤下安装小型追踪装置的损失和侮辱。这与 10 年前应对稀有动物失窃问题时对宠物犬进行皮下埋植没有什么不同。

13.5　2025 年：人寿和养老行业的转型

保险公司一直承认生活方式与长寿之间有关系。数据分析的时代已经扩大了保险公司就运动、饮食甚至睡眠模式方面影响个人行为的愿望。

很多人认为这一干预措施有点太过了，但他们最终确信保险公司能够更频繁地在保费减少方面增加附加价值。保费越来越多地反映投保人的"行为"。仅靠运动不足的证明难以增加保费。到 2025 年，每年的健康检查已成为人寿和养老金流程的强制内容。这首先包括必要时保险公司在个人评估和访谈中进行的在线测试。

保险公司越来越多地通过多种个人设备收集个人数据。美国的保险公司曾经是先驱者，而这种方式也逐渐地嵌入更有吸引力的珠宝和手表内。总有人认为他们可以伪造系统，但精密的数据分析可以识别出现异常值时的异常行为并进行相应地管理。似乎欺诈行为的挑战从未消失——它刚刚进入了新的网络时代。

引起大量争议的一个问题是"谁拥有数据"。网络安全和数据所有权在议程上仍然居高不下，并将在可预见的未来持续下去。数据是由个人、保险公司、设备所有者还是制造商所有？如果个人因设计或因新雇主提供公司提案并变更安排而改变其保险公司，个人又处于何种立场呢？

一系列具有全球影响力的高调的法律案件也有助于确定基本规则以及当地监管机构的影响。很明显，数据分析的新时代迫使许多类型的企业（包括保险公司）重新评估其收集、使用数据和信息的立场。除非客户明确许可，美国某些州的监管机构已经通过限制使用数据创造了先例。

到 2025 年，长寿的问题使政府面临巨大的经济压力。一些政府没有为国家养老金筹集金钱，而是依靠从现有劳动力获得的资金。这实际上是一种"庞氏骗局"（以 21 世纪 20 年代使用该技术的查尔斯 · 庞氏命名，尽管查尔斯 · 狄更斯很早也在《马丁 · 翟述伟》中提及）。庞氏运营了一项依靠金钱进入该系统，为现有成员支付利益的投资计划。

尽管退休年龄越来越大，现在很有可能在 70 岁甚至更老的时候还在工作，但是全职就业人数会更少。雇主已经越来越广泛地使用所谓的"零工时"合同以管理工作量波动。因此，个人越来越依赖保险公司为老年人的生活方式提供资金，并辅之以非正式的工作安排，而且在某些情况下，也为保险费用的投入提供了空间。

对许多人而言，工作的性质也发生了变化。许多面向流程的分析和规则的自动化已经大大地减少了蓝领工人。专注于思想领导（少数人）的白领工人与服务行业其他资质较差的工人之间出现了重大的分歧。制造业目前主要在亚洲、拉丁美洲，尤其是非洲。

一些人寿和养老保险公司也接受了医疗保险行业。与人寿和养老金一样，健康保险受到严格管制，并且包含许多与个人行为相同的特征。由于国家资助治疗压力增大，医疗保险也出现了明显的增长。消费者情绪反映了治疗延误和糟糕的服务水平。在美国，虽然从早期开始就已经安定下来，但"可负担的护理"已经成为逃脱"潘多拉之盒的妖怪"。

对于人寿和养老保险公司，它们主要着眼于与客户的关系。改进的细分已经重申要"因材施教"，因为不同的客户人口统计数据具有明显不同的采购和忠诚度特征。对于年轻人而言，他们在未来很长一段时间都对养老金保障依然没有什么兴趣。养老金产品与其他引领潮流品牌的联动也有用，但并不明显。由于强势品牌以及长寿与健身之间的相互关系，"耐克人寿保险"被证明是较为成功的保险之一。

对于老一辈，即接近退休或能够提取资金的老一辈，保险公司不仅关注客户保留，还能够在保险到期时提供在线可查的可用基金福利。保险公司希望能够改变投保人的风险偏好和获利时机的福利进行相对真实的评估。它们在使用认知分析的过程中发现了解决这一问题的方法，到 2025 年逐渐成为提供投资咨询的主流。客户目前也有机会以灵活的时机和适当的金额而非定期的固定金额来抽取部分利益，从而更深入地了解结果。

人寿保险公司思考的另一个大问题是由于自然、意外或故意的原因引起的流行病，以及短时间内大量死亡的风险。幸运的是，监测和医疗行业更多地使用数据分析明显降低了流行病的可能性，但仍有可能。

更准确的建模已经帮助保险公司更好地了解其风险，正如埃博拉病毒和寨卡病毒，政府机构已经能够更好地进行传染病的控制。即便如此，数据分析和免疫接种之间也存在差距。2014—2015 年的埃博拉病毒恐慌使保险公司声称，即使出现最糟糕的情况，任何损失的规模都将是"可控的"。但有人认为，这种观点导致该行业给人以虚假的安全感。

13.6 外包和远离非核心活动

对于那些大型的保险公司而言，大多数非核心活动仍然主要作为全部或部分的内部职能直接控制业务。这包括与 FNOL、检查和理算服务、付款甚至是索赔管理元素相关的服务。税收对这些服务的影响也是其考虑的关键因素。

对于其他人而言，保险公司更有效地外包非核心活动的能力已经由扩大第三方供应商（如损失理算人）转变为"虚拟企业"的一部分。保险公司之间越来越多地分享更直接和更透明的数据，从而对供应商的工作量、绩效和其他 KPI 具有很高的实时可见性。保险公司在不影响自身与第三方之间任何"互联"的情况下，已经实现了对其供应商的改善控制，为保险公司提供在违约情况下更换供应商的灵活性。

这种改进的数据分析可见性使个别保险公司能够更好地创建和监控服务水平的差异化。这样做，它们能够在服务交付时保持竞争优势。此外，保险公司不需要考虑其资本支出回报的负担，而可以运行更灵活的运营模式。"超级供应商"的出现也有助于实现这一点。

还有一些保险公司经营包括混合的内包和外包服务的混合模型。过去的一个明显差异是，之前某种程度上（可能有些不公平）的选择能够充分利用内部服务，但现在却能更准确地确定可比较的内部与外部服务。

因此，外包公司的数量、规模和类型已经大大增加，这些公司已经接受数据分析，并将其作为提高效率及创造更大利润的一种方式。现有保险公司对非核心活动的流失也使其更多地关注风险和资本管理、产品开发和敏捷创新等核心问题。

保险市场也开始更快地出现新的参与者，进而创造更大的竞争和增加的选择。保险公司之间的竞争加剧导致保费继续疲软，造成了进一步的成本压力，这迫使它们更加努力地降低运营成本。

随着数据分析越来越复杂且数据量增加，一些保险公司甚至已经准备外包其数据分析能力。这越来越显示出"分析即服务"的形式。保险用户在公司内通过适当授权，以自然语言询问数据分析的能力依然存在。然而，采购、维护和升级包括所有硬件和软件在内的数据分析系统的作用越来越多地适用于外包。这将资本支出的额外利益转移到经营费用。

虽然大型复杂的保险公司将数据分析能力视为内部共享服务的一种形式，但它们逐渐地不仅将此视为成本中心，还视为潜在的利润中心。对非竞争性保险公司而言，与他人分享具有极大的吸引力。

13.7　超级供应商的兴起

由于保险公司不断寻求降低经营成本，并在可能的情况下改变其业务模式，因此，其供应链持续受到压力。这通常会对损失理算人、检查员、汽车车体修理厂、修复承包商等造成影响。如果定期合同仍然存在，这种压力会持续下去，并以较低的单价和金额折扣表现出来。奇怪的是，尽管存在这些过程和控制，维修成本实际上却有所增加。

保险公司已经开始加入"索赔交易所"，即向供应商界提供索赔恢复工作，而审查供应商可以投标执行个别工作，其价格反映于供应商自身的业务需求中。所有各方的优势是根据市场条件优化工作成本。主要"缺点"是客户服务差异的某些要素的减少。承诺使客户成为这一主张的核心，已经超过了获得更大盈利能力的需求。

不管采用哪种方式，供应链成员也力求降低自身的经营成本。通常这会外包给分包商，使保险公司逐渐远离服务交付点。这并非新现象，它一直影响着客户体验。

为保险公司提供外包服务的供应商的数据分析能力已变得越来越重要。虽然最初这要求资金紧张的供应商为技术进行投资，但"分析即服务"的使用也获得了吸引力。这使供应商将数据分析的能力提高到与其保险公司客户相同的水平，将其作为运营成本而非资本支出。供应商"数据分析"的能力已经成为竞争市场的关键优势。

因此，保险公司的采购文件出现了新的问题，通常是："请提供您的数据分析能力的详细信息以及您正在使用的任何外包数据分析服务供应商"，这间接导致保险公司要在供应链中招聘"分析师"，使合格和经验丰富的人才更加匮乏。

这种变革的影响是，供应商本身不仅需要开发新的数据分析能力，客户还会要求它们在所有关键数据点收集更多信息。这是供应商必须承担的一种营运成本。这种数据分析能力远远超出了电子表格的分析，并反映出数据分析和报告的环境更为成熟，包括供应商自身系统中的预测和认知智能。

由于这些新功能，供应商可以更有效地对其服务进行分类。通常，对于涉及水或火灾损害的维修公司，它们能够与保险公司保持更紧密的联系。更重要的是，它们可以改变保险业向客户提供的服务。

极具讽刺意味的是，这是一个由保险公司从根本上推动降低成本的尝试的过程，促进了供应商享有它们 30 年来所寻求的自主权和尊重。数据分析使保险公司与客户建立了更紧密的联系，且不会损害各自的立场。最终，这些变革进一步改善了客户服务。

随着认知分析的发展越来越多地渗透到行业、流程和个人中，"背景分析"的概念变得越来越重要。"背景分析"是一种通过将结果置于外部环境的背景下，从而更好地理解结果的一种数据分析形式。这包括宏观和微观经济因素、竞争对手的活动、市场行为和消费者情绪。这一更广泛的观点导致保险公司及超级供应商更好地了解它们为什么能取得一定的成果。用著名的麻省理工学院教授兼发明家 Alan Kay 的话来说，"背景抵得上 80 点的智商"。再三斟酌，令人失望的是，为了降低这特殊的一分钱花了太久的时间。

注释

1. Burke, Edmund. 写给国民议会议员的信，1791.

2. 温斯顿·丘吉尔·伦纳德·斯潘塞爵士. 下议院演讲. 1945 年 2 月 27 日.

Analytics for Insurance
The Real Business
of Big Data

CHAPTER 14
第 14 章

中国的保险分析

14.1 介绍

本书中主要采用了保险领域中的西方观点。特别是考虑到西欧和北美的数据分析行业的成熟度以及保险市场渗透的程度，因此，这一方式无法避免。本书主要是帮助中国的保险公司理解这种观点，并且为其自身快速发展的市场将这种观点进行修改和本地化。

一如既往，由于生长在中国，这本书的一些中国读者会比本书作者更加了解中国市场。在此敬请谅解，也欢迎读者对本书提出修改意见。

14.1.1 背景

- 中国在 30 年内从世界第十五大经济体上升到世界第二。
- 2014 年 9 月，阿里巴巴在美国纽约证券交易所上市，成为全球最大 IPO。
- 2014 年，中国出口总额达到 4.3 万亿美元，占全球贸易总额的 12.2%。
- 中国保险市场同比增长近 20%。

中国企业已经重新思考如何在以下方面进行创新。

- 新的企业结构将创新与业务目标调整一致，同时也将这些结构扩展到外部合作伙伴和其他方面。
- 创新文化鼓励新的表现形式，并保持变革的势头。

■ 技术创新从多个方面获取新的想法。

这些因素再次证明了中国市场与美国和欧洲市场大致相同，中国保险公司已经在创新的氛围中逐步运营。尽管文化和市场成熟度有所不同，通常保险市场也趋于保守而不容易变革，但在全球保险市场中仍存在共性。就新概念的采用和变革的速度而言，全球产业仍然相对缓慢。

作者注：读者应当了解我对中国的兴趣。我的儿子毕业于英国诺丁汉大学一个与中国研究相关的专业，随后到了中国浙江省宁波，自 2010 年以来就一直住在中国。我自然而然受其影响，我也多次因业务和游玩来到中国。此外，我还有幸在伦敦招待过中国保险业高管。通过这些，我渐渐对中国人、文化以及中国的保险市场有了一些了解。这是子授父业（据我所知没有这样的成语）的一个完美示例。

中国人非常注重传统。在中国古典文学中可以直接找到两部最重要的军事作品。

孙武两千年前创作的《孙子兵法》，早在我们所知的保险出现之前，它对很多人而言是商业战略和生活的基础。另外一部是《三十六计》，它是中国古代历史上战国时期（公元前 403—221 年）和三国时期（公元 220—255 年）有关军事实力故事的合集。

总而言之，汉语里贯穿着成语和谚语，这些成语和谚语简洁优美，同时又包含了代代相传的深刻内容和见解。这些思想都集中在汉语意识中，并且中国人从小就开始学。其中一些思想与本章的各个要素相关联，希望读者也能够以某种方式将这些思想与保险环境相联系。

14.1.2 "同床异梦"

"同床异梦"这一成语借以比喻同伴心里往往有不同的愿望和动机。在行业中可以用它表示负面含义，指双方合资经营最终却导致合作不善。在分析学的背景下，该成语暗示了全球所有的保险公司逐渐睡在同一张数据"床"上。而地理情况则可能意味着不同地区的保险公司的野心（或"梦想"）会有所不同。在全球的保险业背景下，数据分析运用的单一方法并不适用于所有情况。或许，主要的全球保险公司不可避免地与整个企业分析议程的执行做斗争并不足为奇，特别是当它们试图在整个企业范围的挑战中实行单一的通用方法。尽管有这些困难，但重要的是保险业的高级领导者试图采取全面的企业观点，这可能意味着他们最终采用西方的最佳做法，而这些做法已针对中国市场条件进行了调整。

14.1.3　4个关键领域

1. 市场特征、领导和人才管理

中国和亚洲保险市场的本地业务驱动因素与西方国家类似：增长、风险管理、合规性和经营效率。但是有一个主要的区别，即管理规模的挑战。随着一些中国保险公司渴望拥有相当于英、法、德人口总和的保险客户数量，它们接下来面临的主要问题不仅仅是处理和分析大量的数据（且不牺牲速度），还有人才管理所面临的巨大挑战。

未来可以从哪里找到保险专业知识来应付如此庞大的客户数量？培训和实施的方法是什么，由谁来做？这些专业知识该如何定位？到什么程度人们会被自动化补充或取代？规模化挑战是否将不可避免地开始推动新的创新业务运营模式？

保险行业还需要考虑领导力和文化的问题。仅仅是因为缺少对英语语言的理解能力，一些西方人士低估了中国保险领导者对市场和潜在解决方案的挑战的理解能力，这是很危险的想法。在观察他们在高管培训方面的表现后，笔者的经验是，中国的保险经理和欧美的保险经理一样能意识到问题。事实上，由于需要额外将公司战略与"三个代表"和"四个现代化"的会议议程相匹配，他们需要更宽阔的视野。

有一种学派思想认为，"领导力"的概念也在改变。领导能力并非归属于一个人或一群个体，它将越来越多地置于群体之内，而不是归于个人。此外，有人认为"领导力"甚至可能不是由一群人所拥有，而是一种"过程"的形式。这些讨论与时俱进，并且可能更适用于商学院。然而，他们代表着一个新的营商环境。即使当地的文化和态度目前不完全支持他们，保险管理人员也需要意识到这些发展。

2. 经营效率、企业家和"金融科技"

数据分析通常用作提高经营效率的机制或催化剂，包括降低成本、减少人员、提高速度和完善服务，或者更有效地利用现有人才。

对于中国市场而言，西方的经营效率需求的必要性或许略有不同。在中国不缺乏人力，对许多管理者来说，他们的资历是由其控制的工作人数来衡量的。这些管理者没有什么动机通过缩小团队规模来削弱他们的地位，因此，经营效率在中国与在西方世界的含义不同。因此，中国保险业的领导者逐渐需要通过一个不同且更复杂的视角来看待这一行业。

在中国，经营效率可能是一种过程，通过很小一部分有资质和经验的人来管理保持 20% 的保险市场年同比增长率。如果这些人没有以有效的方式进行管理和开发，则会出现经营崩溃的实际风险。换句话说，行业如何有效地管理增长，而不增加人才基础（或有一些其他替代战略）？

"芬科技"或"金融科技"领域有着高经营效率，年轻的企业家在"创新中心"积极考虑并发明新的软件。这些将在后文中通过比较北京、香港和新加坡作为例子进行详述。

不仅仅在中国，任何国家的保险高管都必须为忽略"创新中心"而自担后果。"创新中心"的核心是破坏性技术的概念，破坏性技术的目的是故意破坏现有商业模式的稳定性。通常，保险领导人既没有在破坏性环境中工作的经验，也不具备年轻企业家通过"自由思维"提出的先进技术。如果中国保险市场能够支撑如此高的增长水平，那么或许，管理者考虑到一些破坏性思维的能力，也能成为一个成功的关键因素。

3. 当前使用的分析方法，包括客户行为和位置分析

在第 6 章所述的客户行为方面，东西方之间存在显著的差异，特别是在规模方面。中国消费者在零售购买行为上比英国伦敦或美国纽约相同水平的消费者更加数字化。因此，有理由认为这应该反映在购买金融服务上。

经济学人智库[1] 最近的一份报告显示，中国的高收入消费者在未来 15 年将从 2016 年的约 1.32 亿增长到约 4.8 亿，或是英国总人口的 7 倍。这些消费者中许多人或者说所有人都将需要金融服务，包括多种形式的保险。数据分析对保险营销、销售、分销和服务提供的影响成为中国保险业的一块重要基石。

本书第 10 章涉及位置问题，以及保险公司将空间意识融入数据分析的方式。在中国和亚洲其他地区，GIS（地理信息系统）仍处于相对较早的发展阶段。在过去 20 年中这些技术取得了巨大进展，并且本章提出了一些战略，以在中国保险市场的背景下加强位置分析。

位置分析是互联汽车、互联家庭和人物的主要部分。很难想象在没有详细考虑 GIS 或 "位置" 因素的情况下，可以创建崭新全面的保险业务，有人提议中国非常适合这种技术的接纳和发展。

4. 未来的愿景

最后，在 2025 年之前，本章将考虑一些中国保险市场本地化的 "未来愿景"。如前所述，本节做一个重要声明，部分 "愿景" 可能会在 2025 年之前发生，或根本不会发生。本章主要涉及太极的作用、微信的持续影响和北京的交通堵塞等。其中包含的部分玩笑式建议仅用于启迪思想。由于这些 "愿景" 实际发生的可能性与技术能力相关，因此，这种 "愿景" 发生的可能性将成为一种因素或领导能力，以及对变革的渴望。

用中国的一个传统故事来说明这个要素是恰当的。这个故事源于秦代，涉及两个人物：陈胜和吴广。此二人没有足够的后备军来打败秦二世，为了增加兵力，他们将能够预测未来的帛书放入附近河流的鱼肚子中。当地渔民捕鱼后发现了这些帛书。于是流言四起，陈胜 "注定" 会成为君王，因此出现了大批自愿加入他的军队的人。实际上这是一个关于 "无中生有" 的故事。

这个故事放在此处的意义在于，仅仅是因为可能性才形成了 "该做正确的事情" 的动力，因此特定的因素可能成真。"正确的事情" 可能与社会稳定、扩张、现代化、环境或其他同样值得考虑的因素有关。它进一步暗示了保险业、经济以及个人和企业的需求之间的连锁。除此之外，它还提醒我们，保险业不会独立存在。数据分析不是这次旅程的目的，了解关于它们如何提供可行的洞察力才是主要目标。

14.2　中国的保险市场

在考虑中国保险市场背景下的保险分析时，读者至少应该笼统地了解当地市场。中国保险业在过去 20 年中快速扩张，按承保保费计算，2006—2014 年的增长率为 1200%。

中国五大保险公司如下。[2]

■ 中国人寿。该公司成立的时间可以追溯到 1949 年，它是世界上最大的保险公司之一，拥有 75 万专业代理以及 60 000 个服务网点，为 2 亿客户服务。

■ 中国平安。该公司从 1988 年开始营业，拥有 225 000 名员工和合作伙伴，拥有 625 000 家销售代理，为 8900 万客户提供服务。

■ 中国太平洋保险。它拥有 80 000 家代理商和 8000 万客户。

■ 中国人民保险公司。它成立于 1949 年，其子公司共计拥有 3 亿客户。

■ 新华人寿。其成立于 1996 年，并迅速成长为拥有 2600 万客户的五大公司之一。

根据《中国保险年鉴》，截至 2011 年底，中国有 61 家商业"寿险"公司，其中 25 家为外资企业，中资企业占市场份额的 95%。在"财产保险"部门，2011 年中国有 59 家财产保险公司，其中包括 21 家外资保险公司。

主要保险机构如下：

■ 中国保险行业协会（IAC）；

■ 中国保险学会（IIC）；

■ 中国精算师协会（CAA）；

■ 中国精算科学研究院（CIAS）。

这些保险公司的快速增长自然在偿付能力和投资管理方面创造了新的挑战，这也仍然是保险业的核心竞争力。相对地，保险公司长期资金的稳定来源对投资市场而言仍十分具有吸引力，并有助于加强中国保险公司在更加宏观的经济中的作用。

《牛津中国经济学指南》的条目中，方汉明教授[3]有效地罗列出中国保险市场结构的细节。

1. 医疗保险

（1）基本医疗，由 3 个部分组成

■ 城镇职工基本医疗保险（UEBHI）；

■ 城镇居民基本医疗保险（URBHI）；

■ 农村人口新合作医疗方案（NCMS）。

（2）雇主补充医疗保险

（3）个人补充医疗保险

2. 人寿保险

3. 财产保险，其中汽车保险占 76%，成为最大的个体业务（毫无疑问，根据《道路交通安全法》，汽车责任险在 2006 年成为第一道强制险，因此汽车保险增加）。

4. 农业保险

5. 社会保险

- 养老保险；

- 失业保险；

- 医疗保险；

- 工伤保险；

- 生育保险。

中国的市场渗透率低于欧洲和美国。根据方汉明教授所述，还有几个重要的市场，但是在中国它们的规模很小甚至不存在，例如私人养老金和屋主保险。

瑞士再保险公司的《2015 年世界保险：区域差异的稳定增长》[4] 报告中还提供了丰富的有关市场条件详细信息的摘要，包括成熟市场和"新兴市场"（包括中国）之间的比较，如表 14.1 所示，通过与其他成熟市场进行比较，说明了中国的保险渗透水平。

表 14.1　中国与英国、美国和其他国家的保险渗透率

国家	保险渗透率占 GDP 的百分比	人均非人寿保险费（美元）	人均人寿保险费（美元）
中国	4%	200	350
智利	5%	250	600
英国	11%	1000	4500
美国	7%	2500	4200
德国	7%	1700	2900
瑞士	9.5%	3250	7500
韩国	12%	1200	3000

资料来源：瑞士再保险公司经济研究与咨询

在他们自己的《中国财险保险和再保险市场报告》中[5]，怡安奔福（Aon Benfield）称，中国保险市场占世界年保费的 5.5%，他们在 2011—2015 年期间确定了 24% 的复合年增长率（CAGR）。

这种增长的一部分还涉及再保险市场，85% 通过"条约"合同编写，70% 由当地再保险公司承担。（"条约"合同是一项再保险公司同意接受来自保险公

司的所有特定类型的风险。它是其中一种类型的再保险合同，另一种类型则是"授权的"再保险合同。这是对每一项独立的再保险政策分别进行的保险协商，例如，特定风险未涵盖或未充分涵盖的情况）。

在灾难风险方面，史上最致命的 10 起自然灾害中国遭受了 5 起，其中部分包括：

- 五次大地震中的三次；

- 五次最致命的洪水；

- 平均来说，中国遭受的台风比任何其他国家都多。

近年来，这些事件和其他事件影响了中国 70% 的领土面积和 50% 的人口。与保险市场渗透率低的整体经济影响相比，他们对保险的影响有限。从这些事件中持续取得成功是对中国人惊人的恢复力的一种赞扬。

在其"十二五"规划中，中国保监会（CIRC）涉及建立国家自然灾害风险转移计划，以及改进损失模型和基础数据。

总而言之，本章对一个逐步成长且复杂的市场的简要介绍提醒了我们，中国保险业没有孤立于经济，而是它的一个组成部分。保险市场的有效运作为经济的进一步增长提供稳定性、安全性和刺激性。数据分析、领导力、抱负和愿景都在这一过程中发挥作用。

14.3 数据海洋

中国的增长率和后续的数据生产能力令人吃惊，在西方世界少有。[6]

- QQ 空间是腾讯于 2005 年建立的一个社交网站。2013 年，用户数为 6.23 亿，平均每天搜索量超过 6.40 亿次，每月收到的上传照片总数达 60 亿张。

- 百度是一个中文网络服务网站，每天在超过万亿的网页上搜索数达 60 亿次。

- 中国联合网络通信集团有限公司（China United Network Communications Group）报告称，移动用户每秒创造超过 100 万条记录。

- 数据反馈的数量以每年 100% 的速度增长。

对于中国的保险公司来说，这造成了机遇与问题并存的局面。简单来说就是保险公司开始逐渐淹没在数据海洋中。此外，整个市场上的数据分析师缺乏技能。由于这个原因，中国保险公司不会陷入采用"数据驱动"的方法的陷阱，因为它们可能试图捕获"所有数据"，然后从中获取信息。采用这种方法将迫使它们进入一个永无止境的数据管理程序，并且无法获得任何价值和信息。

相反，保险公司需要清楚地了解哪些数据对它们很重要。其次，它们需要相应地确定数据的管理和治理的优先级。这种数据选择将取决于保险公司的战略，这可能包括诸如它们实现盈利增长的目标、风险偏好以及它们创造新产品和解决方案的愿望等问题。

14.4　人才管理与创新

一年树谷，十年树木，百年树人。

中国文化包含传统与创新相结合的独特组合。毫无疑问，中国人是具有创新力的。以中国的"支付宝"和其他创新产品为例。

■ 百度，成立于 2000 年，是中国最大的搜索引擎公司。作为一家公司，它旨在通过敏捷和扁平的企业结构创新。小型有效的团队可因此在新业务中推动创新。

■ 京东方，成立于 1993 年，京东方是一家专注于半导体显示技术的供应商。它通过采用"开放"创新，将创新作为其经营理念的核心。

■ Li&Fu，成立于 1906 年，是全球主要零售商和品牌领先的消费品设计、开发、采购和物流公司之一。

■ 腾讯，成立于 1998 年，现在是中国主要的互联网服务平台之一。超过 50% 的员工参与研发，其公司精神是鼓励每个人创新。

■ 京东，成立于 2004 年，是中国最大的在线直销企业之一。它通过"思想"竞赛和在内部竞争中的投资鼓励创新。

■ 一号店，成立于 2008 年，这是中国最大的 B2C/ 商业食品公司。公司鼓励客户和商业伙伴共同展示创意。

根据 IBM 商业价值研究院的一篇题为《创新中国：从"中国制造"到"中国创造"》[7] 的报告，我们可以从中国最成功的企业家身上学到的是，最成功的中国企业：

- 使创新与业务目标保持一致；

- 采用开放式创新，不仅仅从他们内部"虚拟企业"接受想法，还从供应商和客户方面吸收想法；

- 认识到专业团队的需要，但也吸收员工的创新想法；

- 将创新视为一个连续的过程。

一个普遍接受的方法是中国学生向西方学习，并将学到的东西"中国化"。对保险公司而言，可能存在不同的方法来看待中国其他行业和部门的创新方法，例如探究零售业和电信业，然后思考它们如何为中国保险市场所用。

中国保险公司与其监管机构之间的关系很有趣，特别是两家都是国有制的。如果保险公司通过创新和市场条件的结合来实现快速增长，那么监管机构可能会关注并对其制约。总体来说，这并不是一件完全糟糕的事，特别是监管机构的作用是防止保险业过热。即便如此，这种情况表明了整个行业的一种微妙的，有时是一种政治的平衡。也许监管机构与保险公司本身一样，是创新过程的一部分？

14.5　中国保险的创业

创业似乎越来越重要。中国政府正在逐步将中国定位为创新者，并利用创新来推动发展和经济增长。2015 年 5 月，国务院办公厅在《关于如何深入改革高等教育机构的创新和创业教育的意见》报告中提出了实现这一目标的全面战略。

在英国商会的一篇文章《英国创业教育如何启发中国》中 [8]，作家简·张（Jane Zhang）在 20 世纪 80 年代中期对当前的中国与英国的经济环境进行了比较。她描述了英国政府如何制定一个企业家教育计划，这个计划不仅活跃而且蓬勃发展。在过去 30 年中，英国还创建了"政府、大学、企业、非政府机构和协会之间的一个独特的合作系统，它们共同推动创业教育的发展"。文章表明，创新和创业是企业或个人单独实现的问题，更确切地说，更宽泛的方法是至关重要的。

这种更广泛的方法要求：

- 行业、个人和学术部门之间的合作；

- 学术课程中包括企业培训；

- 培养学生的技能、知识和"态度"，从而培养他们成为企业家的能力。

英国的模式非常成功，15%的劳动力现在以个体经营的形式运作，大约为500万英国人口，这与中国相比，为数不多（如果这一比例用于中国，则代表超过2亿的自雇劳动力）。犬儒派（Cynics）认为，英国的数字可能不具有代表性，因为它可能包括自雇的优步（Uber）出租车司机（相当于中国的"滴滴／快的"）以及类似的低薪职业[9]。

目前，中国和英国正在积极为中国各省开展创业教育（EE）计划。英国商会网站是指中英商务委员会、英国大使馆、天津市教育委员会、英国创业教育家（EEUK）和天津南开大学之间的2016年高级论坛。论坛的目的是制定英国和中国大学的创业教育战略，从而加速学习、创新和区域发展。

简·张的文章还提到了天津市南开大学商学院院长张玉立对传统教室的转型所采取的方法。在这种创新方法中，学生不再记笔记和进行系统地学习，而是采用一种新的学习模式，她称之为"clashroom"，这是一个促进煽动小组学习的过程。

虽然中国的发展方式往往是从长远角度发展，正如一个国家通常耐心地实施变革，但是中国的保险市场倾向于更快速地发展。中国保险市场的增长速度要求行业采用加速的过程。包括保险公司在内的一些企业必须与创新型大学迅速互动，以确保创业观点，充分利用其现有和未来的人力和技术资本。

中国的公司已经接触到英国教育机构。英国文化委员会和中英商业委员会是有效的渠道，还有中国美国商会（Amcham China）。大部分海外留学的中国学生选择去美国留学，从地理角度来看，中国也面向北美（包括加拿大）。仅温哥华就有超过60万中国居民。

公司层面的知识共享在这个方程中显然也发挥了部分作用。主流国际科技公司的招聘不可避免地将西方思维融入中国思想，有时会产生不确定性的因素。许多中国公司，包括保险公司，往往由于缺乏国外值得信任的顾问而处于不利地位。这些值得信赖的顾问通常具备适当的商业经验，以及对中国市场和文化的充分（如果不是深入地）理解。深入地理解往往依赖于多年居住或工作在这个国家。从个人的层面上来说，中国的行业领导者也在努力寻找国际导师，从而能够采取一种宏观视角。

从中国文化中浮现出的一种独特的精神便是诚信。对于一家比较有诚信的公司而言，在公司（或更可能是个人的建议）中诚信是一种坚定的信念。有一句经常会用到的中国谚语"自诩诚实者不可信"，但是这句话也适用于很多其他国家。诚信的美德是保险业不可或缺的。保险客户基本上需要信任他们的保险公司。在西方，保险客户对其保险公司并不十分信任，所以他们也不相信这种情况在中国会有什么不同。

进一步而言，中国保险高管和企业家很可能会越来越需要在他们自身的影响范围之外拥有"值得信赖的顾问"。诚信始终伴随着时间，而时间是非常宝贵的，特别是在中国市场快速增长的背景下。也许中国保险业可能会选择依靠战略合作伙伴来代替诚信？也许如此，但根据成语"骑虎难下"来看，也许那些合作伙伴有"不同的梦想"？

因此，最终至少会出现 6 个基本问题。

1. 年轻的企业家将更具创新精神，他们向西方学习，并为自己的市场调整学到的西方思想。这些企业家也许对保险市场了解甚少，因此有效的指导至关重要。

2. 除了那些受到积极鼓励而侧向思考的人，其他中国的行业领导者可能思想保守。这些行业领导者可能具备深厚的保险市场的基础知识，但对技术理解有限。

3. 创业发展最初可能主要是以学术为基础，而不是以商业为导向。因此迫切需要商业公司和学术团体之间的合作。

4. 中国保险公司和外资企业之间的战略合作伙伴关系可能有些尴尬。因此，中国保险公司可能更喜欢"国产"技术解决方案。

5. 中国的经济趋势将继续要求保险市场增长。在消费中的体现是对保险公司所提供的服务水平期望越来越高。消费者的期望需要在快速工业扩张的环境中谨慎管理。

6. 保险公司不仅仅需要处理主流技术趋势，例如云技术、手机端和社交平台，它们还需要认识到城市化、地缘社会化和物联网未来的大趋势以及物联网的更广泛影响。它们必须在未来的保险计划中考虑这些未来的大趋势。

保险公司的投资资金是向地方提供财政刺激的重要部分。随着保险业的发展，额外投资也会相应增多。如果保险增长的问题没有得到迅速和充分的解决，地方发展可能会遇到瓶颈。

一种选择可能是学习、发展和人才管理计划的超级加速。这超越了技术学习，而延伸到了文化、企业、领导力和态度。其次还需要来自中国的全面的行业转型观点。转型需要自主地成长，而不是来自国外，但也可能依赖外部建议和刺激。

14.6   中国保险业的"金融科技"和"保险科技"

中国保险市场是否会为新的解决方案逐步寻求金融技术——也就是"芬科技"？特殊的芬科技的保险被称为"保险科技"。"金融科技"和"保险科技"通常以商业为导向的发展孵化器的形式来反映"创新中心"中的金融创新。这些孵化器通常与投资者（包括保险公司投资者）以及作为导师的行业专家相关联。这些孵化器还为初创公司提供运营和企业支持。

根据英国外交部报告[10]，在互联网金融蓬勃发展的背景下，中国"金融科技"市场迅速崛起，且在更广泛的金融服务领域还有巨大的增长空间，包括保险和数据分析。

中国的三大技术巨头已经与中国"金融科技"市场密切联系。

■ 基于其业务和消费者交易的技术平台，阿里巴巴已经建立了支付宝作为其领先的在线支付系统之一。

■ 腾讯公司拥有微信，现已建立财付通和微众银行。

■ 百度是一家在线搜索引擎公司，已经与其他科技公司和传统金融机构合作，进行了大量投资。

目前，位于上海的"芬科技"专注于银行业务，保险将不可避免地紧随其后。北京已经被认可为技术和创业中心。2013 年，北京市海淀区地方政府将海淀书城改造为"中关村创新之路"（Z-Innoway），目前共有 300 多家创业公司，其中包括 9 家加速器、联合办公空间以及早期培训项目。

来自加州硅谷或伦敦小硅谷的访客到中关村可能会认出一些创业咖啡馆，例如车库咖啡馆或 3W 咖啡馆，中国《人民日报》称"这些地方不仅仅出售咖啡，更重要的是，它们还为这些年轻的企业家们提供了开创他们的事业的场所"。

相比之下，新加坡也适合创新增长。2014 年，它在全球创新指数中排名第

7 位，新加坡已经被高度认可，新加坡政府承诺投入 13 亿美元，通过"研究、创新和企业计划"（RIE 2015）来发展国家研究和开发，这一计划旨在加强新加坡的地位。但高成本、人才短缺和限制性移民不断制造出问题。一些人认为，迄今为止，尽管新加坡取得了部分成功，但仍没有开发出像伦敦一样具有代表性的"咖啡畅饮、随心所欲的技术文化"[11] 的创新温床。

新加坡设立一家名为"创业训练营"的领先创新中心，它是一家产业加速器环球网公司。该公司成立于 2010 年，在伦敦有一家保险创新中心。最近，普华永道一份关于创业训练营的报告似乎表明了创业公司正在创新的内容与市场的需求之间不匹配。与英国保险公司认为的"市场需求"相比较，表 14.2（"保险初创企业与行业需求比较"）有助于我们了解保险领域的创新领域。可以从报告中总结出一些经验教训，将其带入到中国市场中，主要是发明创造的事物与真正的需求之间的分离 [12]。

表 14.2　保险初创企业与行业需求的比较

	保险人被问及他们从"金融科技"的哪方面能看到对他们的业务最有影响力的影响	伦敦"创新集中营"的每一家创业公司分为以下几组
	保险人按照重要程度排序	按创业申请数量排序
增强互动并构建可信关系	4	1
通过新产品满足不断变化的客户需求	1	3
利用更宽泛的生态系统	6	5
使业务具备复杂的操作能力	5	2
利用现有数据分析提供新的见解	2	4
承保风险和预测损失的新方法	3	6

在英国，主流的保险公司逐渐将"保险科技"视为创新的关键路线之一。它是一种在公司组织边界之外促进创新的方法。这不仅有助于保险公司解决企业的组织惯性问题，而且对破坏性文化也是一种挑战。

"保险科技"还涉及操作风险的问题，通常是管理者会关注的问题。许多保险公司在"限制资金使用"的环境中应用创新想法，这对企业来说并没有操作风险（操作风险通常被认为是过程、人员、系统的错误或对外部事件缺乏关注）。即便如此，在有新想法、创意以及破坏性商业模式的有效风险评估方面仍然存在挑战。通过在企业内采用"筒仓"的思想来划分责任，可以缩小风险。还可能存在责任重叠的问题。同样，保险公司需要对企业内的数据分析使用情况进行分析，同样重要的是，它们必须审视企业内的风险管理。

中国监管机构由中央监管和省级监管组成，这也产生了责任重叠的可能性。表 14.3 总结了目前中国监管机构及其义务。

表 14.3　中国监管机构和责任

互联网金融监管责任	责任
中国人民银行（PBOC）	在线信贷；网上支付
中国证券监督管理委员会（CSRC）	在线 P2P 贷款，传统银行的创新 在线安全融资，众筹
中国保险监督管理委员会（CIRC）	在线保险产品

参考英国外交和联邦事务部。

中国保监会最近推出了 C-ROSS（中国风险导向偿付能力体系），被称为中国"第二代偿付能力制度"，该制度研究了偿付能力和风险资本管理的内容。它取代了 2003 年创建的初始偿付能力框架，目的是：

■　以更科学的方式更充分地反映风险测量；

■　补充和加强原始偿付能力框架的限制；

■　加强质量监督。

专家认为，C-ROSS 只是一种更复杂的风险管理制度的垫脚石，这种制度最终允许中国保险公司对风险进行"内部建模"，也就是说，流程、模型和计算的集合精确地测量并对依附的业务进行排序。人们认为，"内部建模"是对偿付能力资本的最准确评估，用来反映所有特定保险业务的复杂性。它是制定战略决策和确定未来战略的关键工具。

正如在其他地方所讨论的，保险业尤其依赖于地理位置问题，并且创新和创业精神两者间至少一个要素应该侧重于该主题。

伦敦的 Geovation 中心是一个新出现的特殊类型的创新中心，该中心注重创新，拥有一种地理位置的属性。中心的成员考虑并应用地理信息系统对新业务模式的影响，从资产管理和运输延伸到公用事业和风险管理。这家 Geovation 中心拥有许多重要的赞助商，其发起单位是英国地形测量局，该机构是一家隶属于英国政府的国家测绘局，同时也是世界上最大的地图制作商。

保险行业如此依赖于地理位置——在风险积累、资本要求、客户市场和运营交付方面——中国市场似乎需要类似初期的能力，例如 10 年之后的 Geovation 中心。

此外，"保险科技"是一种特定的保险环境，人们认识到在使用数据分析方面需要更多的知识，特别是数据分析支撑着银行业、财富管理以及保险业的许多新产品和服务。

随着操作风险能够以简单易懂的报表的格式呈现，数据分析也在管理监管环境中发挥关键作用。除此之外，认知分析的使用有助于金融服务机构解读监管雷区。

毫无疑问，中国保险业正在发生着变革。近期，中国推出一笔国家支持的 2000 亿元风险资本基金（约 300 亿美元），用来鼓励创新和促进国有企业合作。这笔资金必然会延伸到保险业。资金将从中国国新控股有限责任公司、中国邮政储蓄、中国建设银行和深圳投资控股有限公司注入。据《中国日报》[13] 称，中国国新控股有限责任公司是一家负责改造国有企业的投资公司，该公司作为主要发起人，将融资 340 亿元。

中国科技部最近还宣布，将在郑州、厦门、宁波、济南、南昌、贵阳、银川、包头和沈阳设立 9 个"金融科技"试点区。

14.7　中国目前使用的保险分析

本节将对当前在中国保险市场中使用的数据分析技术进行研究。

根据 IDC 研究及其 2015 年的报告《中国商业分析服务 2015—2019 年预测与分析》[14]，"在中国，业务分析仍处于发展的早期阶段。许多客户愿意应用业务分析解决方案，但他们没有能力实施。因此，他们非常依赖服务提供商。此外，业务分析在不同的行业应用不同。它与业务数据和系统紧密结合，结果导致了一种定制的服务提供方式。"

IBM 当地保险行业领导者 Henry Cheng Xiao Luan 重申了这些评论，"几乎没有任何保险公司在中国使用电子表格来管理财务绩效"。Luan 说，"大多数保险公司仍然在使用独立的 MIS（管理信息系统）。"相比之下，在使用更高级的财务绩效管理（FPM）工具之前，西方保险公司通常会先从 MIS 转移到电子表格分析的形式。通过使用这些 FPM 工具，保险公司不仅可以获取更全面、详细的渠道和产品的财务绩效数据，还能批判性地创建滚动预测（人们认为滚动预测是管理预算更具时效性的一种方法）。

尽管中国保险公司在零售和消费品行业取得了进展，但仍处于客户分析发展的早期阶段。部分一、二线城市的保险公司已经应用一些数据分析工具来进行客户细分。Luan 说，"一些新的在线保险公司利用客户分析进行产品开发和交叉销售 / 加售。"目前的重点似乎是使用数据分析来开发定制保险和专项保险，例如，航班延误险和网购交付延迟险（在西方市场上通常看不到这类产品，但却反映了中国数码消费市场的情况）。

除此之外，一些中国保险公司也使用数据分析技术进行自动承销和索赔管理。与西方一样，它们特别强调索赔处理效率和预防欺诈。因此，种种迹象表明，中国保险公司已经开始了数据分析之旅，但尚未充分利用正在创建的大量数据。同时，技术也在创造大量的数据，而中国保险公司还没有充分加以利用。

再引用一句古谚语"万事俱备，只欠东风"。

历史上，中国曾被分为三国：北边是魏国，西南是蜀国，东南是吴国。魏王曹操率领军队入侵蜀国吴国。吴国周瑜决定利用火攻，但当时正是冬季，刮的是西北风，要想取得成功，必须借东南风的风势。当时军师写信给他"万事俱备，只欠东风"，换句话说，一切准备就绪，但是最关键的那个部分却不受其控制。终于，东风在适当的时候刮了起来，曹操最终大败而归。"万事俱备，只欠东风"这句话现在用来比喻"一切都准备好了，只差最后一个重要条件。"

在这种情况下，"最后一个重要条件"指的是中国保险业在其范围内完全释放数据的价值的能力。中国的保险市场已经准备好迎接变革和大规模转型。国内经济增长正在积极反映保险市场的增长。保险公司同样也在基础架构的可持续发展中发挥了关键作用。

因此，解锁有效信息的无限价值的关键在于，在保险公司的各级中有效地使用数据分析。在这种情况下，数据分析能够帮助保险公司继续为中国经济的持续增长做出实质性贡献。

14.7.1　中国的远程信息处理

尽管中国汽车保险市场规模由于强制险的要求而扩大，并且代表了 75% 的非寿险保费[15]，但汽车保险远程信息处理概念的发展比较缓慢。

根据市场研究报告[16]，自 2009 年通用汽车（通用汽车的卫星通信子公司）和丰田 G-Book（丰田远程信息服务订购服务）在中国市场正式启动以来，许多其他的中国轿车品牌也已经将远程信息处理解决方案引入市场。（还包括福特 SYNC、梅赛德斯 - 奔驰 CONNECT、沃尔沃 Sensus、宝马 ConnectedDrive、悦达起亚 UVO、东风雪铁龙 Connect、东风标致 Blue-I、现代 Blue Link、长安 in Call、奇瑞 Cloudrive 等。）

物联网玩家越来越多地参与到汽车通信的概念中。苹果公司已经创建了一项名为 "Carplay" 的车辆系统，谷歌也有 "Android Auto"。在中国市场，阿里巴巴收购了高德导航，腾讯持有四维图新的股份，而百度则创建了名为 "Carnet" 的智能互联车载产品。

尽管这些创新型企业参与其中，但在中国，消费者吸收率仍然相对较低。然而，预计汽车远程信息处理在未来 3 ～ 5 年内将加速发展，原因如下。

- 中国保险公司之间日益激烈的竞争环境，还可能有新的竞争者加入。
- 高品质客户的新需求和完善的市场细分。
- 技术改进。
- 更好的价格和商业模式的出现。
- 市场规模——中国有超过 1.2 亿辆车投入使用。
- 中国监管机构对汽车保险条款和费率的自由化。

最后一点，"自由化" 或 "去关税化"（"关税" 是指由具有地方管辖权的评级局设定和公布的保险费率和保险费）十分有趣。通过取消 "关税"，保险公司可以按照市场价格，也就是按照公开市场的 "现行率" 对其产品定价。拥有有效定价策略和灵活性战术的公司将更容易取得成功。保险公司能够创造出新的产品，这些新产品能够满足客户的确切需求，同时，公司也能将这些新产品与企业的风险偏好保持一致。最了解产品和渠道盈利能力的人具有明显优势，有效的数据分析洞察能力在这种情况下会发挥非常重要的作用。

另一个关键因素大概是汉语云计算使用开发的活动率，30 座城市已经宣布了云计算计划，大部分城市位于发达地区。此外，相比世界上其他地方的消费者，中国消费者最终有可能更愿意使用远程信息处理。如果比较一下零售市场，中国的消费者在使用部分零售技术方面比其他国家的消费者更先进。

从 IBM 2013 年一项名为《从交易到关系》的零售调查[17]中得出，在零售技术的使用方面，中国消费者的行为与世界其他地区有明显差异。表 14.4 总结了消费者零售技术的使用情况。这种趋势完全有理由扩展到其他行业以及类似保险这样的以消费者为导向的进程。

表 14.4 消费者零售技术使用情况（按国家排列）

国家	消费者零售技术使用情况
中国	24%
印度	10%
日本	10%
巴西	10%
法国	5%
美国、英国、德国、西班牙、智利	4%
意大利	3%
墨西哥	2%
加拿大、澳大利亚	1%

14.7.2 联网家庭

2014 年，IDG 通信公司报告称[18]，"中国通过支持联网家庭的方式引领世界"，引用的是一个国家的飞塔网络安全公司的调查，这些国家研究了房主使用互联网的情况。该报告称，"大多数（61%）的受访者认为，联网家庭——家用电器和家用电子产品无缝连接到互联网的家庭——极有可能在未来 5 年内成为现实。"在这项调查中，中国 84% 的消费者认为他们的家用小工具都有可能与网络相连。

另外这项报告中还提到了隐私、安全和管理的问题。特别是关于使用数据的问题，三分之二的答复者说，他们希望将数据保存下来，或者只准备与其他有特定协议的人分享数据。正如在全球其他地方所看到的，如果通过折扣或增值服务进行适当的交易，大多数人都愿意分享大部分信息。因此，中国家庭保险产品就可以通过某种方式联接到物联网。相比世界上其他地方，在引领这些新举措方面，中国市场可能是一个更好的选择。

到目前为止，联网家庭的保险业务模式尚未完全开发，因此，从某种程度上看，对于中国（及其他）的企业家而言，这一领域似乎是一片潜在的"绿地"。

14.7.3　数据分析与医疗

根据你的观点，可以把医疗保健视为一个单独实体或作为保险的要素。当然每一项都有强烈的争议。对许多人来说，医疗保健是一种具有许多相同特征的个人健康"保险"。因此有必要承保风险、管理流程、处理索赔和优化供应链。

中国医疗保健的方法在过去几十年中经历了重大变革，然而很少有人认为还有很多工作要做。婴儿死亡率下降，平均寿命几乎翻了一番 [19]。中国还启动了"健康中国 2020"计划，涉及营养学、农业、社会营销和慢性病控制等问题。该计划主要集中在城市地区，并激励整个社会的变革和改进。该计划还涉及由于饮食不佳（通常受西方影响）、交通以及城市化的一般性问题所引起的肥胖问题。

在平安保险公司和三星的合作伙伴关系中，三星将其数字健康产品（包括心脏监视器和健康应用）与平安的保险管理相结合。在写此文时，平安公司拥有一个 9000 万人的客户群。除此之外，三星还与用友软件公司签约提供在线诊断服务。超过 5 万名医生参与了该计划。这一计划不仅潜在地转变了医疗保健，也同时转变了医生的角色，他们逐渐认识到技术对日常的影响。

三星的竞争对手之一，苹果公司，也已经在亚洲推出远程病人监测产品。2016 年 4 月，苹果和 IBM 公司与一家亚洲专业经销商合作，为老年人提供 iPad，用来管理他们的健康。它们的目标是到 2020 年客户达到 500 万人。

2015 年 IBM 公司的新闻稿不仅总结了技术部的志向，还总结了变革的潜力。IBM 的总裁、董事长兼首席执行官 Ginni Rometty 表示："我们今天所创造的一切，都凭借（我们）创新在技术、商业和社会三者交集处的悠久传统。我们在此所看到的潜力——如国家经济学一样广义，如个人及其家庭的生活质量一样细致——是在世界上任何一个存在人口老龄化问题的地方，由移动主导转型的潜力的一个例子。"

保险、技术、经济和社会不断提醒着我们，它们彼此依存，是一种复杂却又微妙的相互作用力的一部分。这些巨大的作用力最终汇聚成一股力量来造福全人类，而医疗保健则是其中的一个例子。

14.7.4 认知分析与人工智能的发展

这一领域发展十分迅速，几乎一直处于持续进步的状态。除了在中国保险市场考虑人工智能或认知分析的创新，更应该考虑这种创新对全球保险行业有什么影响。

首先，创建的数据量需要新的方法来进行演绎。用"西式"方法来处理这种规模的数据根本不够。

保险公司需要对数据不断进行逆向思维处理，从而获得信息。本章前面提到的"数据海洋"要从中获取有效信息则需要一种重要方法。保险公司通过使用数据来促进零售保险的增长，在这种情况下，一旦保险公司对个人消费者行为有了更深入的了解，那么某些数据集就会变得更加相关。影响消费者行为及其最终形成的因素十分复杂，通常涉及相互关联且复杂的个人属性或特征。个人属性或特征的范围是从情感行为驱动因素（例如对安全保障的需求）到强制性要求（例如遵守强制性保险的愿望）的。

如果中国的保险市场继续以与过去 10 年相同的速度增长，那么最终将会出现人才短缺的情况，这并非不可能。中国保险公司也许不得不借助人工智能或是认知理解的某种形式，用来替代合格且有经验的人。因此，人工智能可能成为该行业增长的关键推动力。它也可能是未来中国保险的一个关键成功因素。

这时，会出现一个重要的问题。创造保险专用人工智能会不会比培训大量人员更容易些？一种答案可能是，认知分析和人工智能有助于决策，但不能取代决策。但是保险公司什么时候会仅仅根据计算机产生的回应而拒绝承担责任呢？几乎可以肯定的是，技术能力已经存在，行业准备迈出这一步。也许中国保险市场准备以这种方式进行全球倡议？然而如果我们接受了（目前）总是需要一定程度的人为干预，那么，这种人为干预是怎么构成的以及如何操作？

即便人工智能正在被开发，也不可能一夜之间完成。中国保险业仍然需要依靠传统的培训方法。随着保险业的急剧增长和市场渗透的深入，至少在短期内，仍然需要培养有才能的人。那么该如何培养和保留人才呢？例如，英国伦敦大学卡斯商学院等机构，近些年来已经为中国保险业高管和其他行业的高级管理人员提供培训，并且仍在继续进行着。其他机构也必然会跟随进行从而满足市场需求。

中国人工智能的发展最终将会渗透到西方和北美的金融服务中。关于使用数据分析的西方思想（如客户分析和偿付能力管理）也将逐步融入中国人的保险思维中，而知识转移通常是双向的。最终，中国的解决方案可以在海量的数据量和消费者期望的速度下管理数据，这将为现有和未来西方对复杂性和市场高度化的需求提供完美的补充。

对于某些人而言，在使用高级分析方面，中国的技术和西方的成熟度就好比既异乎寻常又关系密切的伙伴。想象一下，通过百度或阿里巴巴的超级计算机运行《偿付能力监管标准 II》内部模型。在全球经济中，规则似乎在不断变化。中国"规模化"处理数据的能力作为本国规模的衍生品，开始使西方保险公司的交易成本下降。这种做法可能同时也给传统的西方技术的大型供应商带来巨大的压力。也许它们会被迫逐步寻找其他新的市场差异。

处理海量数据的一个关键方法是通过使用人工智能和认知分析。中国这一技术领域的发展速度令人印象深刻。自学习机已经能产生新的新闻标题，这些能力甚至已经能融入广播媒体领域。2016 年 7 月，微软机器学习软件"Xiaoice"（小冰）成为第一个在实况电视上主持的人工智能机器人。

中国的搜索引擎巨头百度也表示，它们发明了一款强大的超级计算机，能够在人工智能环境中快速了解语音、图像和书写语言，并且打破了谷歌之前保持的纪录[20]。

看起来人工智能应用程序将成为中国保险市场不可忽略的一部分是极有可能的，从而应对快速数据增长和对现有人才限制的双重压力。

人们逐渐意识到所有职业都会受到人工智能的影响，几乎必然会使用机器人或"机器人顾问"。"机器人顾问"制定政策措辞、更准确地承担风险和监督政策的能力，不是一种可能性，而是一种必然性。对变革的最大限制并不是技术，而是文化和社会。因此，能够迅速实施变革的国家将具有"先发优势"，尤其是在全球舞台上。

另一个需要考虑的问题是时间。有一份 2016 年的学术论文，由牛津大学"人类学院的未来"创建，标题是《人工智能的未来进展：专家意见调查》[21]。该论文作者调查了超过 500 名杰出的西方科学家，这些科学家认为有一半的可能，高级人工智能将在 2040—2050 年完全发展，到 2075 年将会上升到十分之九的可能性。一些人（包括作者）则认为这种情况会更早发生。

更深入地了解数据，有 11% 的专家声称，他们相信我们将会在 10 年内充分了解大脑的构造，从而创造出能够模拟人类思维的机器。有 5% 的人也认为机器能够在 10 年内模拟学习，并且能够模拟人类学习的其他所有方面。不过读者不应该被这些相对较小的百分比所误导。

将保险业的时间轴往前推进 10 年或 30 年完全取决于读者自身的感觉。如果往后推 10 年，那么人工智能中的保险将直接出现在读者的工作和生活中。甚至是那些退休人员或即将退休的人，他们的工作和生活都会受到人工智能的影响，因为他们购买保险以及索赔服务的方式都会受到影响。如果考虑 30 年这样更长的时间跨度，那么今天进入该行业的人将会在结束职业生涯之前就开始使用人工智能。

普华永道公司的论文《保险业的人工智能：炒作还是现实》不仅列出了相关效益，还提出了一项建议性的实施计划。不幸的是，标题中使用的"炒作"一词似乎意味着白皮书更像是一种挑衅而不是一项真正的行动呼吁。

他们提出了一项 6 个步骤的作战计划：

1. 从业务决策开始；

2. 确定适用人工智能的适当领域；

3. 大胆假设，谨慎求证；

4. 构建训练数据集；

5. 与领导并行运行；

6. 扩展和管理变革。

也许中国保险的扩展速度阻碍了这种谨慎而渐进的方法。如果不能有效地将人工智能运用到中国保险业中，最终必然会阻碍经济增长。

正是出于这种考虑，主流的中国保险公司才更应该接受人工智能和认知分析的过程，并且加速推动其发展。在这种情况下，它们需要意识到一点并对此重视，那就是这不仅仅是关于技术，并且变革也需要企业重新定义角色、职责和领导。

14.8　中国未来的愿景

勇敢的人试图描绘一幅中国保险业 2025 年的未来图景，而不是预测未来 10 年或 20 年内保持一贯的两位数增长。人们只能看着当前的趋势，并尝试在"现代化"和"三个代表"的背景下预测可能的前景。一部分推测可能是合理的，而另一部分则是"玩笑话"。

14.8.1　中国保险公司的持续增长创造了新的观念

中国制造业与其他发达经济体之间的工资差距缩小，导致国家对贸易密集型活动的关注减少，而更加注重以服务为基础的模式。因此，中国保险市场的增长继续加快，2014 年，人寿保险的增长率为 13%，2015 年增长到 20%，在未来 10 年内将会保持这一增长率。特别是监管机构在 2015 年 10 月取消了某些政策的利率上限，允许保险公司与银行的理财产品竞争。

相比之下，2014 年非人寿保险渗透率增长 3%，到 2020 年达到 5%，2015 年的增长率为 17%，这一增长持续并加速，从而能够达到目标数字。

保险业这种持续增长的影响也导致了全球技术供应商的重点转移，从相对停滞的西方保险市场转移到了充满活力的亚洲市场。新的技术合作伙伴开始出现，对整个亚洲产生了"连锁效应"。

保险市场的总体年增长率为五分之一，这在各个层面上给行业带来了巨大的压力，也增加了它们对自动化和早期人工智能的需求。保险公司并没有不断创新的条件，结果将其发展路线图压缩到了空前的程度。由于处在灵活的工作环境中，新思路的快速成型很常见。中国已经证明了其拥有快速变革的能力，1978 年改革开放最终使每年的经济快速增长 9.5%。有足够的信心相信到 2020 年，不仅可以实现满足非人寿保险的要求，甚至可以超越这一需求。

这种快速变革的一个后果是造成许多既定的西方商业方法的错位。换句话说，淘汰已建立的线性商业模式（通常被称为"价值链"），从而支持更加动态和敏捷的商业模式。大多数人认为，这种情况无论如何都会发生，而这一切发生的条件是，中国保险业的发展作为变革的催化剂。实际上，中国保险业的转型将全球保险业推向新的创新浪潮。

14.8.2　中国医疗的追根溯源以及展望未来

中国的医疗保健体系已经覆盖超过 13 亿人，并且还在不断发展。1999 年，只有一般的城镇人口通过政府和国有企业获得医保，农村地区获得医保的人数则少得多。2016 年，98% 的中国人口都拥有一定程度的医保（美国医疗保险的中国版）。

即便如此，农村社区仍处于不利地位，因为城镇中心的投资和技术更吸引医生。有些国家的医疗保险公司深思熟虑之后，兴趣关注点往往集中在海外移民社区上。然而，政府意识到有必要提供可负担的医疗保险，从而减轻国家资助医保的负担，并且逐步鼓励民间融资。此外，政府认为需要新的医疗“模式”。

正如电信行业一样，由于只需要应对有限的遗留问题，中国能够跨跃传统的方法。平安和阿里巴巴继续开发对 tele-prescriptions 的投资，并提高在线咨询的质量和使用率。远程医疗的整个概念也发展为在线医学处方、跟踪专家预约以及在线医疗使用记录。这些发展逐步打开了私人医疗保险的大门。

与西方一样，成本控制变得至关重要，数据分析学也逐步被运用以改善费用管理，特别是在药物成本方面。更多的注意力集中于采购过程。数据分析驱动的供应链管理技术越来越普遍。

仅管行业转型以及对医院成本和服务质量的关注面临挑战，然而，人们知道，健康的关键之一在于社区支持。

专家们大都意识到太极或太极拳的价值。13 世纪，太极作为一门武术起源于中国，而如今，太极作为一种促进健康的锻炼在世界各地流行着，英国政府国家卫生服务网站甚至将其归类为一种有效的治疗手段。（太极把深呼吸与放松和缓慢温和的动作相结合，卫生服务网站可对其进行远程监控。）

随着可穿戴设备的成本下降，并且免费分配给中国老年人口——根据联合国数据显示，到 2050 年，中国超过 60 岁的人口可能达到中国成年人口的三分之一——将可穿戴设备免费提供给老年人这一举措提供了一种非常有效的医疗保健、技术和社会需求。通过使用数据分析，现在可通过这些可穿戴设备，来识别老年人的锻炼类型和频率。在这种情况下，这一新方法确保了个人在身心方面的健康，同时也降低了医疗费用。

14.8.3　联网汽车解决了交通堵塞的问题

随着联网汽车的出现，车辆能够自动驾驶并且避免与相邻车辆发生碰撞。因此，交通变得更容易流动，汽车故障和交通事故也更少，司机的压力也更小。

在过滤过程中所采用的数据分析方法，直接取自用于主流体育赛事（例如奥运会）的人群管理技术。该方法是在一个行业中使用并为特定目的开发的系统和程序，这是数据分析方法如何在另一个行业领域重复使用的例子。

到 2025 年，中国的汽车市场将会成为世界上增长最快的。这一国家的高需求已经导致联网车辆使用激增，而政府对 2021 年 "远程信息系统" 的新政策激励，更加剧了这一现象。根据普华永道事务所报告，预计 2021 年联网汽车全球市值约为 1300 亿美元[23]。

许多中国司机使用 "联网汽车" 甚至不需要任何理由。中国车载系统的使用已经超过了西欧和美国。根据咨询公司麦肯锡（McKinsey）的数据表明，仅有 20% 的德国人认为，多达 60% 的中国司机更换汽车品牌，仅仅是为了能够完全访问车内的数据和应用程序[22]。

引领潮流的是那些技术娴熟的年轻司机，他们在购买高级车时，期望的是汽车的连通性。根据市场调查公司 HIS Automotive 的报告，在 2016 年，中国奔驰车买家的平均年龄为 37 岁，而在美国则超过 54 岁。而奥迪买家的平均年龄则更年轻，为 36 岁。

因此，毫不奇怪的是，基于远程信息处理的保险——"现驾现付" 和 "根据驾驶行为支付" 在中国保险市场中变得如此成功，并且现在已经主导了中国汽车保险市场。

14.8.4　微信作为主要分销商进入保险市场

微信的增长率最好地说明了中国已迅速发展到互联网时代，2016 年初，微信已经有 8 亿活跃用户（相比之下，北美居民总人口约为 6 亿人）。

微信已经在中国文化中根深蒂固，使用微信已经成为一种生活方式。它不仅用于分享联系电邮、电话号码、照片、电话会议安排和业务细节，还逐步成为对等网络保险的媒介。（对等保险是一种风险转移的方法，它存在于具有类似行为趋势和风险偏好的群体之间。）

微信的所有者腾讯公司，已经成功创造出一种移动钱包的形式——通过移动设备的一种新的支付方案——这种方案不仅加速了花销比率，而且通过这种方案，资金可以以更有效的方式在各方之间流动。

通过结合社交、更有效的货币分配以及扩展"对等"保险的概念，一种技术成熟的保险解决方案可能由此产生。相比更为商业化定向的保险公司，这类公司对股东负有主要责任，这种新型保险的概念被视为合作或互助保险公司的性质。这种"合作方式"也有助于改善保险公司和消费者之间的信任问题——信任问题历来困扰着西方保险公司——这种"合作方式"也尤其符合中国人的思维方式。

注释

1. "2030 年的中国消费者". 白皮书. 2016. 由"经济学人智库"出版.

2. "中国五大保险公司"J. William Carpenter. 于 2015 年 9 月 3 日, Investopedia 出版.

3. "中国保险市场". 韩明芳. 牛津经济伙伴关系（the Oxford Companion to the Economics of China）. 牛津大学出版社，2013.

4. "2015 年世界保险：地区差距稳步增长". 瑞士再保险. Sigma 第 2016/3 号出版物.

5. 中国 P&C 保险和再保险市场报告. Aon Benfield. 2013 年 9 月.

6. "中国的数据分析：趋势，问题和挑战", Wai-Ming To. "IT 专业问题"出版.

7. "创新中国：从'制造'到'想象'." IBM 商业价值研究院.

8. "英的创业教育如何启发中国的张靓颖." 《光明日报》.

9. 从课堂到"clashroom"：创业教育如何改变中国的区域发展. Simon Stewart. 教育，培训及人才（中国）总监. 中英商业委员会出版.

10. "金融服务专题报告：中国金融科技市场". 2016 年 7 月. 英国外交和联邦事务部.

11. McWilliams, Douglas. "平淡的白色经济：数字经济如何改变未来的伦敦和其他城市". Duckworth Overlook. 伦敦. 2015.

12. "保险技术：一种好的力量". 联合报告. PWC/Startupbootcamp Insuretech.2016.

13. "大力推进国有企业改革". 未归属文章. 《中国日报》. 2016 年 8 月 19 日.

14. "中国业务分析服务 2015—2019 预测与分析". Nina Nie 等. 2015 年. IDC 出

版报告 . Framlington MA（美国）.

15. 中国保监会非寿险公司 2012 年基本保费（2013 年出版）.

16. 2017 年全球及中国乘用车车载信息通信行业市场趋势，规模，份额，增长及预测：行业分析，概述，研究及发展 - MarketResearchReports.Biz. 2014 年《全球市场直销》.

17. "从交易到人际关系：与转型购物者研究连接". IBM 商业价值研究院 . 2013 年 .

18. 中国领导世界支持"联网家庭". Karlovsk. 2014 年 6 月 24 日 . IDG 通信 .

19. Bloom, Gerald and Tang, Shenglan. ed(s)（2004） 中国城市医疗卫生转型 . Ashgate, Aldershot.

20. "百度的人工智能超级计算机在图像识别上击败了谷歌". Tom Simonite. 2015 年 5 月 13 日。Technology Review.com.

21. Muller，Vincent C，Bostrom，Nick（2016）. "人工智能的未来进展：专家意见调查". 合成图书馆；Berlin；Springer.

22. "保险中的人工智能：炒作还是现实." 2016 年 3 月 . Price Waterhouse Cooper 白皮书"热点问题".

23. "技术驱动"看到了"中国车联网". Girault, 物理组织 .

Analytics for Insurance
The Real Business
of Big Data

CHAPTER 15
第 15 章

结论与思考

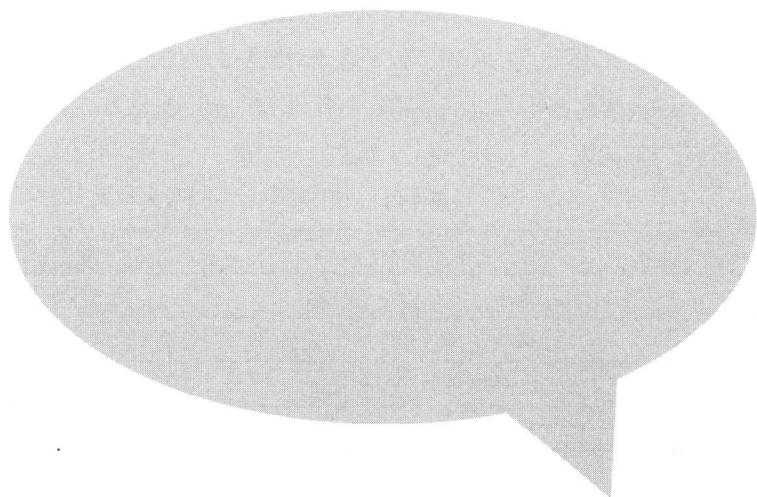

当 汤姆 · 彼得斯在他的书《重新想象》(*Re-Imagine*)[1]中邀请我们对自己和我们的商业环境进行不同的思考时，他可能想到了大数据分析的世界。他于 2003 年写了该书，当时大数据仍处于早期阶段，许多行业仍处于相对黑暗的信息革命时期。他描述了蓝领工作未来将发生的剧变，并将焦点置于"白领世界"，他在书中谈到"企业内部及其业务伙伴之间的白领业务流程的自动化"。

除此之外，他还描绘了世界的景象，微芯片将取代通过系统自动化处理普通纸张的员工（工资为 35 000 美元 / 年），甚至威胁到（35k 英镑员工向其报告的 150 000 美元 / 年的）经理。这很容易受到嘲讽，因为预测可能是正确的也可能是错误的。正确的预测会受到推崇；错误的预测可能通过解释被消除或遗忘。但彼得斯进一步说明（2003 年），未来 25 年大数据分析的世界将为企业和个人带来惊人的进展。那是 10 多年前的事情，如果能证明他是正确的，那么只剩下 10 年的时间了。

旧世界和新世界之间的潜在对比非常明显。如表 15.1 所示。表 15.1 中的每个元素都代表思维、操作和行为的重大变革，他们共同构成工业"海啸"。

表 15.1　保险分析——过去与将来

过去	未来
电子表格	洞察即服务
主机	"云"
信息技术是一种威胁	信息技术作为关键的推动者
专业资格	增强技术

在企业内部，数据分析将改变工作方式和员工之间的相互依赖关系，这些都将受到大数据分析计划的巩固与支持。很快，保险业务将掌握其可直接控制的企业内部的数据。除此之外，它们将能够对从虚拟企业（例如从供应链）中获得数据进行控制。

因此，保险公司将从根本上改变与供应商的关系，从怀疑或忧虑到信任或授权。数据将越来越廉价且越来越容易获取，尽管某些特殊数据仍然需要收取费用。也许真正的价值在于数据本身，数据分析作为获得数据的一种手段，其本身是免费的（作为对比，你可以想象搭乘出租车是免费的，并且仅由驾驶室内的广告资助）。与自然语言中的数据和分析的相互作用将以指数方式增加普通用户的访问量。所有这一切的必然影响将是改善客户参与度和服务水平。因此，这些即将到来的变革不应被视为对保险公司的威胁，而应作为转型的催化剂。

目前，被视为前沿的技术将越来越成为常态。包括人工智能在内的高级分析有一天将变得商品化。与所有新技术一样，这并不是技术本身的问题，而是应用它的方式的问题。甚至这些新技术的运行方式也将与目前已知和理解的传统方式截然不同。这不仅仅是使用技术优化现有流程的问题，而是全新的工作流程和生态系统将开始出现。

保险公司将逐渐从补救损失和补偿的供应者演变成为一种以预防和减轻（尽可能）损失为核心竞争力的模式。一些保险公司和经纪人已经在商业领域进行了风险管理，但往往被视为一个次要问题，但无论如何，避免损失的好处有时难以量化。这种做法如何扩展到人寿和养老金领域，又将如何改变个人的保险？也许数据分析将最终通过使用"假设"情景分析帮助行业更好地了解事件的真实后果。这种建模将有助于保险公司更好地了解避免或减轻风险的影响。

传统层级也将开始改变。如果知识不再是权利，关系则必然会发生改变。正如 RickLevine 在互联网评论中所说，"超链接颠覆了等级制度"。[2]

保险公司正通过以下方式获得令人难以置信的服务和效率的改进。

- 定制保险。
- 保险与生活方式需求的配合。
- 福利的灵活性，而不是刻板性。
- 与供应链的无缝集成。
- 无论何种渠道，供应的绝对一致性。

除此之外，技术的新颖性将会消失。我们所有人都会期待在今天看来是非凡的未来保险公司的高水平服务。

随着客户分析使用的增加，保险行业能够更好地了解客户，重要的是它们要认识到客户也有可能发生改变。如果保险公司正在考虑数据分析的"年限"，那么同样，了解情况的客户的"年限"还未完全显现。客户不太可能任由摆布，他们会难以忍受糟糕的服务，甚至很有可能通过社交媒体分享他们的经历。因此，保险公司不能自满。

如果没有重大的行业整合和重组，"成熟"市场目前的相对生产能力过剩意味着保险公司最终不可能保持控制权。其中一个影响是，保险行业将越来越多地针对其他行业，而不仅仅是针对自身进行评估。中国主要的零售商阿里巴巴收购了一家保险公司的股份，亚洲科技巨头在金融服务行业（包括保险）方面日益增长的活动，这些事件势必将"挑起纷争"。

15.1 挑战的广度

数据分析为许多特殊问题提供了点解决方案，但除此之外，它们提供了不同的、更有见地的观点，以推动运营变化、降低风险并提高盈利能力。

考虑一系列数据分析的点解决方案，并希望这些方案能在未来某一时间相互联系的保险公司可能不如建设车站的铁路公司，因为这些车站将来会通过某一铁路线联系起来。而实际上，保险"价值链"的各个要素与保险业务的其他所有部分都不可逆转地相互联系，例如：

- 客户保留基于个人经验与基于价格相同；
- 承保是基于保险公司的成本经验，这与索赔管理流程的有效性有关；
- 由于缺乏透明度而不仅仅是因为独立的甚至有组织的索赔人的行为，欺诈往往与保险公司的不信任相关。

如果企业将数据分析视为其主张的中心，那么也许保险业务的组织方式有所不同。

- 保险业务将围绕数据分析构建功能，而不是根据衍生的洞察力进行实践。
- 员工将具有不同的培训和背景，他们更加精通技术。

■ 客户与保险业务的关系将非常密切（如果不是核心）。

企业内部和外部的透明度也将发生变化。保险公司将始终使其股东保持盈利状态，向监管机构表明其偿付能力等承担绝对的责任，但将来这是否会有所不同？也许由于更好的洞察力，保险公司将变得比监管机构更加智能。也许某些情况下这已经发生了。

另一个需要解决的重大问题是成熟的保险公司将如何对"面向数据分析"的新参与者进入市场做出反应。这些后来者将有足够的专业知识来满足监管机构和专员，以及拥有更多的客户洞察力和管理分析迷宫问题的能力。新兴的北美保险公司，如"Lemonade"和"Guevara"很可能会破坏保险现状，就像优步对出租车行业造成的影响。传统市场也许会反击。城市利用经许可的出租车创建了"优步"等价物，并采用现代的思维转变自己的运营模式。

还将有诸如区块链的"百搭牌"，这将破坏传统的保险分配模型，也许这是一个没有人能真正了解的方式。"分布式账本"方法的整个区块链模型——创建一个中枢，但相对未知且无人管理的数据库似乎具有巨大的潜力——表面上很可能会破坏分配的现状。但是，正如最近的评论，这类似于"把火箭放在战车下面吗"？

15.2 结语

正如本章所述，我们几乎能够实时地看到保险行业的变革。在线评论，如将自身描述为"骨感"（指"时尚资讯"的街头语言）的《保险娱乐》宣称每天都在发生变革。对许多观察家而言，变革的速度似乎有所增加。一个几乎为自己的保守主义和稳定感到自豪的行业究竟发生了什么？它刚刚到达转折点，然后突然开始转型？

尽管有人表示数据分析是变革的唯一原因，但无论是受到天气条件、经济状况的影响，还是受到新风险的影响，保险行业一直处于不稳定的外部环境。新的参与者、竞争和监管的影响也将持续发生改变，同样，进入保险行业并认识到有钱可赚的"聪明的年轻人"也会改变。

当吸收其他部门或专业人士的新思维时，保险行业会发生多大程度的变革？

它们逐渐意识到零售商对保险主张的影响并不困难，但是当全新的方法陷入困境时会怎样呢？影响承保过程的数据分析洞察力又如何对行为专家的影响进行补充？

由于更高的透明度而在多大程度上（如果有）可能恢复投保人对保险公司的信任？真正的信任问题之一是解释索赔中的保单的附属细则，因为客户通过接受限制性的保险而争取降低成本，最终却得不到他们想要的付款？数据分析可能对保险业而言有很多的影响，但并不是所有行业挑战的灵丹妙药。

数据分析和数字保险客户的关系将日益密切，但建立完全无纸化保险环境的期望可能会被证明是技术时代的谬误。人们使用电脑创建和修改文件，但是最后仍然将它们打印出来。根据一些专家的描述[3]，这是因为：

■ 阅读和注释之间存在着联系，许多读者倾向于在阅读文章时给文章划线或进行注释；

■ 相对于组织电子文件，人们更擅长组织文本；

■ 人们经常同时阅读多个文件——并将其并排放在一起；

■ 纸上阅读比在线阅读更让人感到舒适，特别是在阅读冗长的文本的情况下。

即使在转型的数据分析中刺激保险的未来，行业可能会发现它们仍然很难摆脱使用纸张的古雅（即使发行方式从硬复制变为软复制，在许多情况下仍然会打印出来）。

人们并不缺乏新闻和思想领导力，许多人面临的挑战是从何处开始。即使是那些已经开始了数据分析旅程的人，他们也会承认对巨量的信息不知所措。每天都有许多创作和分发的白皮书、分发的新闻推送以及共享的创新实例。其中许多都是在线的，附录D和附录E列出了建议的一些保险媒体。其中一些可以免费浏览。附表并不全面，并未向读者提出建议，但可作为读者的选择。尝试在纸上记录这些新想法是困难的，但希望此类出版物至少能提供一个起始点。

变革可能令人不安，尤其对于掌握了新想法和技术但仍然处于中游的保险业。美国总统奥巴马在2015年的评论称，这不是保险问题：[4]

人们忧虑的一部分只是意识到，世界各地并未保持旧秩序，而且我们还不至于根据完全不同的原则制定新秩序。

在英国伦敦劳埃德保险公司曾经的展示中[5]，作为国际保险经纪人的威达信集团总裁 Don Glaser 强调，保险是一种不仅可以摆脱财务损失和情绪负担的行业，还是一个具有追求创新、投资和价值创造自由的行业。

整体上保险行业仍然会有辉煌的未来，并且不受数据分析的威胁。有效利用这些基于企业和安全技术平台的能力，以及数据驱动的领导力，将使行业能够继续实现"经济增长、承担风险并进行创新"的核心职能。

尽管时代是如此的动荡，我们至少可以肯定一件事：保险行业创始人的"灵魂"将继续俯视，确认 300 多年前创造的保险基本原则在新的变革时代保持不变。他们可能会说，这一切都没什么大不了的。毕竟，自从有了保险行业，没有哪种形式的数据分析一直处于保险业务的绝对核心位置？

注释

1. Peters, Tom.《重新想象！变革时代的卓越业务》. 伦敦：Dorling Kindersley Ltd，2003.

2. Levine, Rick, Locke, Christopher, Searles, Doc 及 Weinberger, David.《线车宣言》. ft.com 发布，2000.

3. Liu, Ziming.《纸到数字：现代文件》. 韦斯特波特，CT：Libraries Unlimited，2008：142-149.

4. Watson, Paul Joseph. "奥巴马呼吁建立新世界秩序"，由 Infowars 发布，2014 年.

5. Glaser, Dan. 威达信集团总裁兼首席执行官 Dan Glaser 向伦敦保险学院的展示，2015 年 11 月 9 日于劳埃德老图书馆.（发布于特许保险学会期刊，2015 年 12 月：34-35.

Analytics for Insurance
The Real Business
of Big Data

APPENDIX A

附录 A

推荐阅读

Biddle, P.G. Tree Root Damage to Buildings. 第 1 卷. 《原因、诊断和补救措施》. Wantage：Willowmead Publishing，1998.

Blackstaff, Michael. BCS Finance for IT Decision Makers. 英国计算机学会. 伦敦：BCS，新版，2006.

Burdett, Arnold, Bowen, Dan 等. BCS Glossary of Computing and ICT. 英国计算机学会.

伦敦：BCS，特许信息技术协会，2013 年第 13 版.

英国特许保险学会. Centenary Future Risk Series. 伦敦：英国特许保险学会，2015 年.

Davenport, Thomas H 与 Harris, Jeanne G.《决胜分析：获胜的新科学》. Brighton MA：哈佛商学院出版社，2007 年.

Dearborn, Jenny. Data Driven: How Performance Analytics Delivers Extraordinary Sales Results. 伦敦：约翰威立国际出版公司，2015.

Donkin, Richard.《血汗与眼泪：工作的演变》. 阿宾顿：Texere，2001.

洪水维修论坛. Repairing Flooded Buildings. An insurance industry guide to investigation and repair. 伦敦：BRE 出版社，2006.

Hyde, Malcolm, McCarthy, Brendon 及 Deacon, James.《财产保险法与索赔》. 伦敦：Witherby 出版集团，2010.

Lamond, Jessica, Booth, Colin, Hammond, Felix 与 Proverbs, David.

Flood Hazards Impacts and Responses on the Built Environment. 伦敦：CRC 出版社，2011.

McGee, Prof Andrew.《现代保险法》，第 3 版 . 伦敦：LexisNexis Butterworths(Butterworths Law)，2011.

Merkin, Professor Robert.《保险法——入门》. 伦敦：英富曼集团，2007.

Stubbs, Evan.《商业分析》. 伦敦：约翰威立国际出版公司，2014.

Thomas, Rob 与 McSharry, Patrick. 大数据革命 . 伦敦：约翰威立国际出版公司，2015.

APPENDIX B

附录 B

预期寿命达到 100 岁的数据摘要

表 B.1　　预期寿命达到 100 的可能性

出生年份	男性	女性	平均
1912	0.3%	1.1%	0.7%
1913	0.3%	1.1%	0.7%
1914	0.3%	1.2%	0.7%
1915	0.3%	1.2%	0.8%
1916	0.4%	1.3%	0.8%
1917	0.4%	1.4%	0.9%
1918	0.5%	1.6%	1.1%
1919	0.7%	1.9%	1.3%
1920	0.6%	1.8%	1.2%
1921	0.7%	2.1%	1.4%
1922	0.8%	2.3%	1.6%
1923	1%	2.5%	1.7%
1924	1.1%	2.7%	1.9%
1925	1.2%	3%	2.1%
1926	1.4%	3.2%	2.3%
1927	1.6%	3.5%	2.5%
1928	1.7%	3.8%	2.8%
1929	2%	4.2%	3.1%

续表

出生年份	男性	女性	平均
1930	2.3%	4.6%	3.4%
1931	2.5%	5.1%	3.8%
1932	2.9%	5.6%	4.2%
1933	3.2%	6.2%	4.7%
1934	3.6%	6.8%	5.2%
1935	4%	7.3%	5.6%
1936	4.3%	7.9%	6.1%
1937	4.6%	8.4%	6.5%
1938	5%	8.9%	6.9%
1939	5.2%	9.3%	7.2%
1940	5.4%	9.6%	7.5%
1941	5.7%	9.9%	7.8%
1942	6%	10.3%	8.1%
1943	6.2%	10.6%	8.4%
1944	6.4%	10.9%	8.6%
1945	6.6%	11.1%	8.9%
1946	6.9%	11.5%	9.2%
1947	7.1%	11.8%	9.5%
1948	7.4%	12.2%	9.8%
1949	7.7%	12.5%	10.1%
1950	7.9%	12.8%	10.4%
1951	8.2%	13.1%	10.6%
1952	8.4%	13.5%	10.9%
1953	8.6%	13.7%	11.2%
1954	8.8%	14%	11.4%
1955	9.1%	14.4%	11.7%
1956	9.3%	14.7%	12%
1957	9.5%	14.9%	12.2%
1958	9.8%	15.2%	12.5%
1959	10%	15.6%	12.8%

续表

出生年份	男性	女性	平均
1960	10.2%	15.9%	13.1%
1961	10.5%	16.2%	13.3%
1962	10.7%	16.5%	13.6%
1963	11%	16.8%	13.9%
1964	11.2%	17.1%	14.2%
1965	11.5%	17.4%	14.5%
1966	11.8%	17.7%	14.7%
1967	12%	18.1%	15%
1968	12.3%	18.4%	15.3%
1969	12.5%	18.7%	15.6%
1970	12.8%	19%	15.9%
1971	13.1%	19.4%	16.2%
1972	13.3%	19.7%	16.5%
1973	13.6%	20%	16.8%
1974	13.9%	20.4%	17.1%
1975	14.2%	20.7%	17.4%
1976	14.5%	21.1%	17.8%
1977	14.8%	21.4%	18.1%
1978	15.1%	21.7%	18.4%
1979	15.4%	22.1%	18.7%
1980	15.7%	22.4%	19.1%
1981	16%	22.8%	19.4%
1982	16.3%	23.1%	19.7%
1983	16.6%	23.5%	20.1%
1984	17%	23.8%	20.4%
1985	17.3%	24.2%	20.7%
1986	17.6%	24.5%	21.1%
1987	17.9%	24.9%	21.4%
1988	18.2%	25.3%	21.7%
1989	18.5%	25.6%	22.1%

续表

出生年份	男性	女性	平均
1990	18.9%	26%	22.4%
1991	19.2%	26.4%	22.8%
1992	19.5%	26.7%	23.1%
1993	19.9%	27.1%	23.5%
1994	20.2%	27.5%	23.8%
1995	20.5%	27.8%	24.2%
1996	20.9%	28.2%	24.5%
1997	21.2%	28.5%	24.9%
1998	21.5%	28.9%	25.2%
1999	21.9%	29.3%	25.6%
2000	22.2%	29.6%	25.9%
2001	22.6%	30%	26.3%
2002	22.9%	30.4%	26.6%
2003	23.2%	30.7%	27%
2004	23.6%	31.1%	27.3%
2005	23.9%	31.5%	27.7%
2006	24.3%	31.8%	28.1%
2007	24.6%	32.2%	28.4%
2008	25%	32.6%	28.8%
2009	25.3%	32.9%	29.1%
2010	25.7%	33.3%	29.5%
2011	26%	33.7%	29.9%

资料来源：英国就业和退休保障部（2011）

Analytics for Insurance
The Real Business
of Big Data

APPENDIX C
附录 C

实施流程图

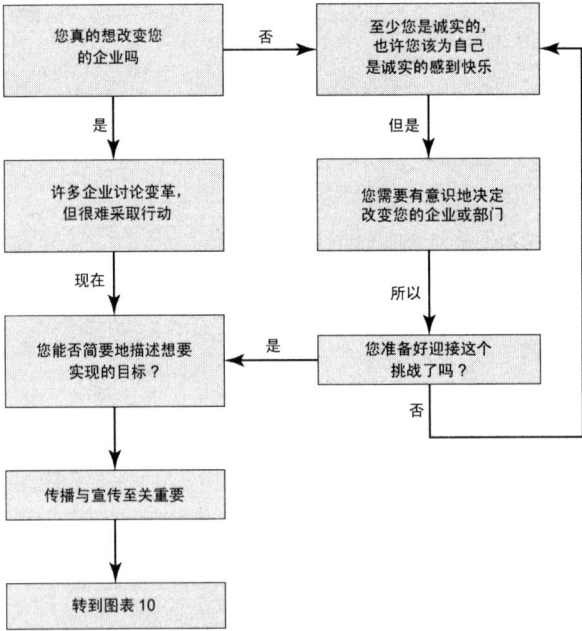

图 C.1　创建分析型保险公司

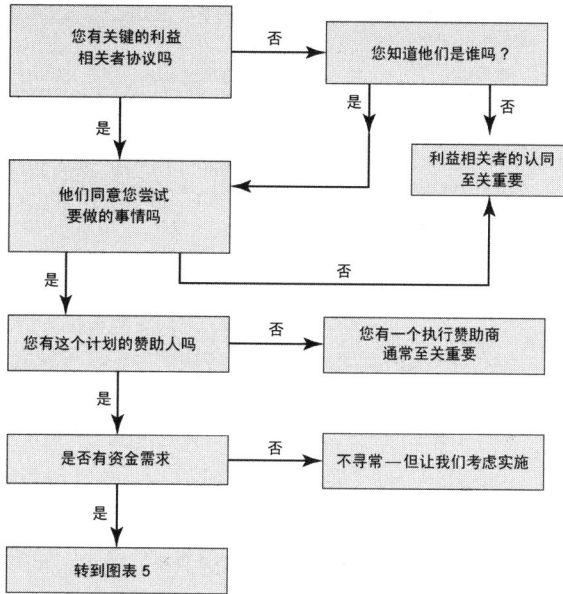

图 C.2　关键利益相关方的管理

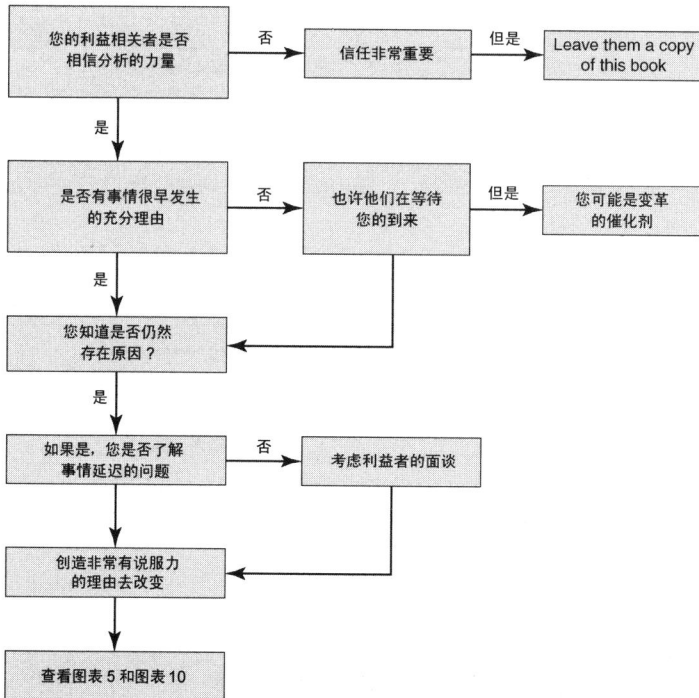

图 C.3　利益相关方的认同

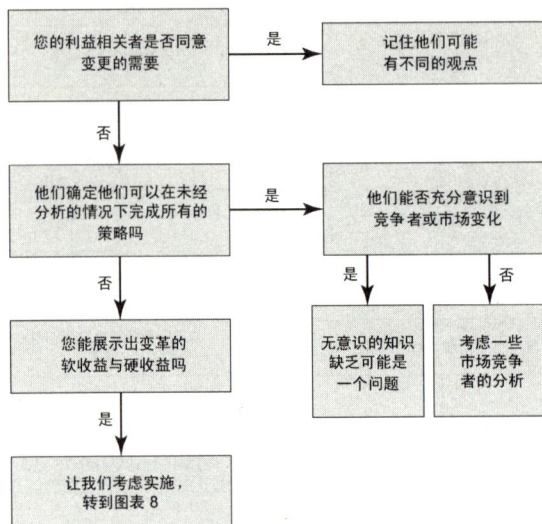

图 C.4　创建令人信服的变更原因

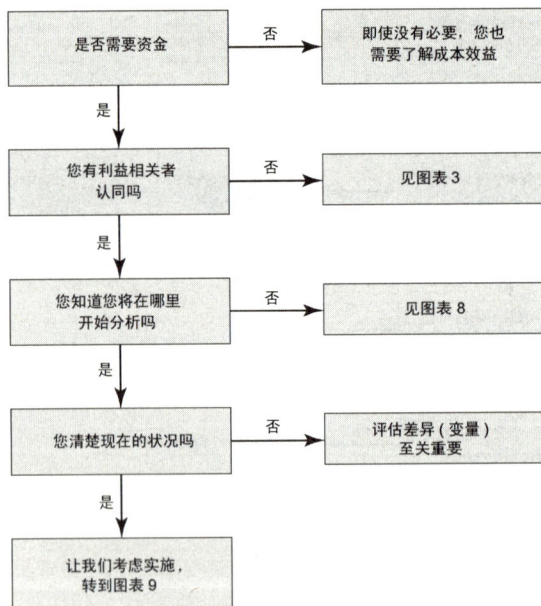

图 C.5　提供资金的案例

```
┌─────────────────┐        是    ┌─────────────────┐
│ 利益相关者想要   │───────────→│ 考虑使用敏捷的   │
│ 快速变革吗       │            │ "Sprint"方法    │
└─────────────────┘            └─────────────────┘
        │否
        ↓
┌─────────────────┐        否    ┌─────────────────┐
│ 利益相关者是否考虑│───────────→│ 多重和战术上的变化可以│
│ 企业范围的变化   │            │ 给出分散的解决方案 │
└─────────────────┘            └─────────────────┘
        │
        ↓
┌─────────────────┐        否    ┌─────────────────┐
│ 您知道从哪里开始吗│───────────→│ 见图表 8         │
└─────────────────┘            └─────────────────┘
        │是
        ↓
┌─────────────────┐        否    ┌─────────────────┐
│ 您已经创造了企业的│───────────→│ 将其视为包含重点  │
│ "路线图"吗      │            │ 项目的计划       │
└─────────────────┘            └─────────────────┘
        │是                            │是
        ↓                            ↓
┌─────────────────┐            ┌─────────────────┐
│ 通过资金和"路线图"│            │ 让我们创建"路线图" │
│ 让我们思考人     │            └─────────────────┘
│ 转到表 7        │                    │
└─────────────────┘                    ↓
                               ┌─────────────────┐
                               │ 转到图表 9       │
                               └─────────────────┘
```

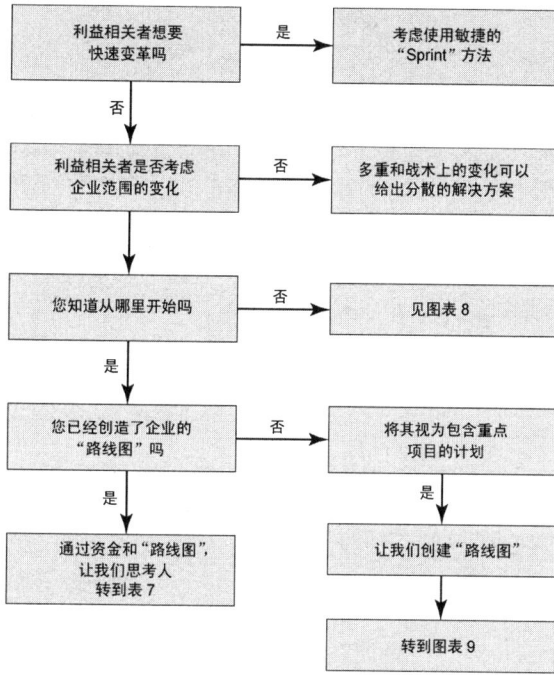

图 C.6   实施分析变革

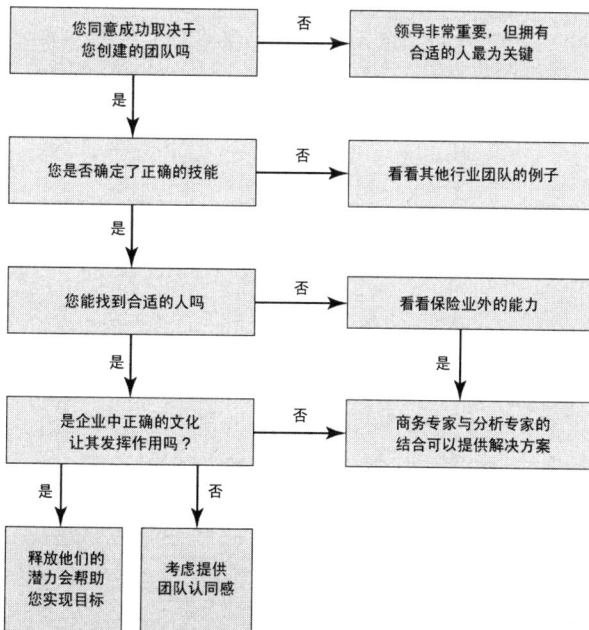

```
┌─────────────────┐        否    ┌─────────────────┐
│ 您同意成功取决于  │───────────→│ 领导非常重要，但拥有│
│ 您创建的团队吗   │            │ 合适的人最为关键  │
└─────────────────┘            └─────────────────┘
        │是
        ↓
┌─────────────────┐        否    ┌─────────────────┐
│ 您是否确定了正确的技能│────────→│ 看看其他行业团队的例子│
└─────────────────┘            └─────────────────┘
        │是
        ↓
┌─────────────────┐        否    ┌─────────────────┐
│ 您能找到合适的人吗│───────────→│ 看看保险业外的能力 │
└─────────────────┘            └─────────────────┘
        │是                            │是
        ↓                            ↓
┌─────────────────┐        否    ┌─────────────────┐
│ 是企业中正确的文化│───────────→│ 商务专家与分析专家的│
│ 让其发挥作用吗？ │            │ 结合可以提供解决方案│
└─────────────────┘            └─────────────────┘
     │是      │否
     ↓        ↓
┌────────┐ ┌────────┐
│释放他们的│ │考虑提供 │
│潜力会帮助│ │团队认同感│
│您实现目标│ └────────┘
└────────┘
```

图 C.7   招聘团队

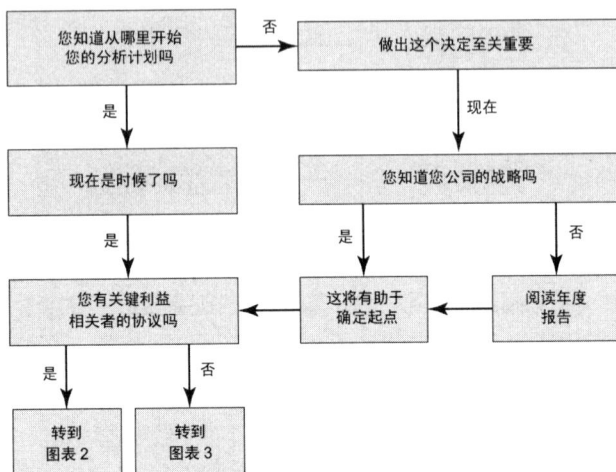

图 C.8   变革的起点

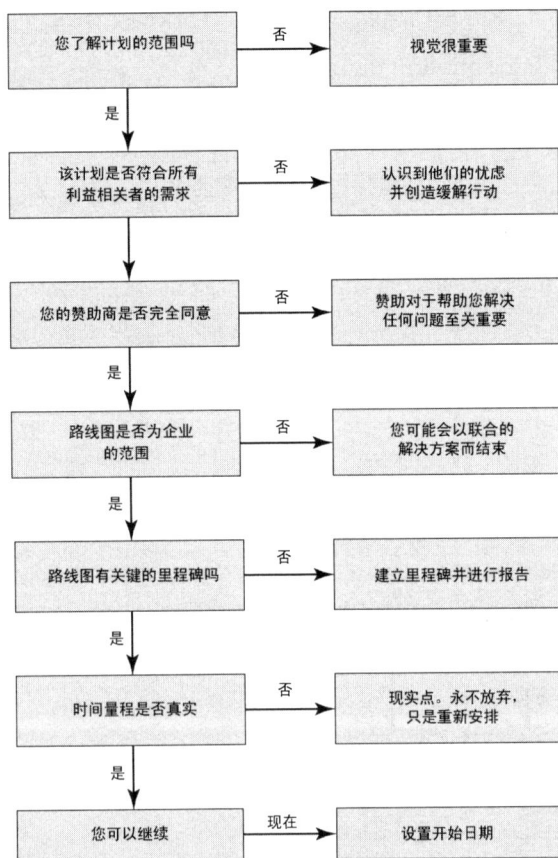

图 C.9   创建路线图

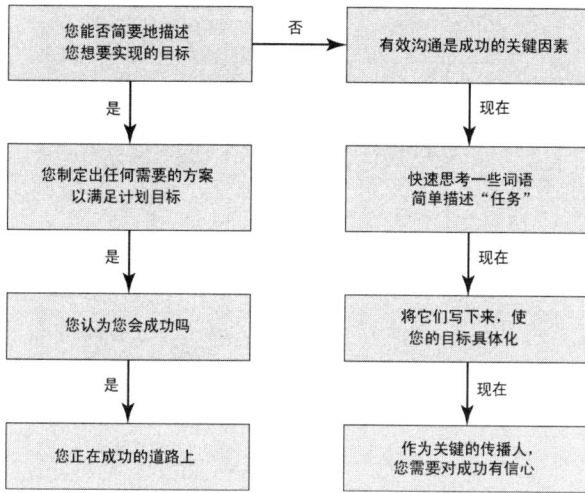

图 C.10　沟通与传播变化

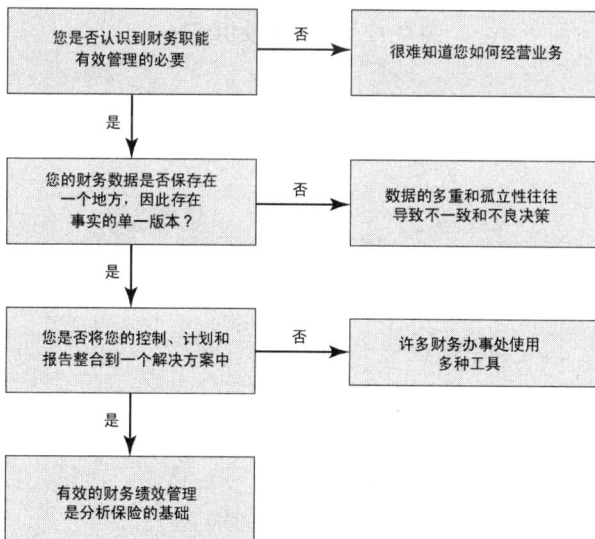

图 C.11　有效的财务绩效管理

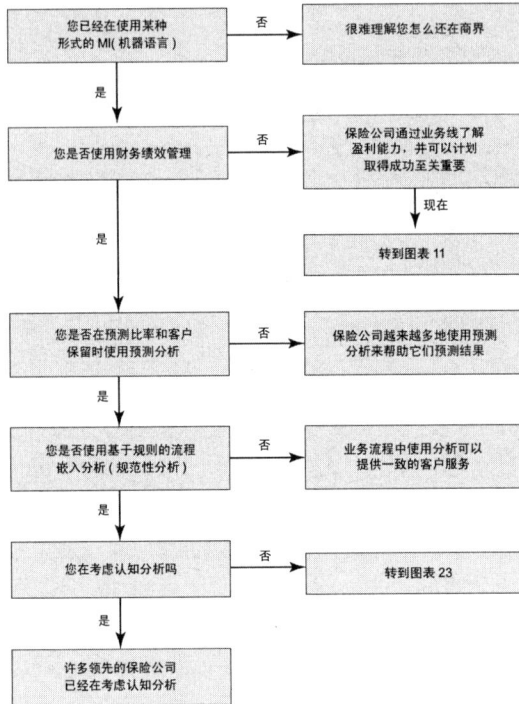

图 C.12 分析的使用现状

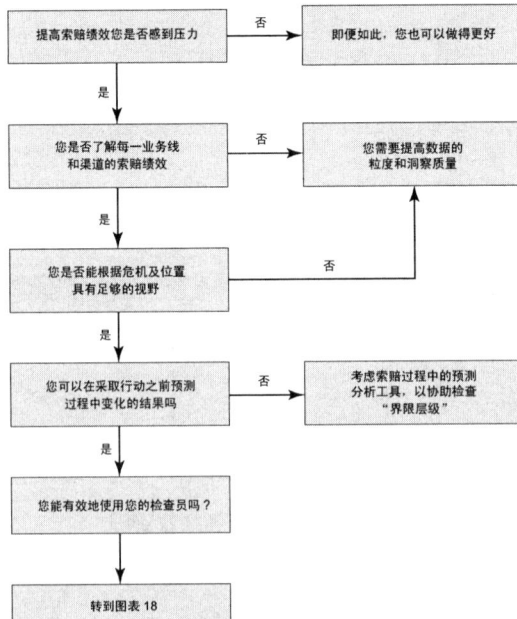

图 C.13 索赔管理

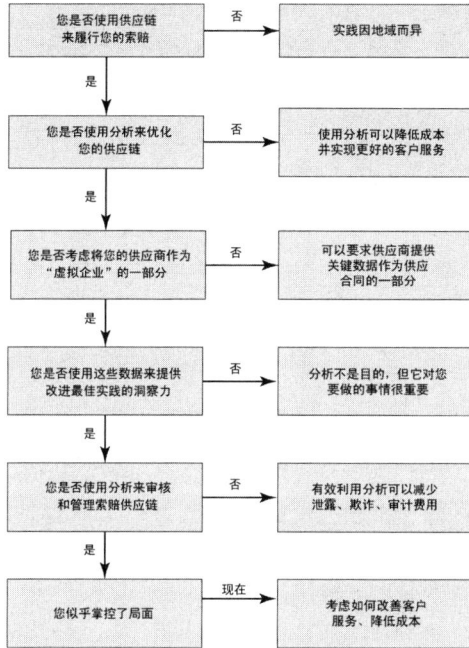

图 C.14　索赔供应链的分析

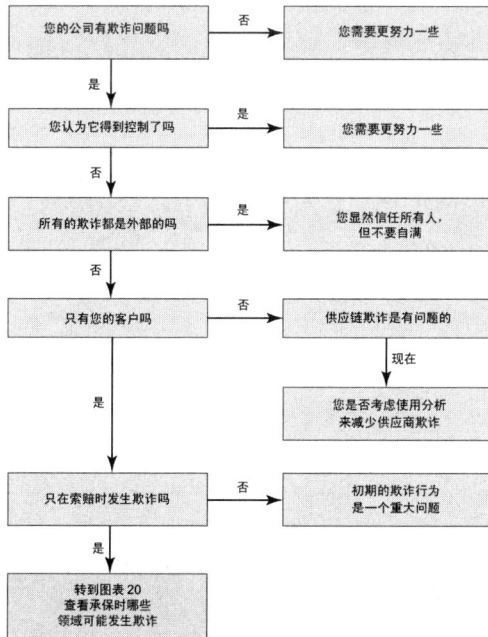

图 C.15　管理欺诈

```
┌─────────────────────┐        ┌─────────────────────┐
│   您有专门的调查部门吗   │──否──→│   许多理算公司都有专家    │
│                     │        │  部门，但可能没有与您    │
│                     │        │      充分整合        │
└─────────────────────┘        └─────────────────────┘
           │是
           ↓
┌─────────────────────┐        ┌─────────────────────┐
│  您有吸引他们的明确过程吗  │──否──→│   这至关重要，但是这一   │
│                     │        │   过程需要动态且灵活    │
└─────────────────────┘        └─────────────────────┘
           │是
           ↓
┌─────────────────────┐        ┌─────────────────────┐
│   您了解您的流程对客户    │──否──→│   错误的调查可能会延迟解决  │
│    体验的影响吗       │        │  时间，并导致客户不满    │
└─────────────────────┘        └─────────────────────┘
           │是
           ↓
┌─────────────────────┐        ┌─────────────────────┐
│  您是否使用分析来协助流程  │──否──→│   分析不会给出所有答案，但会 │
│                     │        │  改善 S.I.U. 的运作效率 │
└─────────────────────┘        └─────────────────────┘
           │现在
           ↓
┌─────────────────────┐
│  请记住，"证据"对于     │
│ 允许保险公司拒绝索赔     │
│     至关重要         │
└─────────────────────┘
```

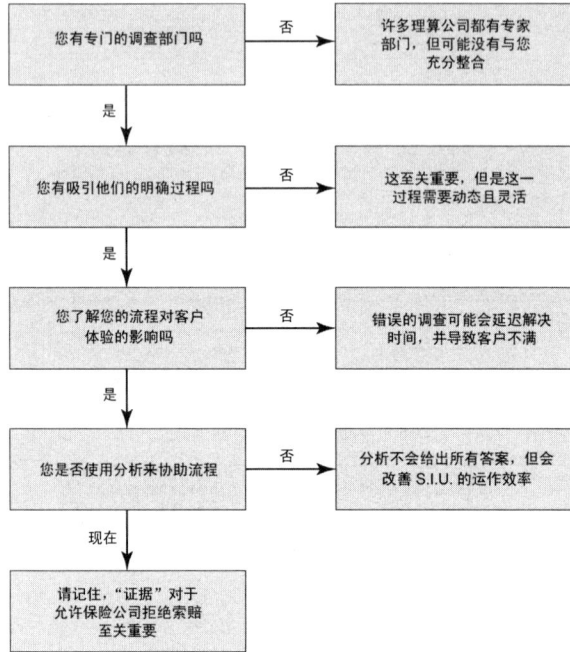

图 C.16　欺诈和特别调查

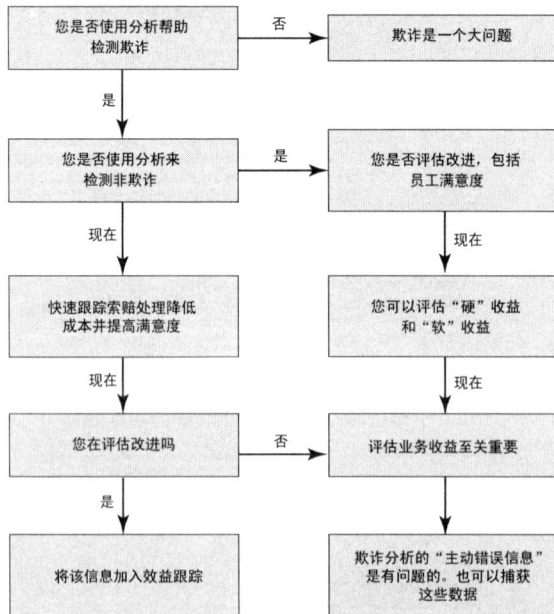

```
┌─────────────────────┐        ┌─────────────────────┐
│   您是否使用分析帮助      │──否──→│    欺诈是一个大问题      │
│     检测欺诈         │        │                     │
└─────────────────────┘        └─────────────────────┘
           │是
           ↓
┌─────────────────────┐        ┌─────────────────────┐
│    您是否使用分析来      │──是──→│   您是否评估改进，包括    │
│     检测非欺诈        │        │    员工满意度        │
└─────────────────────┘        └─────────────────────┘
           │现在                          │现在
           ↓                              ↓
┌─────────────────────┐        ┌─────────────────────┐
│  快速跟踪索赔处理降低     │        │   您可以评估"硬"收益    │
│  成本并提高满意度       │        │   和"软"收益        │
└─────────────────────┘        └─────────────────────┘
           │现在                          │现在
           ↓                              ↓
┌─────────────────────┐        ┌─────────────────────┐
│    您在评估改进吗       │──否──→│   评估业务收益至关重要    │
└─────────────────────┘        └─────────────────────┘
           │是                            │
           ↓                              ↓
┌─────────────────────┐        ┌─────────────────────┐
│  将该信息加入效益跟踪     │        │  欺诈分析的"主动错误信息"  │
│                     │        │  是有问题的。也可以捕获   │
│                     │        │    这些数据         │
└─────────────────────┘        └─────────────────────┘
```

图 C.17　快速通道索赔处理

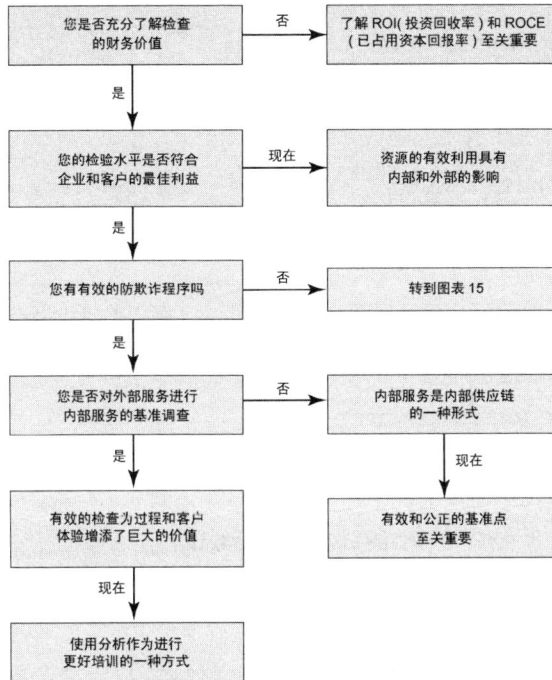

图 C.18　检查员和理算人

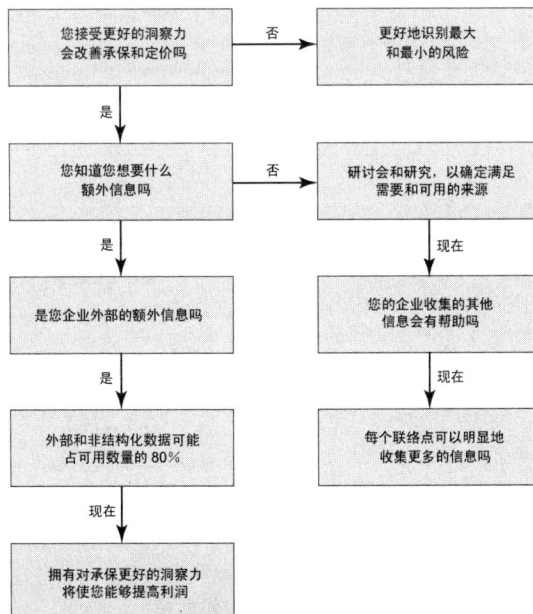

图 C.19　承保分析

```
┌──────────────────────────┐      是      ┌──────────────────────────┐
│   您是否收到正确的风险保费   │ ─────────→ │          恭喜            │
└──────────────────────────┘            └──────────────────────────┘
              │ 否
              ↓
┌──────────────────────────┐   不了解     ┌──────────────────────────┐
│   是否能正确描述风险？       │ ─────────→ │  分析工具能够检查是否       │
│   即投保人的职业            │            │  已更改详细信息            │
└──────────────────────────┘            └──────────────────────────┘
              │ 是
              ↓
┌──────────────────────────┐            ┌──────────────────────────┐
│   是否正确说明保险金额       │ ─────────→ │  存在分析工具以帮助        │
│                          │            │  计算风险的价值            │
└──────────────────────────┘            └──────────────────────────┘
              │ 现在
              ↓
┌──────────────────────────┐
│  有时第三方减少 V.A.R.     │
│  （风险值）使报价更具竞争力  │
└──────────────────────────┘
```

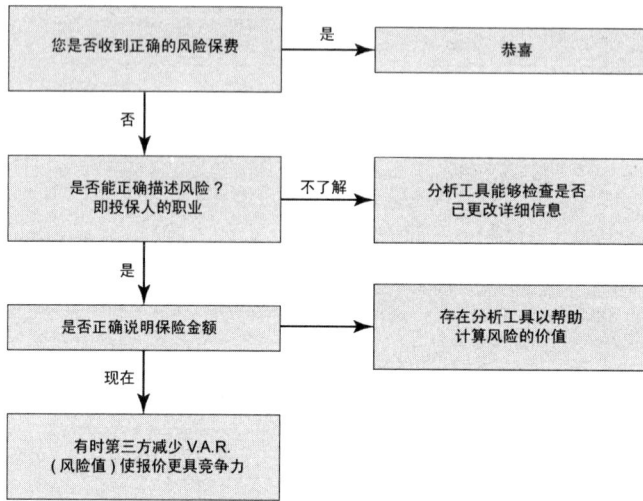

图 C.20 保险欺诈

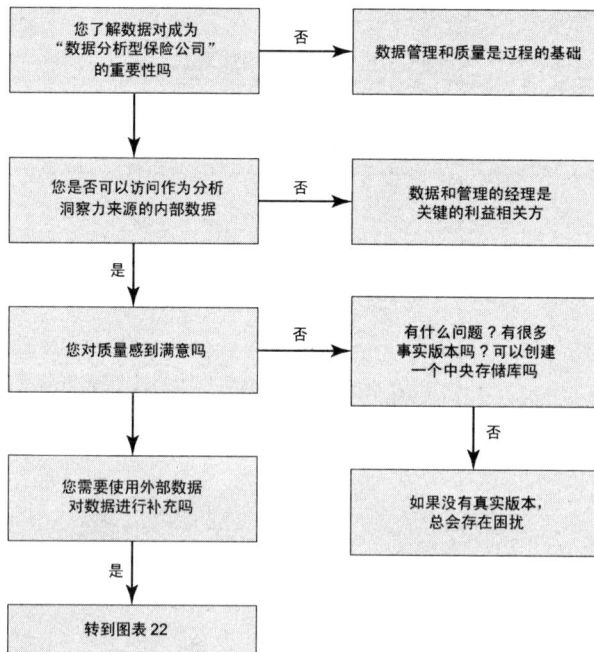

```
┌──────────────────────────┐      否      ┌──────────────────────────┐
│   您了解数据对成为           │ ─────────→ │  数据管理和质量是过程的基础  │
│  "数据分析型保险公司"       │            │                          │
│   的重要性吗               │            │                          │
└──────────────────────────┘            └──────────────────────────┘
              │
              ↓
┌──────────────────────────┐      否      ┌──────────────────────────┐
│   您是否可以访问作为分析     │ ─────────→ │  数据和管理的经理是        │
│   洞察力来源的内部数据       │            │  关键的利益相关方          │
└──────────────────────────┘            └──────────────────────────┘
              │ 是
              ↓
┌──────────────────────────┐      否      ┌──────────────────────────┐
│   您对质量感到满意吗         │ ─────────→ │  有什么问题？有很多         │
│                          │            │  事实版本吗？可以创建       │
│                          │            │  一个中央存储库吗          │
└──────────────────────────┘            └──────────────────────────┘
              │                                      │ 否
              ↓                                      ↓
┌──────────────────────────┐            ┌──────────────────────────┐
│   您需要使用外部数据         │            │  如果没有真实版本，        │
│   对数据进行补充吗           │            │  总会存在困扰             │
└──────────────────────────┘            └──────────────────────────┘
              │ 是
              ↓
┌──────────────────────────┐
│        转到图表 22         │
└──────────────────────────┘
```

图 C.21 管理内部数据

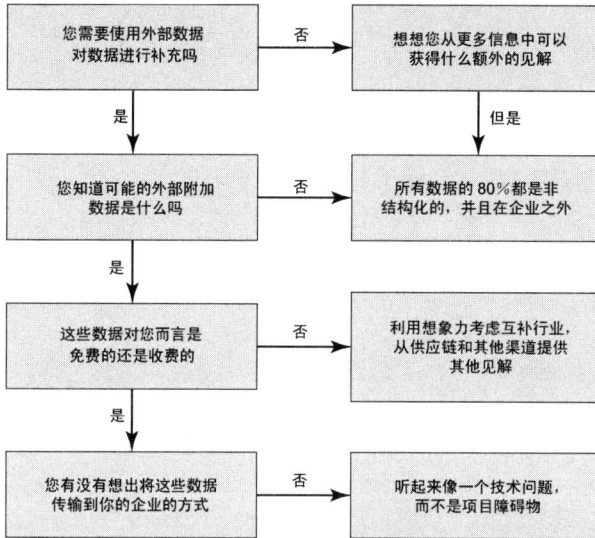

图 C.22　管理外部数据

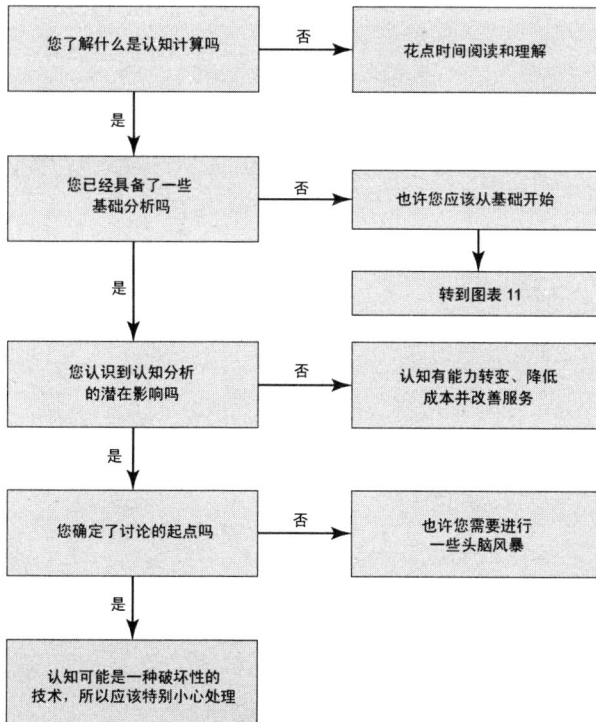

图 C.23　认知分析

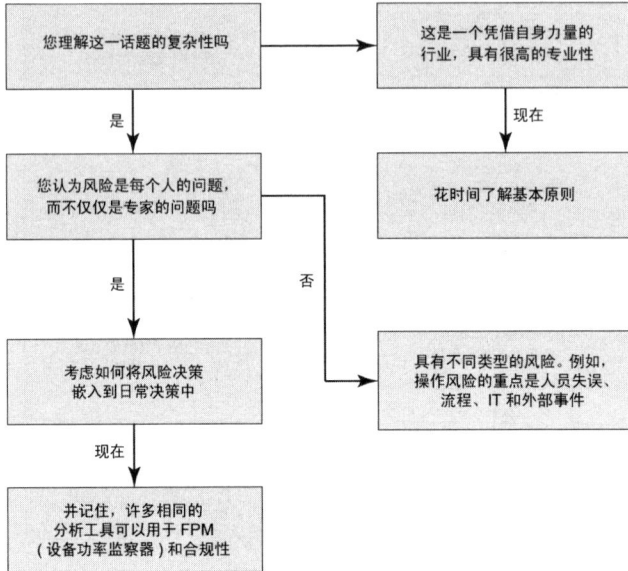

图 C.24　风险分析

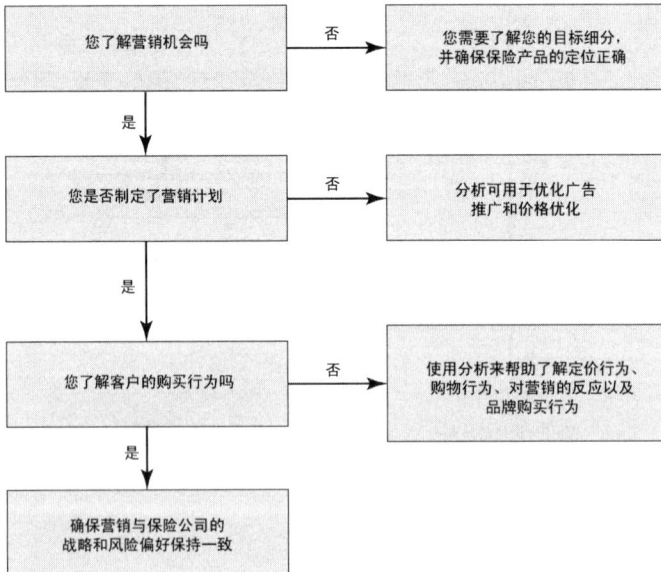

图 C.25　客户分析

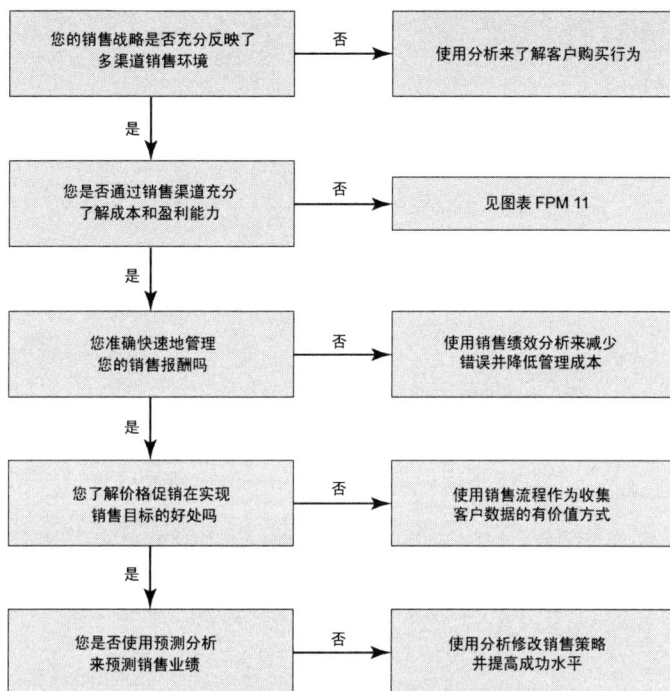

图 C.26　销售绩效分析

Analytics for Insurance
The Real Business
of Big Data

APPENDIX D
附录 D

推荐的保险媒体

Asia Insurance Review

Best's Asia-Pacific Weekly

Clay Research Group

Cover

Insurance Entertainment

Insurance ERM

Insurance Hound

Insurance Law360

Insurance Networking News

Insurance Newslink

Insurance Post

Insurance Thought Leadership

Insurance Times

Intelligent Insurer

Risk and Insurance

youTalk-insurance

Analytics for Insurance
The Real Business
of Big Data

APPENDIX E

附录 E

专业保险机构

ACORD （合作运营研究及发展协会）

Airmic （英国风险与保险协会））

Asian American Insurance Professionals （亚裔美国人保险专业人士）

British Insurance Brokers Association （英国保险经纪人协会）

Canadian Institute of Underwriters （加拿大保险业协会）

Chartered Institute of Loss Adjusters （特许损失理算协会）

Chartered Insurance Institute (UK) （特许保险协会（英国））

Insurance Institute of Canada （加拿大保险学会）

Insurance Institute （保险机构）

Department of Insurance, Financial Institutions

and Professional Regulations (US) （保险部门、金融机构和专业条例
（美国））

Institute of Automotive Engineer Assessors （汽车工程师评估学会）

Insurance Accounting and Systems Association （保险会计与系统协会）

Insurance Council of Australia （澳大利亚保险理事会）

International Underwriting Association （国际保险协会）

South African Insurance Association （南非保险协会）

The Subsidence Forum （沉降论坛）